高等院校互联网+新形态教材·经管系列(二维码版)

基 础 会 计

(微课版)

张小云　任　洁　王晓欣　主　编

许春意　严　骏　李双双　副主编

清華大学出版社

北 京

内 容 简 介

基础会计是财务会计知识体系的基础，本书共 13 章，全面系统地讲述了会计学的基本知识，循序渐进地介绍了财务会计确认、计量与报告的基本原理和基本方法。在会计基本理论方面，充分吸纳了国际和国内会计概念框架研究的新内容，使学生既能掌握会计的基本理论，又能了解会计研究的前沿问题。在会计实践方面，以《企业会计准则——应用指南》为依据，以工业企业经济活动过程为基础，由浅入深地介绍借贷记账法的应用，使学生既能掌握会计处理的基本方法，又能了解企业中实际的经济业务。同时，还将课程思政融入每个章节，从价值塑造、知识传授、能力培养等方面着手，将"立德树人"切切实实落实到具体章节内容中。

本书既可作为高等院校会计专业、财务管理专业及相关专业的教材，也可作为从事财会及相关工作人员的参考书。

图书在版编目(CIP)数据

基础会计：微课版 / 张小云，任洁，王晓欣主编.
北京：清华大学出版社，2024.9. -- (高等院校互联网+
新形态教材). -- ISBN 978-7-302-67134-3
Ⅰ. F230
中国国家版本馆 CIP 数据核字第 2024DM0883 号

责任编辑：梁媛媛
装帧设计：李　坤
责任校对：周剑云
责任印制：刘海龙
出版发行：清华大学出版社
网　　　址：https://www.tup.com.cn, https://www.wqxuetang.com
地　　　址：北京清华大学学研大厦 A 座　　　邮　　编：100084
社 总 机：010-83470000　　　　　　　　　　邮　　购：010-62786544
投稿与读者服务：010-62776969, c-service@tup.tsinghua.edu.cn
质量反馈：010-62772015, zhiliang@tup.tsinghua.edu.cn
课件下载：https://www.tup.com.cn, 010-62791865
印 装 者：涿州汇美亿浓印刷有限公司
经　　销：全国新华书店
开　　本：185mm×260mm　　　印　张：17　　　字　数：408 千字
版　　次：2024 年 8 月第 1 版　　　　　　印　次：2024 年 8 月第 1 次印刷
定　　价：49.80 元

产品编号：100758-01

前　言

"基础会计"既是会计学及其他经济管理类专业的专业基础课程，也是会计学专业的入门课程。随着大数据、人工智能和区块链技术的不断成熟，以及移动互联网、云计算和财务机器人的广泛应用，从会计办公场景、电子增值税发票的普及以及财务审核到电子归档管理都将实现自动化和智能化，同时也对会计从业人员提出了更高的要求。本书是结合我国经济社会发展对会计专业人才的需求，根据会计法规、会计准则和相关制度编写，同时参考了一线教师的教学经验及应用型人才培养特点。党的二十大报告指出，"教育、科技、人才是全面建设社会主义现代化国家的基础性、战略性支撑"。教育是国家和党的重大战略。培养什么人、怎样培养人、为谁培养人是教育的根本问题。本书将"全面贯彻党的教育方针，落实立德树人根本任务，培养德智体美劳全面发展的社会主义建设者和接班人"的教育思想融入其中。

本书具体的编写特色如下。

1. 理论结合实践，层次清晰

本书在介绍会计基本理论的基础上，按照会计核算的方法依次介绍会计凭证、会计账簿、会计报表的编制、会计账务处理程序、智能会计和会计管理相关工作规范的内容等，内容层层深入，逐步推进。

2. 融入课程思政

本书结合基础会计教育的特点，精心提炼了各章节的思政要点，将专业知识与思政元素深度融合，旨在培养符合国家教育战略需要、拥有正确的价值观并且诚实守信的会计人才，推进全员育人、全程育人、全方位育人。

3. 内容新颖，与时俱进

本书参考了最新的会计法律法规及政策，力求反映会计理论和会计实务改革发展的最新进展，介绍了大数据、人工智能、云计算、财务共享和区块链理论等前沿技术在会计领域中的应用，以及智能会计的业务结构，充分展现了会计学科的时代特色。

本书在结构和内容设计上既符合学校教学的要求，又能满足企业实际工作的需要，因此既可作为高等院校经济管理类专业的教材，也可作为会计人员、经济管理工作者的学习参考用书。此外，本书还提供配套的微课视频，扫二维码即可观看和下载。

本书由张小云、任洁、王晓欣担任主编，许春意、严骏、李双双担任副主编。具体编写分工如下：书中第一、第二、第三、第六、第十章由张小云编写，第四、第九、第十一章由李双双编写，第五、第七、第十三章由许春意编写，第八、第十二章由严骏编写。全书由任洁和王晓欣审阅和校订，确保了内容的质量和统一性。

本书的编写和出版得到了北京科技大学天津学院的指导和支持，在此表示由衷的感谢。同时也特别感谢北京科技大学天津学院王宾容教授的总体指导，以及张媛、邵帅、周小靖、边剀等教师的协助校对。

限于作者的水平，书中难免有疏漏之处，欢迎各位读者批评指正，我们会及时加以修订。

编　者

目录

Contents

第一章　会计总论 1

　　第一节　会计的产生与发展 1

　　　　一、古代会计阶段 2

　　　　二、近代会计阶段 3

　　　　三、现代会计阶段 3

　　第二节　会计的含义与特征 4

　　　　一、会计的含义 4

　　　　二、会计的特征 4

　　第三节　会计的职能与目标 5

　　　　一、会计的职能 5

　　　　二、会计的目标 6

　　第四节　会计对象 7

　　　　一、资金的筹集 7

　　　　二、资金的运用 8

　　　　三、资金的退出 8

　　第五节　会计方法与会计循环 9

　　　　一、会计方法 9

　　　　二、会计循环 11

　　本章小结 11

　　练习与思考 12

第二章　会计要素与会计等式 14

　　第一节　会计要素 14

　　　　一、资产 15

　　　　二、负债 16

　　　　三、所有者权益 18

　　　　四、收入 19

　　　　五、费用 20

　　　　六、利润 21

　　第二节　会计等式 21

　　　　一、静态会计等式 22

　　　　二、动态会计等式 22

　　　　三、综合会计等式 22

　　第三节　经济业务对会计等式的影响 23

　　本章小结 25

　　练习与思考 26

第三章　会计核算基础 29

　　第一节　会计假设 29

　　　　一、会计主体假设 30

　　　　二、持续经营假设 30

　　　　三、会计分期假设 31

　　　　四、货币计量假设 31

　　第二节　会计信息质量要求 32

　　　　一、可靠性 32

　　　　二、相关性 33

　　　　三、可理解性 33

　　　　四、可比性 33

　　　　五、实质重于形式 34

　　　　六、重要性 35

　　　　七、谨慎性 35

　　　　八、及时性 35

　　第三节　会计计量属性 35

　　　　一、历史成本 36

　　　　二、重置成本 36

　　　　三、可变现净值 36

　　　　四、现值 36

　　　　五、公允价值 37

　　第四节　会计基础 37

　　　　一、权责发生制 38

　　　　二、收付实现制 38

　　本章小结 39

　　练习与思考 40

第四章　会计科目与复式记账 43

　　第一节　会计科目 43

　　　　一、会计科目概述 43

二、会计科目的分类....................44

第二节　会计账户....................47
　　一、会计账户的概念..............47
　　二、会计账户的分类..............47
　　三、会计账户的结构..............49

第三节　复式记账....................50
　　一、复式记账原理................50
　　二、借贷记账法..................51

本章小结..............................61

练习与思考............................61

第五章　会计凭证....................65

第一节　会计凭证概述................65
　　一、会计凭证的概念及作用........65
　　二、会计凭证的分类..............66

第二节　原始凭证....................67
　　一、原始凭证的分类..............67
　　二、原始凭证的填制..............71
　　三、原始凭证的审核..............73

第三节　记账凭证....................74
　　一、记账凭证的分类..............74
　　二、记账凭证的填制..............77
　　三、记账凭证的审核..............81

第四节　会计凭证的传递和保管........82
　　一、会计凭证的传递..............82
　　二、会计凭证的保管..............83

本章小结..............................84

练习与思考............................85

第六章　企业主要经济业务的核算....88

第一节　筹集资金业务核算............88
　　一、筹资过程主要经济业务内容....89
　　二、股权筹资业务核算............90
　　三、债务筹资业务核算............92

第二节　供应过程业务核算............94
　　一、固定资产购置业务核算........94
　　二、材料采购业务核算............97

第三节　生产过程业务核算...........100

一、生产过程业务概述...............100
二、生产过程的账户设置与业务
　　处理.........................101

第四节　销售过程业务核算...........104
　　一、销售过程业务概述...........104
　　二、销售过程业务核算...........105

第五节　利润形成及利润分配业务
　　核算...........................107
　　一、利润形成过程核算...........107
　　二、利润分配业务核算...........111

本章小结.............................112

练习与思考...........................113

第七章　会计账簿...................115

第一节　会计账簿概述...............115
　　一、会计账簿的概念及作用.......115
　　二、设置账簿的原则.............116

第二节　会计账簿的分类.............116
　　一、会计账簿按其用途分类.......117
　　二、会计账簿按其账页格式分类...119
　　三、会计账簿按其外形特征分类...121

第三节　会计账簿的内容、启用
　　与登记.........................122
　　一、会计账簿的内容.............122
　　二、会计账簿的启用.............122
　　三、会计账簿登记规则...........123
　　四、会计账簿登记要求...........124
　　五、会计账簿的登记方法.........125

第四节　错账的查找与更正...........137
　　一、错账的查找方法.............137
　　二、错账的更正方法.............138

第五节　期末对账与结账.............140
　　一、期末对账...................140
　　二、期末结账...................141

第六节　会计账簿的更换与保管.......143
　　一、会计账簿的更换.............143
　　二、会计账簿的保管.............143

本章小结.............................144

练习与思考 144

第八章　成本计算 147

第一节　成本概述 147

第二节　计入资产的成本 148

　　一、存货的生产成本 148

　　二、固定资产的建造成本 151

第三节　发出存货成本的计算 152

　　一、存货盘存制度 152

　　二、发出存货的计价方法 154

本章小结 157

练习与思考 158

第九章　财产清查 161

第一节　财产清查概述 161

　　一、财产清查的概念与意义 161

　　二、财产清查的种类 162

　　三、财产清查的一般程序 163

第二节　财产清查的准备工作内容

　　　　与方法 164

　　一、财产清查的准备工作 164

　　二、财产清查的内容和方法 164

第三节　财产清查结果的处理 169

　　一、财产清查结果处理的要求 ...169

　　二、财产清查结果的处理步骤 ...169

　　三、财产清查结果的账务处理 ...170

本章小结 174

练习与思考 174

第十章　财务会计报告 177

第一节　财务会计报告概述 177

　　一、财务会计报告的含义 177

　　二、财务会计报告的构成 178

　　三、财务会计报告的作用 179

　　四、财务会计报告的分类 179

　　五、财务会计报告的编制要求 ...180

　　六、编制财务会计报告前的准备

　　　　工作 182

第二节　资产负债表 183

　　一、资产负债表的概念及作用 ...183

　　二、资产负债表的结构与内容 ...183

　　三、资产负债表的编制方法 185

　　四、资产负债表编制实例 189

第三节　利润表 192

　　一、利润表的概念及作用 192

　　二、利润表与资产负债表的区别

　　　　与联系 193

　　三、利润表的结构与内容 193

　　四、利润表的编制方法 195

　　五、利润表编制实例 197

第四节　现金流量表 199

　　一、现金流量表的概念及作用 ...199

　　二、现金流量的分类 200

　　三、现金流量表的结构与内容 ...200

　　四、现金流量表的编制方法 201

第五节　所有者权益变动表 202

　　一、所有者权益变动表的概念

　　　　及作用 202

　　二、所有者权益变动表的结构 ...202

第六节　财务报表附注 202

　　一、财务报表附注的概念及作用 ...202

　　二、财务报表附注的内容 202

本章小结 203

练习与思考 204

第十一章　账务处理程序 206

第一节　账务处理程序概述 206

　　一、账务处理程序的概念 206

　　二、账务处理程序的要求 207

第二节　记账凭证账务处理程序 207

　　一、记账凭证账务处理程序的

　　　　特点 207

　　二、记账凭证账务处理程序的

　　　　设计要求 207

　　三、记账凭证账务处理程序的

　　　　步骤 208

四、记账凭证账务处理程序的
优缺点及适用范围....................208

第三节 汇总记账凭证账务处理程序.......209
一、汇总记账凭证账务处理程序的
特点....................209
二、汇总记账凭证账务处理程序的
设计要求....................209
三、汇总记账凭证账务处理程序的
步骤....................210
四、汇总记账凭证账务处理程序的
优缺点及适用范围....................211

第四节 科目汇总表账务处理程序.......211
一、科目汇总表账务处理程序的
特点....................211
二、科目汇总表账务处理程序的
设计要求....................212
三、科目汇总表账务处理程序的
步骤....................213
四、科目汇总表账务处理程序的
优缺点及适用范围....................214
五、科目汇总表账务处理程序
举例....................214

本章小结....................217
练习与思考....................217

第十二章 智能会计....................219
第一节 智能会计概述....................219
一、智能会计产生的背景................219
二、智能会计的含义................220
三、智能会计发展阶段与关键
技术................221
四、智能会计研究对象................223
第二节 智能会计的理论框架....................226
一、大数据理论................226
二、人工智能理论................226
三、云计算理论................228
四、财务共享理论................228

五、区块链理论................229
第三节 智能会计的业务结构................231
一、智能会计与财务管理................231
二、智能会计与管理会计................231
三、智能会计与税务管理................232
第四节 智能会计发展中的挑战
和应遵循的基本原则................232
一、智能会计发展中的挑战
和难点................232
二、智能会计发展过程中应遵循的
基本原则................233
本章小结................234
练习与思考................235

第十三章 会计管理相关工作规范....................237
第一节 我国的会计法规体系................237
一、会计法律................237
二、会计行政法规................238
三、会计规章制度................239
第二节 会计基础工作规范................239
一、会计机构和会计人员................239
二、会计人员职业道德................241
三、会计工作交接................242
四、会计监督................243
五、内部会计管理制度................244
第三节 会计档案管理办法................245
一、会计档案的内容................246
二、会计档案的保管................246
三、会计档案的移交及销毁................249
本章小结................249
练习与思考................250

附录A 中华人民共和国会计法............252

附录B 企业会计准则——基本准则
(修订后)................259

参考文献................264

第一章 会 计 总 论

本章以会计的产生与发展为主线，循序渐进地阐述了会计的含义、会计的职能与目标、会计对象、会计方法与会计循环等内容。本章绝大部分内容为财务会计基本理论，这些理论源于会计实践，反过来又用于指导会计实践。其中，会计目标是财务会计理论体系的核心概念，其他相关理论都是以会计目标为基础建立起来的。在学习过程中，应特别注意会计目标的重要地位与作用。

 学习目标

1. 了解会计的发展历程。
2. 理解会计的含义。
3. 掌握会计的职能与目标。
4. 理解会计对象的内容。
5. 理解会计方法与会计循环的内容。

【课前思考】

1. 什么是会计？企业为什么需要会计？家里面有没有会计？
2. 水泊梁山是否有会计岗位？为什么？财务总监是谁？
3. 红楼梦中的财务总监是谁？

第一节　会计的产生与发展

会计伴随着人类的产生而产生且伴随着人类的发展而发展。物质产品的生产是人类社会存在和发展的基础，而物质产品的生产过程也是对物质资料的消耗过程。人们在进行生产活动、创造物质财富的同时，必然会投入和耗费一定的人力、物力和财力等资源，从而产生相应的耗费。在任何一种社会形态下，人们在进行生产时都力求以尽可能少的资源耗费获取尽可能多的收获。这就需要对劳动耗费和劳动成果进行记录、计算、分析和汇总，从而使人们掌握生产活动的过程和结果，同时也能促使人们的生产活动按照预期的目标进行，使资源得到合理的配置。因此，会计是为适应人类生产活动的客观需要而产生的，是为生产管理服务的，它伴随着人类的生活方式和经济活动逐渐发展起来。

中国拥有悠久的历史和灿烂的文化，会计的发展也经历了漫长的历程。一般认为，会计的发展主要经历了古代会计、近代会计和现代会计三个历史阶段。

一、古代会计阶段

古代会计阶段是指从会计产生开始到 15 世纪，主要是以官厅会计为主。这一阶段的会计技术和方法非常简单，在记账方法上主要采用单式记账法；在计量单位上，主要采用实物计量。

在人类早期，会计是作为生产职能的附属部分出现的。在原始社会，人们为了计算生产成果和满足生活需要，逐步产生了计数和计算的要求。在文字产生以前，这种计算是以"结绳记事"或者"刻契记事"等形式来进行的。

"结绳记事"是根据事件的性质、规模或所涉数量的不同结系出不同的绳结。《周易正义》中记载："事大，大结其绳；事小，小结其绳；结之多少，随物众寡。""刻契记事"是以契刻某种物体，通过物体遗留痕迹反映客观经济活动及其数量关系的记录方式。

据史料记载，商代是"官厅会计"的创始时期。到了西周时期，"会计"一词和较为完备的会计机构开始出现。国家设立"司会"一职，是会计的最高长官，主要职责是利用账册、数字、公文、户籍和地图等文件中的副本，对财务收支活动进行月计、岁会，考核各官员的政绩。春秋战国时期，在一些庄园中，奴隶主为管理其个人的钱粮收支等，会聘用一些专门的保管和记账人员。据称，孔子曾受聘管理庄园的钱粮等收支，并留下了"会计，当而已矣"的传世名言，意思是指会计的收、付、存，要平衡并正确无误。秦汉时期，建立了以"入出"为符号的会计记录，即形成了"入-出=余"的三柱结算法。同时还形成了非常严格的审计查对制度以及完整的成本计算和财税分配的方法。在宋代，创立了"四柱结算法"。所谓四柱，是指旧管、新收、开除和实在四项数字，它们就像是支撑物体的四根柱子，缺一不可。它们之间的数量关系是"旧管+新收-开除=实在"，相当于现在的"期初余额+本期收入-本期支出=期末余额"。

古代会计阶段是会计的开创阶段，尽管已经有了一些会计实践，并产生了一定的会计思想，但还没有形成系统的会计理论。然而，这一时期的会计实践为会计的进一步发展奠定了良好的基础。

 【思政要点】

会计最初的萌芽开始于记录和分配，发展于官厅会计。通过古代会计阶段的学习，使学生追根溯源，明白中国先贤以德治国、奖罚分明的制度基础是财计制度的建立与完善。通过孔子最早提出的会计原则"会计，当而已矣"的讲解，明白会计收付存要平衡、准确无误的道理。

二、近代会计阶段

近代会计阶段是指从 15 世纪末到 20 世纪初，这一阶段以企业会计为主，在记账方法上主要采用复式记账法；在计量单位上，以货币作为主要的计量单位。在复式记账中，对某一交易或事项至少应从两个不同的方面，运用两个或两个以上的账户加以记录，这是一种优于单式记账的科学记账方法。

在近代会计阶段，对复式记账的探索为世界各国所重视。我国在明末清初创立了"龙门账"，以"来"和"去"作为记账符号，记账规则是"有来必有去，来去必相等"，把全部项目分为"进""缴""存""该"四类，采用"进-缴=存-该"的平衡式来计算盈亏。龙门账的诞生，标志着中式簿记由单式记账向复式记账转变。1494 年，意大利数学家卢卡·帕乔利(Luca Pacioli)出版了《算术、几何、比及比例概要》一书，系统地介绍了威尼斯的复式记账法，并给予理论上的阐述，为后人进行会计理论体系的构建提供了初步框架。日益发展的商业和金融业要求不断改进和提高已经流行于市的复式记账法。20 世纪 20 年代到 30 年代，美国对标准成本会计的研究有了突飞猛进的发展。到这一时期，会计方法已经比较完善，会计科学也已经比较成熟。

三、现代会计阶段

现代会计阶段是指从 20 世纪 30 年代至今，在这一阶段，会计的地位、作用、目标、原则、方法和技术都在不断发展并日趋完善，管理会计形成并与财务会计相分离，电子计算机应用在会计领域，财务会计理论体系逐渐形成并完善，以及会计准则逐渐与国际趋近于相同。

20 世纪 50 年代，在传统的财务会计中逐渐分离出一门新兴学科——管理会计。其中财务会计又称对外会计，主要功能是对外报告企业的财务状况和经营成果，对企业已发生的交易或事项，运用专门的方法进行确认、计量，并以财务会计报告为主要形式，定期向各利益相关者提供会计信息。管理会计又称对内会计，主要功能是对内部管理者提供支持管理决策的信息，包括预测分析、决策分析、全面预算、成本控制、责任会计等基本内容。管理会计具有预测经济前景、参与经济决策、规划经营目标、控制经济过程、考核评价经营业绩等职能。

现代数学、现代管理科学与会计的结合，特别是电子计算机在会计数据处理中的应用，使会计工作的效能发生了很大变化。它扩大了会计信息的范围，提高了会计信息的精确性和及时性。

现代会计阶段是现代财务会计理论发展的繁荣时期。随着经济全球化进程的加快，国际经济交往与合作的开展越发广泛，会计已经超越了国家界限，成为"国际通用的商业语言"。在近代会计理论框架的基础上，逐步形成了以会计目标为核心，包括会计定义、会计假设、会计对象、会计要素、会计基础、会计确认、会计计量和会计报告等概念在内的完整的财务会计理论体系，并以此为指导建立了系统具体的会计准则，用以指导会计实务的处理。

综上所述，会计是伴随着人类的生活方式和经济活动逐渐发展起来的。会计是一门不断发展的学科。经济社会越发展，人们对会计的需求就越多样化。随着大数据、人工智能、云计算、区块链、物联网等技术的不断发展和成熟，对会计工作模式、会计核算程序、会计监督方式、审计抽样方法等都会产生深远的影响。但人类生活只要存在商业行为，追求经济效益，会计就会以一定的形式存在，会计的核心思想、理念和方法将得到传承，会计的核算和监督职能将进一步加强。

【思政要点】

通过对会计发展历程的学习，使学生树立正确的唯物主义历史观，敬畏会计在人类历史长河中参与治国安邦和理财致用的历史贡献。通过学习中国会计源远流长的历史，为中华五千年灿烂的历史文明感到骄傲，增强民族自信心和自豪感。

第二节 会计的含义与特征

一、会计的含义

随着社会经济的不断发展，人们对会计的认识也有所不同。目前，在我国关于会计的定义主要有两种代表性的观点：一是管理活动论；二是信息系统论。

管理活动论认为会计是一种经济管理活动。会计的管理职能主要体现于对企业经济业务的审查和对经济活动的综合分析与评价，进而发展为事前的预测、规划并参与企业的经营决策。会计既对生产过程中人力、物力的消耗量及劳动产品的数量进行确认、计量和记录，又可以直接参与企业的经营管理，对生产过程中的耗费和劳动成果进行分析、控制和审核，以促使人们节约劳动耗费，提高经济效益。

信息系统论认为会计是一个经济信息系统。信息系统论观点将会计视为一个经济组织中整个经营管理系统的组成部分，并强调会计的目的是向会计信息使用者提供决策有用的信息。

综上所述，我们认为会计是以货币为主要计量单位，采用专门的方法和程序，对企业及行政、事业单位的经济活动进行完整的、连续的、系统的核算和监督，以提供经济信息和反映受托责任履行情况为主要目的的经济管理活动。

二、会计的特征

根据会计的含义，会计具有以下四个特征。

(1) 以货币为主要计量单位。原始的会计计量只是简单地用实物数量和劳动量对经营活动和财务收支进行计算和记录。随着社会生产的日益发展，会计从简单的计量和记录，演变为以货币为主要计量单位来综合核算与监督经济活动的过程。想要更好地计算和记录经济活动中的财产物资和劳动消耗，就需要有统一的量度。这种量度就是以货币形式体现的价值。需要注意的是，货币并不是唯一的计量单位。在实务中，核算有些项目时，不仅要计算其价值，还要借助实物指标予以计量，如企业拥有的存货等实物资产，既需要反映其实物总的价值，还要反映其实物数量。

(2) 按经济活动的时间顺序连续、系统、全面、综合地反映企业发生或完成的经济活动。

要反映企业已经发生或者完成的各项经济活动，了解和考核经济活动的过程和结果，必须对经济活动进行顺序的、不间断的记录和计算，通过分类、汇总和加工整理，取得综合性的指标。随着社会生产的发展，经营规模的扩大和经济活动的日趋复杂，在经营管理上，除了要求提供反映现状的核算指标外，还要提供预测未来的会计信息，使会计从事后反映发展到预测未来，以便为实现预期效果而采取相应的措施。

(3) 会计的核算职能与监督职能相结合。对经济业务活动进行监督的基础是正确的会计核算，只有真实、可靠的会计资料才是会计监督的依据；同时，也只有搞好会计监督，保证经济业务按规定的要求进行，才能更好地发挥会计的管理作用。

(4) 以合法的凭证为依据，要做到"收有凭，付有据"。会计的任何记录和计量都必须以会计凭证为依据。这样才能确保会计信息具有真实性和可验证性。只有经过审核无误的原始凭证(凭据)才能据以编制记账凭证并登记账簿进行后续处理。

第三节　会计的职能与目标

一、会计的职能

会计的职能是指会计在经济管理过程中所具有的功能。会计具有会计核算和会计监督两项基本职能，还具有预测经济前景、参与经济决策、评价经营业绩等拓展职能。

(一)核算职能

会计的核算职能是会计的首要职能，即以货币为主要计量单位，对各种单位经济业务活动或者预算执行情况及其结果进行连续、系统、全面的记录和计量，并据以编制会计报表。它要求各单位必须根据实际发生的经济业务事项进行会计核算，其特点主要表现在以下三个方面。

(1) 会计核算主要从价值量上反映各经济主体的经济活动状况。会计核算是指会计人员对单位所有经济业务，以货币为计量单位进行记录和计算，以确保所记录和反映的经济活动具有完整性和准确性。

(2) 会计核算具有连续性、系统性和完整性。各单位必须对客观发生的所有涉及资金运作或资金增减变化的事项，采用系统化的核算方法，按时间顺序，无一遗漏地进行记录。

(3) 会计核算应对各单位经济活动的全过程进行反映。随着商品经济的发展，市场竞争越来越激烈，会计在对已经发生的经济活动进行事中、事后的记录、核算、分析，反映经济活动的现实状况及历史状况的同时，发展到事前核算、分析和预测经济前景。

(二)监督职能

会计的监督职能是指会计按照一定的目的和要求，利用会计核算所提供的经济信息，对企业和行政事业单位的经济活动进行控制，使之达到预期的目标。它是企业内部的一种自我约束机制。会计监督主要具有以下特点。

(1) 会计监督主要是通过价值量指标来进行的。由于企业需要进行核算的经济活动都伴随着价值运动，表现为价值量的增减和价值形态的转化，因此会计通过价值指标可以全面、及时、有效地控制各个单位的经济活动。

(2) 会计监督包括事前、事中和事后的全过程监督。事前监督是指在经济活动开始前进行的监督，即审查未来的经济活动是否符合有关法律、政策的规定，是否符合商品经济规律的要求，在经济上是否可行；事中监督是对正在发生的经济活动以及取得的核算资料进行审查，并以此纠正经济活动过程中的偏差及失误；事后监督是对已经发生的经济活动以及相应的核算资料进行审查、分析。

(3) 会计监督的依据有合法性依据和合理性依据两种。合法性依据是国家的各项法令及法规，合理性依据是经济活动的客观规律及企业自身在经营管理方面的要求。

会计核算与会计监督是相互作用、相辅相成的。会计核算是会计监督的基础，没有对经济业务的正确进行会计核算，就没有可靠的会计监督依据；而会计监督是会计核算质量的保证，有效的会计监督可以保证经济业务按规定的要求进行，进而发挥会计核算的作用。

随着经济社会的发展，会计职能不断得到充实，因此，除了会计核算与会计监督两大基本职能之外，会计还有预测经济前景、参与经济决策、评价经营业绩等拓展职能。

预测经济前景是指根据财务报告等提供的信息，定量或者定性地判断和推测经济活动的发展变化规律，以指导和调节经济活动，提高经济效益。

参与经济决策是指根据财务报告等提供的信息，运用定量分析和定性分析方法，对备选方案进行经济可行性分析，为企业经营管理等提供决策相关的信息。

评价经营业绩是指利用财务报告等提供的信息，采用适当的方法，对企业一定经营期间的资产运营、经济效益等经营成果，对照相应的评价标准，进行定量及定性对比分析，作出真实、客观、公正的综合评判。

【思政要点】

　　通过对会计职能的充分了解，尤其是"会计治理"在个体、组织和国家层面的作用，逐渐培养学生作为"会计人"的社会责任和家国情怀。

二、会计的目标

会计的目标是指在一定的历史条件下，人们通过会计所要实现的目的或达到的最终结果。会计是整个经济管理活动的重要组成部分，因此会计目标必然属于经济管理活动的总目标，或者说会计目标是经济管理活动总目标的子目标。在社会主义市场经济条件下，经济管理活动的总目标是合理配置有限的资源，提高经济效益。会计工作作为经济管理活动的重要组成部分，其最终目标也是提高经济效益。会计人员主要以编写财务会计报告的形式提供会计信息，因此，会计的目标也可以被称为财务会计报告的目标。我国《企业会计准则》规定，财务会计报告的目标是向财务会计报告使用者提供与企业财务状况、经营成果和现金流量等有关的会计信息，反映企业管理层受托责任履行情况，进而有助于财务会计报告使用者做出经济决策。会计的具体目标包括以下两个方面。

(1) 从企业内部信息使用者角度来看，会计的主要目标是反映企业受托责任的履行情况。在当今企业所有权与管理经营权分离的情况下，企业的管理者受企业所有者的委托对企业进行经营管理，管理者有责任妥善保管并合理、有效地运营由所有者投入的资金及向债权人借

入的资金而形成的资产。所有者及债权人要及时了解企业的经营管理层保管、使用资产的情况，以便于评价企业管理层受托责任的履行情况和业绩情况，并决定是否需要更换管理层等。因此，会计的目标之一是反映企业管理层受托责任的履行情况，以有助于评价企业的经营管理责任和资源使用的有效性。

(2) 从企业外部信息使用者角度来看，会计目标主要是向会计信息使用者提供决策有用的信息(决策有用)。会计通过一系列的核算方法，形成最终的成果即财务报表，向会计信息使用者提供财务信息。如果会计提供的财务信息对使用者的决策没有价值，编制财务报告就失去了意义。财务报告外部使用者主要包括投资者、债权人、政府及有关部门和社会公众等。满足投资者的信息需要是企业财务报告编制的首要目标，企业编制财务报告、提供会计信息必须与投资者的决策密切相关。因此，财务报告提供的信息应当如实反映企业所拥有或者控制的经济资源、对经济资源的要求权，以及经济资源及其要求权的变化情况；如实反映企业的各项收入、费用和利润的金额及其变动情况；如实反映企业各项经营活动、投资活动和筹资活动等所形成的现金流入和现金流出情况等，从而有助于现在和潜在的投资者正确、合理地评价企业的资产状况、偿债能力、盈利能力和营运能力等；有助于投资者根据相关会计信息作出理性的投资决策；有助于投资者评估与投资有关的未来现金流量的金额、时间和风险等。由于投资者是企业资本的主要提供者，如果财务报告能够满足这一群体的会计信息需求，通常情况下也可以满足其他使用者的大部分信息需求。

 【思政要点】

通过会计目标的学习，使学生理解到所有权与经营权的分离现象，经理人受股东委托，承担着使股东资产保值增值的社会责任，从而加强学生的受托责任意识，培养服务社会、报效国家的情怀。

第四节　会计对象

会计对象是会计核算和监督所关注的基本要素，具体体现为企业的经济业务活动。经济业务活动的本质是资金流动。

企业性质不同，资金运动的表现形式也会有所不同，资金运动包括各个特定主体的资金筹集、资金运用和资金退出三个阶段，而具体到企业、事业行政单位等又有较大差异。

一、资金的筹集

企业进行生产经营活动首先要有相应的资金，因此企业首先需要通过特定的渠道筹集资金。企业建立初期的资金主要来源于外部，其筹资方式有两种。一是出让公司股权，接受投资者的资金，这种方式通常称为股权融资，又称权益筹资；二是从银行等金融机构贷款或者发行债券等筹资，这种方式通常称为债务筹资。股权融资又分为公开募集和私下募集，公开募集是向不特定人群或机构公开发行股票来筹集资金，私下募集是向特定的人或机构以私下协商的方式出售股权来筹集资金。

股份有限公司可以通过公开发行股票的方式进行资金筹集。股东的股权是以纸面股票或电子股票形式作为出资证明，股东不能退股，但其股票可以在证券市场交易和转让。股票需要设定面值，我国上市公司的股票面值通常设定为每股1元人民币，每股股票同权同利，股票发行价格一般高于面值。

有限责任公司不能向社会公开募集资金，其资金筹集只能通过私下募集的方式进行认缴，股东的股权证明是经律师认可的出资证明书。出资证明书不能公开转让、流通，但发起人股权可以在原始股东之间转让。若要转让给非原始股东，则须征得1/2以上股东同意。有限责任公司可以约定同股不同权或同股不同利。

二、资金的运用

企业将筹集的资金投入生产经营活动中以获取收益。不同行业的企业运用资金的形式和活动也有所不同。

工业企业的交易或事项主要是制造产品、销售产品，因此，在其运营过程中，资金从货币资金形态开始，依次通过采购、生产和销售阶段，不断发生改变，最终又回到货币资金形态。这期间的具体过程包括以下三个过程。①供应过程，也称生产准备过程，企业运用筹集的资金进行产品生产的各项准备，包括购买各种原材料、购置生产所需的机器设备、购建厂房等，在这一过程中，货币资金转换为储备资金。②生产过程，企业对原材料进行加工生产，引起原材料的耗费、固定资产的折旧、人员工资的支付和生产费用的发生，这个阶段一部分储备资金和货币资金转换为生产资金；产品完工后生产资金会转变为成品资金。③销售过程，产品销售出去，形成销售收入，企业收到货款后，其成品资金又转换为货币资金。经过前述一系列对资金的运用活动，企业实现了资金的增值。

商品流通企业主要是组织商品流通，主要业务可以分为购进和销售两类。在商品购进阶段，企业用货币资金购入商品，此时货币资金转换为商品资金；在销售阶段，企业取得销售收入，其商品资金又转换为货币资金。此外，企业在经营过程中还会涉及人力、物力和财力的消耗，这些都归集为商品流通过程中的费用。

三、资金的退出

企业通过上述经营活动形成一定的经营成果后需要依法缴纳税款、按约定偿还债务和分配利润等。对利润的分配主要包括弥补以前年度亏损、提取盈余公积、有限责任公司向投资者分配利润、股份有限公司向股东分派股利。若企业发生亏损，则应按照规定的方法加以弥补。

会计对象的基本内容是企业资金的运动。而资金的运动有静态和动态两种形式。

(1) 会计对象的静态表现是指一个企业在一定时点上的资产和权益的情况，对应内容反映在资产负债表中。

任何一个企业要进行经济活动，首先需要具备一定的物质条件，如货币资金、材料、设备、场所等。这些物质存在形式不同，但是它们具有一些共同点：为企业拥有或者控制，能够用货币计量反映，在未来能够给企业创造经济利益。具有以上特点的物质资源在会计上称为资产。要取得或形成这些生产经营所需的资产就需要资金。企业筹集资金的对象主要有两类：一类是债权人，向企业提供资金后要求企业按期偿还本金，并按相关规定支付利息；另一类是所有者，所有者对企业的投资常见形式有货币、设备、材料等各类资产，伴随此类投资，所有者通常要求参与企业经营管理，并按投资比例获取收益。第一类形成的是需要企业偿还的债务，是债权人权益，会计上称为负债。第二类投资形成的是不需要企业偿还、在经营期间可以长期使用的资金，会计上称为所有者权益。负债和所有者权益统称为权益。

(2) 会计对象的动态表现就是企业所拥有资金的循环和周转过程，对应的具体项目反映在利润表中。

企业是以盈利为目的的，企业获取盈利首先要有经济利益的流入，会计上将能用货币反映的经济利益的流入称为收入。形成收入的常见经济活动有销售商品、提供劳务等。在形成收入的同时，企业需要发生一定的支出，而支出会导致经济利益的流出，如销售人员的工资，销售商品的成本，提供劳务的人力、财力、物力成本等。会计上将这些能用货币反映的经济利益的流出称为费用。企业经营活动引起的经济利益的流入减去经济利益的流出即是企业通过经营活动形成的盈利，也就是利润。

综上所述，会计对象的具体内容是资产、负债、所有者权益、收入、费用和利润。它们既可以各自独立地反映资金运动的某一个方面，又可以相互配合地从整体上反映资金运动的全貌。会计对象的具体内容也称之为会计要素，会计要素的相关内容将在第二章中重点介绍。

第五节　会计方法与会计循环

一、会计方法

会计方法，即会计核算的方法，是企业对会计对象进行连续、系统、全面的核算和监督所应用的方法。企业对在日常经营活动中发生的每一项经济业务，都要按规定使用会计科目设置会计账户，通过复式记账，填制和审核会计凭证，并登记有关账簿，计算相关成本，最后通过财产清查加以核对，在账实相符的基础上，根据账簿记录，定期编制财务会计报告，并对该报告提供的会计信息进行分析利用。这个过程就体现了会计核算的基本方法。具体表现为以下几种方法。

(一)设置会计账户

设置会计账户是对会计对象具体内容进行分类反映和监督的方法。具体是将会计科目作为账户名称并赋予一定的格式和结构，用于分类反映各种账户增减变动情况及其结果的一种方法。设置会计账户，首先应按照会计要素对会计对象的具体内容进行科学的分类，然后对会计要素的内容进行具体地划分形成会计科目，再根据会计科目在账簿中开立账户，用于分类、连续地记录各项经济业务所引起的各项资金的增减变动情况和结果。显然，会计对象的内容复杂多样，通过设置账户进行归类记录，并有序汇集，可以系统地核算并有效控制。设置账户对填制和审核会计凭证、登记会计账簿和编制财务会计报告等核算方法有着重要的意义。因此，这也是企业进行会计核算的基础。

(二)复式记账

复式记账是指对企业发生的任何一项经济业务，都必须用相等的金额在两个或两个以上的账户中进行相互联系的登记，以反映会计对象具体内容增减变化的一种记账方式。复式记账一方面能够全面地、系统地反映经济业务引起资金运动增减变化的来龙去脉；另一方面能够使企业通过账户之间的一种平衡关系，检查会计记录的正确性。例如，企业接收股东投入的300 000元资本，一方面会引起企业银行存款增加300 000元，另一方面会引起实收资本增加300 000元，这两方面要同时进行记录。这种方法既记录了资产的变动，又记录了资产变动的原因，反映资产与实收资本之间的相互联系，便于对经济业务进行监督和控制。

(三)填制和审核凭证

填制和审核凭证是企业为了正确反映经济业务的执行和完成情况，发挥会计工作的监督作用，保证登记账簿记录正确、完整而采用的一种方法。会计凭证是记录经济业务和明确经济责任的书面证明，也是登记账簿的依据，分为原始凭证和记账凭证。原始凭证是企业经济业务发生时取得的原始依据，如发票。经济业务发生时，首先由经办人员取得表明经济业务发生及其内容的原始凭证，然后将其交由会计人员或相关部门逐项审查并确认经济业务发生或完成的情况，会计人员依据审核无误的原始凭证填制记账凭证。对于审核无误的原始凭证，企业只有运用复式记账法将经济业务反映在记账凭证上后，才能使其作为登记账簿的依据。填制和审核凭证，不仅使进入会计系统的信息有据可查，保证会计信息的真实可靠，而且也是实行会计控制的一项重要举措。

(四)登记会计账簿

会计账簿是由一定格式账页组成的，以经过审核的会计凭证为依据，全面、系统、连续地记录各项经济业务的簿记。登记账簿就是企业根据填制和审核无误的记账凭证，按经济业务发生的时间顺序，在账簿上进行全面连续、系统记录的方法。通过登记账簿，企业将会计凭证记录的经济业务做出进一步的分类和汇总，使信息能更好地适应经营管理的需要。账簿中记录的各种数据资料是企业编制财务报表的重要依据。

(五)成本计算

成本计算是将经营过程中发生的全部费用，按照一定对象进行归集、计算，借以明确各核算对象的总成本和单位成本的一种方法。通过成本计算，我们可以了解企业资产的管理和盈亏情况，并通过不同时期的成本对比，为成本控制、价格决策等经营管理活动提供有用的资料，进而提高企业经济效益。

(六)财产清查

财产清查是企业定期或不定期地对财产物资、货币资金和往来结算款项进行清查盘点，以确定实存数额和账面数额是否相符的一种专门方法。在财产清查时，企业若发现账实不符，应及时调整账簿记录使账实相符，并查明账实不符的原因，明确经济责任，然后进行后续账务处理。企业通过财产清查，可以保证账实相符，确保财务会计报告的数据真实可靠。同时，财产清查对改进财产管理、降低库存和加速资金周转等都具有十分重要的作用。

(七)编制财务会计报告

编制财务会计报告是根据账簿记录的数据资料，概括、综合地反映各单位在一定时期内经济活动情况及其结果的一种书面报告。财务会计报告主要包括财务报表及其附注和其他应当在财务会计报告中披露的相关信息和资料。企业编制财务会计报告是对日常核算的总结，是在账簿记录基础上对会计核算资料的进一步加工整理，也是进行会计分析、会计检查、会计预测和会计决算的重要依据。

以上这些会计核算方法反映了会计核算过程。企业发生经济业务后，首先，要填制或取得并审核原始凭证，按照设置的会计科目和账户，运用复式记账法，编制记账凭证；其次，要根据会计凭证登记会计账簿，然后根据会计账簿资料和有关资料，对生产经营过程中发生的各项费用进行成本计算，并依据财产清查的方法对账簿的记录加以核实；最后，在账实相符的基础上，根据会计账簿资料编制财务会计报告。在会计核算过程中，填制和审核会计凭证是开始环节，登记会计账簿是中间环节，编制财务会计报告是最终环节。会计通过上述的核算基本程序与方法相互联系、相互配合、循序渐进，按照确认、计量和报告这一流程形成一套完整的会计信息系统。

二、会计循环

企业在一个会计期间内，从发生经济业务、编制会计分录开始，到编制会计报表完成为止，要连续、完整、全面、综合地进行会计处理。这些程序和步骤在企业经济活动中循环进行，从而构成所谓的"会计循环"。所以会计循环是指将企业经济信息转化为会计信息的会计程序。会计循环具体包括以下八个步骤。

(1) 取得或填制原始凭证。通过对原始凭证进行审核，保证基础数据真实准确。

(2) 填制记账凭证。根据审核无误的原始凭证填制记账凭证，将企业发生的经济业务用会计语言予以表述和记录。

(3) 登记会计账簿。包括日记账、总分类账和明细分类账，将会计信息予以分类整理。

(4) 编制调整分录。按照权责发生制编制期末账项调整分录并登账。

(5) 对账。确保账账、账证、账实相符。

(6) 结账。计算出有关账户的本期发生额和期末余额，进行结账。

(7) 试算平衡。通过试算平衡检查记录是否有误。

(8) 编制财务会计报告。依据账簿信息定期编制财务会计报告。

📚 本章小结

本章主要介绍了会计的发展历程、会计的含义与特征、会计的职能与目标、会计的对象、会计方法与会计循环等内容。会计的发展经历了漫长的历程，可以分为古代会计阶段、近代会计阶段和现代会计阶段，且现代会计的发展出现了前所未有的繁荣，相关体系也有了进一步的发展。

目前，在我国关于会计的定义主要有两种代表性的观点。一是管理活动论，二是信息系统论。管理活动论认为会计是一种经济管理活动。信息系统论认为会计是一个经济信息系统。我们认为会计是以货币为主要计量单位，采用专门的方法和程序，对企业和行政、事业单位的经济活动进行完整的、连续的、系统的核算和监督，以提供经济信息和反映受托责任履行情况为主要目的的经济管理活动。会计的职能是指会计在经济管理活动过程中所具有的功能。会计的具体目标包括受托责任和决策有用两个方面。会计的基本职能是进行会计核算，并实行会计监督。会计工作主要是以财务会计报告的形式提供会计信息，会计的目标也可以称为财务会计报告的目标。

会计对象是指会计核算和监督的基本内容，具体表现为企业的经济业务活动。会计方法包括按规定使用会计科目设置账户，通过复式记账，填制和审核会计凭证，并登记有关账簿，计算相关成本，最后通过财产清查加以核对，在账实相符的基础上，根据账簿记录，定期编制财务会计报告，并对该报告提供的会计信息进行分析利用。企业在一个会计期间内，从发生经济业务、编制会计分录开始，到编制会计报表完成为止，要连续、完整、全面、综合地进行会计处理。这个过程被称为会计循环。

 练习与思考

一、单选题

1. 下列选项中符合会计管理活动论观点的是(　　)。
　　A. 会计是一种经济信息活动　　　　B. 会计是一个经济信息系统
　　C. 会计是一种管理经济系统的工具　D. 会计是一种经济管理活动

2. 会计的基本职能是(　　)。
　　A. 反映和考核　　　　　　　　　　B. 核算和监督
　　C. 预测和决策　　　　　　　　　　D. 分析和管理

3. 下列选项中属于会计目标的两种主要学术观点的是(　　)。
　　A. 决策有用观与受托责任观　　　　B. 决策有用观与信息系统观
　　C. 信息系统观与管理活动观　　　　D. 管理活动观与决策有用观

4. 主要向外部信息使用者提供企业财务状况、经营成果和现金流量信息的是(　　)。
　　A. 管理会计　　　B. 财务管理　　　C. 财务会计　　　D. 审计

5. 企业支付职工工资，属于资金运动中的(　　)。
　　A. 资金投入　　　B. 资金运用　　　C. 资金退出　　　D. 资金筹集

6. 对会计对象进行连续、系统、全面、综合的确认、计量和报告所采用的各种方法是指(　　)。
　　A. 会计职能　　　B. 会计目标　　　C. 会计任务　　　D. 会计核算方法

7. 会计人员在进行会计核算的同时，对特定主体经济活动的合法性、合理性进行审查称为(　　)职能。
　　A. 会计核算　　　B. 会计监督　　　C. 会计控制　　　D. 会计预测

二、多选题

1. 下列各项中，关于会计职能的表述，正确的有(　　)。
　　A. 会计核算是会计监督的基础
　　B. 会计监督是会计核算的质量保证
　　C. 预测经济前景、参与经济决策和评价经营业绩是拓展职能
　　D. 会计核算与会计监督职能是独立存在的

2. 下列各项中，属于会计核算方法的有(　　)。

　　A. 编制财务报告　　B. 成本计算　　　　C. 财产清查　　　　D. 复式记账

3. 下列关于会计对象的表述，正确的有(　　)。

　　A. 会计的对象是指会计核算和会计监督的内容

　　B. 凡是特定单位能够以货币表现的经济活动都是会计的对象

　　C. 企业会计的对象就是企业的资金运动

　　D. 企业的资金运动，表现为资金筹集、资金运用和资金退出三个过程

三、判断题

1. 会计目标是指要求会计工作完成的任务或达到的标准。　　　　　　　　　　(　　)

2. 企业偿还各项债务、依法缴纳各项税费属于资金运动中的资金运用环节。　(　　)

3. 编制财务预算和编制财务会计报告均是会计核算方法。　　　　　　　　　(　　)

4. 会计监督职能不仅贯穿于过去已发生的经济业务，同时也贯穿于业务发生过程中和尚未发生之前，包括事前、事中和事后监督。　　　　　　　　　　　　　　　(　　)

5. 会计的发展是随着社会经济的发展而发展的，经济越发展，会计越重要。　(　　)

四、思考题

1. 会计的发展历程是怎样的？会计的不同发展时期都有哪些显著的标志？

2. 会计的基本职能是什么？如何理解各基本职能之间的关系？会计的拓展职能有哪些？

3. 会计的目标是什么？会计信息使用者都有哪些？

4. 怎样定义会计对象？会计对象包括哪些具体内容？

5. 会计核算的方法有哪些？

6. 会计循环具体包括哪些步骤？

7. 请描述一下你对会计的认识，并从身边寻找一些例子来理解会计的作用。

微课视频

扫一扫，获取本章相关微课视频。

1-1 会计的产生与发展.mp4　　　　1-2 会计的职能.mp4

第二章 会计要素与会计等式

会计要素是对会计对象进行的再分类，是会计对象具体构成内容的别称，也是不可或缺的财务会计概念。因此，本章重点研究会计要素的含义、特征和确认条件，以及体现这些要素之间数量上相等关系的会计等式，并初步介绍在会计上处理这些要素的变化所采用的基本方法。

 学习目标

1. 掌握各个会计要素的定义、特征及确认条件。
2. 熟悉会计等式中各个会计要素之间的关系及经济业务发生后对会计等式中各要素的影响。
3. 了解会计等式保持平衡的原理。

【课前思考】

1. 企业资金的来源方式有哪些？又以什么形式占用？它们之间有什么关系？
2. 如何理解企业的经济活动分为筹资活动、投资活动和经营活动？

第一节 会 计 要 素

会计要素是根据交易或者事项的经济特征所确定的财务会计对象和基本分类。会计要素是从会计的角度解释构成企业经济活动的必要因素。它是用于反映企业财务状况、确定经营成果的基本单位。《企业会计准则——基本准则》规定，会计要素按性质分为资产、负债、所有者权益、收入、费用和利润。会计要素可以分为两类：一类是静态要素，侧重于反映企业的财务状况，包括资产、负债和所有者权益，它们是资产负债表的基本项目；另一类是动态要素，侧重于反映企业的经营成果，包括收入、费用和利润，它们是利润表的主要项目。

一、资产

(一)资产的定义

资产是指企业过去的交易或者事项形成的,由企业拥有或控制的,预期会给企业带来经济利益的资源。

根据资产的定义,资产应具备以下三个方面的基本特征。

(1) 资产是由企业过去的交易或者事项形成的。过去的交易或者事项包括购买、生产、建造等行为。一项资源要成为企业的资产,必须是现实的而不是预期的,即企业预期在未来购入、生产的资源都不属于企业的资产。例如,企业打算在下个月购入的一批商品就不属于企业的资产。

(2) 资产应为企业当前所拥有或者控制的资源。拥有是指拥有所有权。一项资源是否属于企业,通常由其所有权的归属决定。但需要注意的是,是否拥有所有权并不是唯一的标准。在有些情况下,企业虽然不拥有资源的所有权,但是企业却实际控制该项资源,则该项资源也要被确认为企业的资产。所谓的控制是指虽然从法律形式上看不拥有所有权,但却有支配使用的权利。也就是说,企业对该项资源具有实际经营管理权,能够自主地运用它从事经营活动,谋求经济利益,从实质上看企业享有与该项资源的所有权有关的经济利益,并承担着相应的风险。

(3) 资产预期会给企业带来经济利益。这是资产最本质的特征,是指此资源应该能直接或者间接导致经济利益流入企业,如企业销售其生产的产品可以直接取得经济利益、购买债券后在持有期间可以获得利息。如果资产预期不能带来经济利益,则不能被确认为资产,如变质的商品、报废的机器设备就不能被确认为资产。

(二)资产的确认条件

在符合资产特征的同时,满足以下两个条件的资源才能被确认为资产。

(1) 与该资源有关的经济利益很有可能流入企业。能给企业带来经济利益是资产的一个本质属性。在实际的经济活动中,由于经济环境瞬息万变,与资源相关的经济利益能否流入企业以及流入多少具有一定的不确定性。当与企业的资源有关的经济利益很有可能流入企业时,企业就应将该资源作为资产予以确认。当经过判断与企业的资源有关的经济利益很有可能部分或者全部不能流入企业时,则该资源的部分或全部已经不符合资产的确认条件,此时企业应计提减值准备,相应减少资产的价值或终止确认资产。

(2) 该资源的成本或者价值能够可靠地计量。这是所有会计要素得以确认的重要前提。只有当资源的成本或者价值能够可靠地计量时,该资源才能被确认为资产。在会计实务中,企业取得的许多资产都涉及相应的成本,如购入存货、购置厂房或设备等。若这些资源的成本都能够可靠地计量,那么也就符合了资产确认的可计量条件。

(三)资产的分类

资产按流动性分为流动资产和非流动资产。会计上所指的流动性主要是指资产的变现能力。流动资产是指在一年或一个营业周期内变现或耗用的资产,包括库存现金、银行存款、其他货币资金、交易性金融资产、应收票据、应收账款、预付账款、存货等。非流动资产是指在一年或一个营业周期以上变现的资产，包括长期股权投资、固定资产和无形资产等。

(1) 库存现金。库存现金是指存放于企业财务部门、由出纳人员经管的货币资金。库存现金是企业流动性最强的资产，企业应当严格遵守国家有关现金管理制度，正确进行现金收支的核算，监督现金使用的合法性与合理性。

(2) 银行存款。银行存款是企业存放在银行或其他金融机构的货币资金。企业应当根据业务需要，按照规定在其所在地银行开设账户，通过所开设的账户，进行存款、取款及各种收支转账业务的核算。银行存款的收付应严格执行银行结算制度的规定。

(3) 其他货币资金。其他货币资金是指企业除库存现金、银行存款以外的其他各种货币资金，主要包括银行汇票存款、银行本票存款、信用卡存款、信用证保证金存款、存出投资款和外埠存款等。

(4) 交易性金融资产。交易性金融资产是指企业为了短期内出售而持有的金融资产，如企业以赚取差价为目的从二级市场上购买的股票、债券、基金等。

(5) 应收票据。应收票据是指企业因销售商品、提供劳务等而收到的商业汇票。商业汇票是一种由出票人签发的，委托付款人在指定日期无条件支付确定金额给收款人或者持票人的票据。商业汇票按承兑人不同分类，分为银行承兑汇票和商业承兑汇票。

(6) 应收账款。应收账款是指企业因销售商品、提供劳务等经营活动，应向购货单位或接受劳务单位收取的款项，主要包括企业销售商品或提供劳务等应向有关债务人收取的价款及代购货单位垫付的包装费、运杂费等。

(7) 预付账款。预付账款是指企业按照合同规定预付的款项。为了反映和监督预付账款的增减变动及其结存情况，企业应当设置"预付账款"科目。

(8) 存货。存货是指企业在日常活动中持有以备出售的产品或商品、处在生产过程中的在产品、在生产过程或提供劳务过程中耗用的材料或物料等，包括各类材料、在产品、半成品、产成品、商品以及包装物、低值易耗品、委托代销商品等。

(9) 长期股权投资。长期股权投资是指投资方对被投资单位实施控制或具有重大影响的权益性投资，以及对其合营企业的权益性投资。

(10) 固定资产。固定资产是指用于生产商品、提供劳务、出租或经营管理而持有，使用寿命超过一个会计年度的有形资产。它包括房屋、建筑物、机器设备、运输设备、工具器具等。

(11) 无形资产。无形资产是指企业拥有或者控制的没有实物形态的可辨认非货币性资产。它包括专利权、商标、专有技术和土地使用权等。

二、负债

(一)负债的定义

负债是指企业过去的交易或者事项形成的，预期会导致经济利益流出企业的现时义务。

根据负债的定义，负债应具备以下三个方面的基本特征。

(1) 负债是由企业过去的交易或者事项形成的。只有过去的交易或事项才能形成负债，企业将来发生的承诺、签订的合同等交易或事项不形成负债。

(2) 负债是企业承担的现时义务。现时义务是指企业在现行条件下已承担的义务。因此负债是现时需要偿还的债务，如企业购入商品形成的应付未付的款项、企业向银行贷款形成的借款等。潜在的义务不能被确认为负债，未来发生的交易或者事项形成的义务也不是会计上的负债，如企业决定在三个月后向银行借入借款，并不会产生现时的义务，不能被确认为企业的负债。

(3) 负债预期会导致经济利益流出企业。这是负债的一个本质特征。企业履行偿债义务时，会有经济利益的流出，如支付现金、提供劳务、提供产品、转让其他财产等。

(二)负债的确认条件

符合准则规定的负债定义的义务，在同时满足以下条件时，才能被确认为负债。

(1) 与该义务有关的经济利益很有可能流出企业。预期会导致经济利益流出企业是负债的一个本质特征。在实务活动中，履行偿债义务所需流出的经济利益具有不确定性，当有确凿证据表明与现时义务有关的经济利益很有可能流出企业时，企业就应将其作为负债予以确认。反之，如果企业承担的现时义务导致企业经济利益流出的可能性很小，该义务就不符合负债的确认条件，企业不能将其确认为负债。

(2) 未来流出的经济利益的金额能够可靠地计量。对于与法定义务有关的经济利益流出金额，企业通常可以根据合同或法律规定的金额予以确定。在经济利益的流出在未来期间甚至在未来较长期间的情况下，企业对有关金额的确定需要考虑货币时间价值等因素的影响。

(三)负债的分类

负债根据偿还期限的长短，分为流动负债和非流动负债。流动负债是指预期在一年或短于一年的一个经营周期内到期的债务，主要包括短期借款、应付票据、应付账款、预收账款、应付职工薪酬、应交税费等。非流动负债是指偿还期限在长于一年或长于一年的一个经营周期以上的债务，主要包括长期借款、应付债券等。

(1) 短期借款。短期借款是指企业向银行或其他金融机构等借入的期限在一年以下(含一年)的各种款项。短期借款一般是企业为了满足正常生产经营所需的资金或者是为了抵偿某项债务而借入的。短期借款的债权人不仅是银行，还包括其他非银行金融机构或其他单位和个人。

(2) 应付票据。应付票据是指企业购买材料、商品和接受劳务供应等而开出、承兑的商业汇票，包括商业承兑汇票和银行承兑汇票。

(3) 应付账款。应付账款是指企业因购买材料、商品或接受劳务供应等经营活动而应付给供应单位的款项。

(4) 预收账款。预收账款是指企业按照合同规定向购货单位预收的款项。预收账款与应付账款均属于企业短期债务，但与应付账款不同的是，预收账款所形成的负债不是以货币偿付，而是以货物清偿。

(5) 应付职工薪酬。应付职工薪酬是指企业为获得职工提供的服务或解除劳动关系而给予的各种形式的报酬或补偿。

(6) 应交税费。应交税费核算各种税费的应缴以及缴纳等情况。具体包括增值税、消费税、企业所得税、资源税、土地增值税、城市维护建设税、房产税、土地使用税、车船税、教育费附加、矿产资源补偿费等税费，以及在上缴国家之前，由企业代收代缴的个人所得税等。

(7) 长期借款。长期借款是企业从银行或其他金融机构借入的偿还期限在一年以上(不含一年)的款项。长期借款是企业非流动负债的重要组成部分，通常用于长期资产的构建、固定资产的改扩建等用途。

(8) 应付债券。应付债券是企业发行的、期限在一年以上的债券所形成的一种非流动负债。

 【思政要点】

通过资产和负债的学习，使学生明白权利可以放弃，但债务必须要偿还的道理。

三、所有者权益

(一)所有者权益的定义

所有者权益又称股东权益，是指企业资产扣除负债后，由所有者享有的剩余权益，其金额取决于资产和负债的计量。所有者权益是所有者对企业资产的剩余索取权，通常由实收资本(股本)、资本公积、盈余公积以及未分配利润组成。

(二)所有者权益的分类

所有者权益包括实收资本(股本)、资本公积、盈余公积和未分配利润。

(1) 实收资本(股本)。实收资本是指企业按照章程规定或合同、协议约定，接受投资者投入企业的资本。实收资本的构成比例或股东的股份比例，是确定所有者在企业所有者权益中份额的基础，也是企业进行利润或股利分配的主要依据。

(2) 资本公积。资本公积是企业收到投资者出资额超出其在注册资本(或股本)中所占份额的部分，以及其他资本公积等。

(3) 盈余公积。盈余公积是指企业按照有关规定从净利润中提取的积累资金，包括法定盈余公积和任意盈余公积。法定盈余公积是指企业按照规定的比例从净利润中提取的盈余公积。任意盈余公积是指企业按照股东会或股东大会决议提取的盈余公积。

(4) 未分配利润。未分配利润是指企业实现的净利润经过弥补亏损、提取盈余公积和向投资者分配利润后留存在企业的、历年结存的利润。

由于所有者权益体现的是所有者在企业中的剩余权益，所以所有者权益的确认主要依赖于其他会计要素，尤其是资产和负债。在金额上，所有者权益=资产-负债。

(三)所有者权益与负债的区别

所有者权益与负债(债权人权益)之间的区别主要体现在以下三个方面。

(1) 资金提供者在企业中享有的权利不同。所有者享有企业经营决策权和剩余分配权，能够分享利润。债权人没有企业经营决策权和剩余分配权，只有按期收回本金和利息的权利。

(2) 行使权利的优先次序不同。债权人对企业资产的要求权优先于投资人的要求权。企业破产清算时，负债一般优先得到清偿，只有在清偿所有的负债之后剩余的权益才会被返还给所有者。

(3) 资金可使用期限不同。在企业持续经营的情况下，所有者除了可以按法律程序减资外，一般不能提前撤回投资，也不能约定偿还期。而债权人对于提供的资金一般都有规定的偿还期限，企业必须按期归还。

(四)所有者权益与负债的联系

所有者权益与负债(债权人权益)之间的联系主要体现在以下两个方面。

(1) 二者都是企业经营所需资金的来源。

(2) 二者都属于权益，所有者权益是投资人(所有者)的权益，负债是债权人的权益。

四、收入

(一)收入的定义

收入是指企业在日常活动中形成的、会导致所有者权益增加的、与所有者投入资本无关的经济利益的总流入。例如，工业企业制造并销售产品、商业企业销售商品、租赁公司出租资产均属于企业日常活动，形成的利益流入都属于收入。

根据收入的定义，概括收入具有以下特征。

(1) 收入是在日常活动中形成的。所谓日常活动是指企业为完成其经营目标所从事的经常性的活动及与之相关的活动。例如，会计师事务所提供审计咨询服务、运输公司提供运输服务、租赁企业让渡资产使用权等。显然，不同行业企业的日常活动内容是有差异的。

(2) 收入是与所有者投入资本无关的经济利益的总流入。收入会导致经济利益的流入，但是经济利益的流入不都属于收入，投资者投入资本会导致经济利益流入，但是此项经济利益的流入不能被确认为收入，而是属于所有者权益。

(3) 收入会导致所有者权益增加。与收入相关的经济利益的流入会导致所有者权益的增加，不导致所有者权益增加的经济利益的流入不应被确认为收入。例如，企业发行债券会有经济利益的流入，但是同时也会导致企业承担的债务增加，并没有导致所有者权益的增加，因此这种经济利益的流入不能被确认为收入。

(二)收入的确认条件

收入在确认时除了应当符合收入的定义外，还应当满足严格的确认条件。收入的确认条件如下。

(1) 与收入相关的经济利益很可能流入企业。

(2) 经济利益流入企业的结果会导致企业资产的增加或者负债的减少。

(3) 经济利益的流入金额能够可靠地计量。

(三)收入的分类

按广义收入进行分类，收入分为营业收入和营业外收入。其中营业收入分为主营业务收入和其他业务收入。

(1) 主营业务收入。主营业务收入是指企业为完成其经营目标所从事的经常性活动所实现的收入。

(2) 其他业务收入。其他业务收入是指企业为完成其经营目标所从事的与经常性活动相关的活动实现的收入。

(3) 营业外收入。营业外收入是企业非日常活动产生的利得。一般与正常的生产经营活动没有直接关系，不是经常发生的，带有偶发性，不具有重复性。

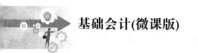

五、费用

(一)费用的定义

费用是企业在日常经营活动中发生的、导致所有者权益减少且与向所有者分配利润无关的经济利益的总流出。

根据费用的定义，费用具有如下特征。

(1) 在日常活动中发生。费用必须是企业在日常活动中所形成的。这里的"日常活动"的界定与收入定义中的"日常活动"是一致的。常见的费用包括营业成本、办公费用、广告费、固定资产的折旧、无形资产的摊销等。

(2) 会导致所有者权益减少。与费用相关的经济利益的流出应当会导致所有者权益的减少，不导致所有者权益减少的经济利益的流出不符合费用的定义，不应被确认为费用。例如，企业用银行存款偿还银行借款，使经济利益流出企业，企业资产减少，但并不会导致所有者权益的减少，而是使负债减少，因此这项经济利益的流出不能被确认为费用。

(3) 费用是与向所有者分配利润无关的经济利益的总流出。向所有者分配利润也会导致经济利益流出企业，但是这种形式的经济利益的流出不属于费用的核算范围。

(二)费用的确认条件

费用在确认时除了应当符合费用定义外，还应当满足如下严格的条件。

(1) 与费用相关的经济利益很有可能流出企业。

(2) 经济利益流出企业的结果会导致资产的减少或者负债的增加。

(3) 经济利益的流出金额能够可靠地计量。

(三)费用的分类

费用有多种表现形式，但其本质都是资产的转化形式，是企业资产的耗费。按广义的费用分类，费用包括营业成本、税金及附加、销售费用、管理费用、财务费用、营业外支出和所得税费用等。营业成本包括主营业务成本和其他业务成本。

(1) 主营业务成本。主营业务成本是指企业为生产产品、提供劳务等经常性活动所发生的成本。企业一般在确认销售商品、提供劳务等主营业务收入时，或在月末，将已销售商品、已提供劳务的成本转入主营业务成本。

(2) 其他业务成本。其他业务成本是指企业确认的除主营业务活动以外的其他日常经营活动所发生的支出。

(3) 税金及附加。税金及附加是指企业经营活动应负担的相关税费，包括消费税、城市维护建设税、教育费附加、资源税、房产税、城镇土地使用税、车船税和印花税等。

(4) 销售费用。销售费用是指企业销售商品和材料、提供劳务的过程中发生的各种费用，包括企业在销售商品过程中发生的保险费、包装费、展览费和广告费、商品维修费、预计产品质量保证损失、运输费和装卸费等。

(5) 管理费用。管理费用是指企业为组织和管理生产经营发生的各种费用。

(6) 财务费用。财务费用是指企业为筹集生产经营所需资金等而发生的筹资费用，包括利息支出(减利息收入)、汇兑损益以及相关的手续费、企业发生的现金折扣等。

(7) 营业外支出。营业外支出是指企业非日常活动发生的损失。营业外支出一般与正常的生产经营活动没有直接联系，不是经常发生的，带有偶发性，不具有重复性。

(8) 所得税费用。所得税费用是企业按照税法的规定，将企业利润的一定比例以所得税的方式向国家缴纳。缴纳所得税会导致经济利益流出企业，是企业的重要费用。

六、利润

(一)利润的定义

利润是指企业在一定期间的经营成果，反映的是企业的经营业绩情况，利润是业绩考核的重要指标。企业实现的利润归所有者享有，因此企业实现利润时会导致所有者权益的增加，而企业发生亏损时(利润为负)，则会导致所有者权益的减少。利润来源于收入减去费用后的净额、直接计入当期利润的利得和损失等。收入减去费用后的净额反映的是企业日常活动的业绩，而直接计入当期利润的利得和损失反映的是企业非日常活动的业绩。直接计入利润的利得和损失是指应计入当期损益、会导致所有者权益增减变动的、与所有者投入资本或者向所有者分配利润无关的利得和损失。利得包括非流动资产处置利得、非货币性资产交换利得、债务重组利得、盘盈利得、捐赠利得等。损失包括非流动资产处置损失、非货币性资产交换损失、债务重组损失、公益性捐赠支出、非常损失等。

(二)利润的确认条件

利润反映的是收入减去费用、利得减去损失后的净额。因此，利润的确认主要依赖于收入和费用，以及利得和损失的确认。

(三)利润的分类

在利润表中列示的利润分为营业利润、利润总额和净利润。

(1) 营业利润是指营业收入减去营业成本、税金及附加、销售费用、研发费用、管理费用、财务费用、资产减值损失，并加上投资收益(或减去投资损失)等后的金额。

(2) 利润总额是指营业利润加上营业外收入，减去营业外支出后的金额。

(3) 净利润是指利润总额减去所得税费用后的金额。

由于利润包括收入减去费用后的净额、直接计入当期利润的利得和损失等，因此利润的确认依赖于收入、费用，以及利得和损失的确认。其金额的确定则取决于收入、费用，以及利得和损失金额的计量。

 【思政要点】

通过会计要素的学习，培养学生将经济业务转化为会计语言的能力，以及用会计语言正确描述经济业务的能力，同时树立债权人权益优先于所有者权益的观念。

第二节 会 计 等 式

六个会计要素反映了资金运动的静态和动态两个方面，具有紧密的相关性，在数量上存在着特定的平衡关系。这种平衡关系用公式来表示，就是通常所说的会计等式。会计等式，

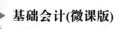

也称会计恒等式,是表明会计要素之间基本关系的等式。目前,会计等式有以下三种类型。

一、静态会计等式

静态会计等式是由静态会计要素组合而成的反映企业一定时点的财务状况的等式。该等式是会计等式中的基本会计等式,其组合方式为:

$$资产=负债+所有者权益$$

静态会计等式体现了企业资金的两个不同侧面。等式右边的要素说明企业资金的来源渠道。企业要开展生产经营活动,首先必须拥有一定数量的资金。资金的来源有两种,一是由企业所有者投入,二是由企业向债权人借入。所有者和债权人将其所拥有的资源提供给企业使用,就相应地对企业的资源享有一种要求权,分别是所有者权益和负债(债权人权益)。等式左边的要素说明企业资金的存在形态,即资产。

资产和权益(包括所有者权益和债权人权益)实际是企业所拥有的经济资源在同一时点的不同表现形式。资产表明的是资源在企业存在、分布的形态,而权益则表明了资源取得和形成的渠道。资产来源于权益,资产与权益必然相等。

这一会计等式是进行复式记账的理论基础,也是编制资产负债表的依据。

二、动态会计等式

动态会计等式是由动态会计要素组合而成的反映企业一定会计期间经营成果的等式。其组合方式为:

$$收入-费用=利润$$

企业经营的目的是获取收入,进而实现盈利。企业在取得收入的同时,也必然要发生相应的费用。通过收入与费用的比较,企业才能确定一定时期的经营成果。在此等式中,若利润为正,则表示企业盈利;若利润为负,则表示企业亏损。

从广义上来讲,企业一定时期所获得的收入扣除所发生的各项费用后的余额即表现为利润。在实际工作中,由于狭义的收入不包括处置固定资产净收益、固定资产盘盈、出售无形资产收益等,狭义的费用也不包括处置固定资产净损失、自然灾害损失等,所以,收入减去费用,并经过调整后,才能得到企业实际的利润,即(收入-费用)+(利得-损失)=利润。

这一会计等式反映了企业利润的实现过程,同时也是编制利润表的基础。

三、综合会计等式

综合会计等式,也称扩展会计等式,是由静态会计等式和动态会计等式综合而成的。其组合方式为:

$$资产+费用=负债+所有者权益+收入$$

企业取得的利润归所有者享有,因此利润的实现会导致所有者权益的增加,用会计等式表示如下。

$$资产=负债+(所有者权益+利润)$$
$$=负债+所有者权益+收入-费用$$

将费用移至等号的左边即可得综合会计等式。

综合会计等式两边的内容是企业资金两个不同侧面的扩展。该等式反映的仍然是企业资金存在的形态和资金来源的渠道，但内容更为丰富。等式左边既反映了企业现时存在的资产，又反映了企业在生产经营过程中对资产的消耗，将费用视为资产的一种特殊存在形态；等式右边既反映了企业主要资金来源渠道中的负债和所有者权益，又反映了企业通过生产经营活动带来的收入这种新的资金来源。

综上所述，会计等式是各会计要素之间的关系表达式，是进行复式记账、试算平衡及编制会计报表的重要依据。会计等式可以反映企业的财务状况和经营成果，揭示各会计要素之间的内在联系。

 【思政要点】

通过会计等式的学习，启发学生对人生哲学的思考。会计等式可以从两方面对学生的财富进行衡量，一方面衡量物质财富，资产减去负债，剩余的属于学生自己的权益，代表着据为己有的社会财富；另一方面用于衡量精神财富，资产是自己所贡献给别人的帮助，负债是自己获得了多少别人的帮助，资产减去负债，留下的是自己对社会的净贡献。引导学生增加人生资产，减少人生负债，留下更多的权益为社会和国家做贡献。

第三节 经济业务对会计等式的影响

由于资产与权益之间的恒等性，任何经济业务的发生都不会影响会计等式的平衡关系。经济业务的发生引起基本会计等式两边会计要素变动的类型可以总结归纳为四类。下面以贝壳公司为例，20×3 年 1 月初投资者投入 100 000 元资金，设立贝壳公司。

(1) 经济业务的发生引起等式两边金额同时增加，增加金额相等，变动后等式依然保持平衡。

【例 2-1】贝壳公司从银行借入一笔短期借款 50 000 元，存入企业银行账户。

解：这笔业务使企业的资产——银行存款增加 50 000 元，同时使企业的负债——短期借款增加 50 000 元，此业务的发生使会计等式等号两边的金额均增加 50 000 元，等式依然平衡。这属于第一类会计事项对会计等式的影响，如表 2-1 所示。

表 2-1 第一类会计事项对会计等式的影响

	资 产	负 债	所有者权益
事项发生前	100 000	0	100 000
事项影响	+50 000	+50 000	
事项发生后	150 000	50 000	100 000

(2) 经济业务的发生引起等式两边金额同时减少，减少金额相等，变动后等式依然保持平衡。

【例 2-2】贝壳公司用银行存款 40 000 元偿还其拖欠某供货企业的货款。

解：这笔业务使企业的资产——银行存款减少 40 000 元，同时使企业的负债——应付账款减少 40 000 元。此业务的发生使会计等式等号两边的金额均减少 40 000 元，等式依然平衡。这属于第二类会计事项对会计等式的影响，如表 2-2 所示。

表 2-2　第二类会计事项对会计等式的影响

	资　产	负　债	所有者权益
事项发生前	150 000	50 000	100 000
事项影响	-40 000	-40 000	
事项发生后	110 000	10 000	100 000

(3) 经济业务的发生引起等式左边即资产内部的项目此增彼减，增减的金额相同，变动后资产的总额不变，等式保持平衡。

【例 2-3】贝壳公司从银行提取现金 10 000 元。

解：这笔业务使企业的资产——银行存款减少 10 000 元，同时使企业的另一项资产——库存现金增加 10 000 元，此业务的发生使会计等式等号左边的资产内部金额一增一减，增减金额均为 10 000 元，等式依然平衡。这属于第三类会计事项对会计等式的影响，如表 2-3 所示。

表 2-3　第三类会计事项对会计等式的影响

	资　产	负　债	所有者权益
事项发生前	110 000	10 000	100 000
事项影响	+10 000 -10 000		
事项发生后	110 000	10 000	100 000

(4) 经济业务的发生引起等式右边的负债内部项目此增彼减，或所有者权益内部项目此增彼减，或负债与所有者权益项目之间的此增彼减，增减的金额相同，变动后等式右边总额不变，等式仍保持平衡。

【例 2-4】经企业管理层研究决定，并报有关部门批准，贝壳公司用资本公积转增资本，金额为 300 000 元。

解：这笔业务使企业的所有者权益——实收资本增加 300 000 元，同时使企业的另一项所有者权益——资本公积减少 300 000 元，此业务的发生使会计等式等号右边的所有者权益的金额一增一减，增减金额均为 300 000 元，等式依然平衡。这属于第四类会计事项对会计等式的影响，如表 2-4 所示。

表 2-4　第四类会计事项对会计等式的影响

	资　产	负　债	所有者权益
事项发生前	110 000	10 000	100 000
事项影响			+300 000 -300 000
事项发生后	110 000	10 000	100 000

经济业务引起会计要素增减变动的 4 种类型可以进一步被细分为 9 类，如表 2-5 所示。

表 2-5　会计要素增减变动类型汇总表

序　号	资　产		负　债		所有者权益	
1	增加		增加			
2	减少		减少			
3	增加				增加	
4	减少				减少	
5			减少		增加	
6			增加		减少	
7	一项增加	一项减少				
8			一项增加	一项减少		
9					一项增加	一项减少

从上述 9 种经济业务类型对会计等式的影响结果，可以得出如下结论。

(1) 企业发生的各种业务活动，都不会破坏会计等式的平衡关系。

(2) 等式左边的总资产增加，等式右边的负债或者所有者权益必然会等额增加。

(3) 等式左边的总资产减少，等式右边的负债或者所有者权益必然会等额减少。

(4) 除股东投资外，如果所有者权益发生变动，就意味着企业的经济业务产生了损益。

【思政要点】

　　通过经济业务对会计等式影响的学习，使学生了解到资产、负债和所有者权益是构成会计等式的要素，缺一不可。不管发生什么经济业务，都不会破坏会计等式的平衡关系，从而培养学生将会计平衡思想运用到日常生活和工作中的能力，不必纠结于一时的得与失。从长远看，得与失是平衡的，从而增强获得内心平衡和幸福的能力。

📚 本章小结

　　会计的对象即会计核算和监督的内容，也就是引起资金运动的经济业务活动。对会计的核算对象所做的基本分类就是财务会计报告要素即会计要素。会计要素可以分为两类。一类是静态的，反映企业财务状况，包括资产、负债、所有者权益，是资产负债表的基本项目。另一类是动态的，反映企业经营成果，包括收入、费用和利润，构成了利润表的基本项目。六项会计要素反映了资金运动的静态和动态两个方面，具有紧密的相关性，在数量上存在着特定的平衡关系。这种平衡关系用公式来表示，就是通常所说的会计等式。会计等式是反映会计要素之间平衡关系的计算公式，是各种会计核算方法的理论基础，主要需要掌握三个会计等式：资产=负债+所有者权益；收入-费用=利润；资产+费用=负债+所有者权益+收入。

练习与思考

一、单选题

1. 下列选项中属于反映企业财务状况的会计要素的是( )。

    A. 收入   B. 所有者权益   C. 费用   D. 利润

2. 企业的原材料属于会计要素中的( )。

    A. 资产   B. 负债   C. 所有者权益   D. 收入

3. 所有者权益从数量上看,是( )。

    A. 流动资产减去流动负债的余额   B. 长期资产减去长期负债的余额

    C. 全部资产减去流动负债的余额   D. 全部资产减去全部负债的余额

4. 企业收入的增加会引起( )。

    A. 负债增加   B. 资产减少   C. 资产增加   D. 所有者权益减少

5. 《企业会计准则第14号——收入》规定,企业的日常经营收入不包括( )。

    A. 销售商品的收入   B. 提供劳务的收入

    C. 他人使用本企业资产取得的收入   D. 捐赠获得的收入

6. 对会计对象的具体划分称为( )。

    A. 会计科目   B. 会计原则   C. 会计要素   D. 会计方法

7. 下列选项中属于静态会计等式的是( )。

    A. 收入-费用=利润   B. 资产=负债+所有者权益

    C. 资产=负债+所有者权益+利润   D. 资产=负债+所有者权益+(收入-费用)

8. 某企业资产总额为600万元,如果发生以下经济业务:①收到外单位投资40万元存入银行;②以银行存款支付购入材料款12万元;③以银行存款偿还银行借款10万元。这时企业资产总额为( )。

    A. 636万元   B. 628万元   C. 648万元   D. 630万元

9. 下列会计业务中会使企业月末资产总额发生变化的是( )。

    A. 从银行提取现金   B. 购买原材料,货款未付

    C. 购买原材料,货款已付   D. 现金存入银行

10. 以银行存款50 000元偿还企业前欠货款。这项经济业务所引起的会计要素变动情况属于( )。

    A. 一项资产与一项负债同时增加   B. 一项资产与一项负债同时减少

    C. 一项资产增加,另一项资产减少   D. 一项负债增加,另一项负债减少

11. 某企业用盈余公积转增资本,则此业务对会计要素的影响是( )。

    A. 资产增加   B. 负债减少

    C. 所有者权益增加   D. 所有者权益不变

二、多选题

1. 企业的资产按流动性可以分为( )。

A. 流动资产　　B. 非流动资产　C. 长期股权投资　D. 无形资产

2. 下列选项中关于负债的表述正确的有(　　)。

A. 负债按其流动性不同，分为流动负债和非流动负债

B. 正在筹划的未来交易事项，也会产生负债

C. 负债是企业由于过去的交易或事项而承担的将来义务

D. 负债是企业由于过去的交易或事项而承担的现时义务

3. 下列选项中，属于企业所有者权益组成部分的有(　　)。

A. 实收资本　　B. 资本公积　　C. 盈余公积　　D. 未分配利润

4. 下列选项中关于资产特征的说法正确的有(　　)。

A. 由过去的交易或事项形成　　　B. 必须是有形的

C. 企业拥有或者控制的　　　　　D. 预期能够给企业带来经济利益

5. 下列选项中，应确认为企业资产的有(　　)。

A. 购入的无形资产　　　　　　　B. 已霉烂变质无使用价值的存货

C. 融资租入的固定资产　　　　　D. 计划下个月购入的材料

6. 下列等式中正确的会计等式有(　　)。

A. 资产＝负债＋所有者权益

B. 收入－费用＝利润

C. 资产＝负债＋所有者权益＋(收入－费用)

D. 资产＋负债－费用＝所有者权益＋收入

7. 下列关于会计等式的说法中，正确的是(　　)。

A. "资产＝负债＋所有者权益"是最基本的会计等式，表明了会计主体在某一特定时期所拥有的各种资产与债权人、所有者之间的动态关系

B. "收入－费用＝利润"这一等式动态地反映经营成果与相应期间的收入和费用之间的关系，是企业编制利润表的基础

C. 企业各项经济业务的发生并不会破坏会计基本等式的平衡关系

D. 会计等式反映了六大会计要素之间的恒等关系

8. 下列选项中能引起会计等式左右两边会计要素变动的经济业务有(　　)。

A. 收到某单位前欠货款 20 000 元存入银行

B. 以银行存款偿还银行借款

C. 收到某单位投入机器设备一台，价值 80 万元

D. 以银行存款偿还前欠货款 10 万元

三、判断题

1. 资产、负债和所有者权益要素侧重反映企业的财务状况，收入、费用和利润要素侧重于反映企业的经营成果。　　　　　　　　　　　　　　　　　　　　(　　)

2. "收入－费用＝利润"这一会计等式，是复式记账法的理论基础，也是编制资产负债表的依据。　　　　　　　　　　　　　　　　　　　　　　　　　　　(　　)

3. 费用是指由企业非日常活动中所发生的、会导致所有者权益减少的、与向所有者分配利润无关的经济利益的总流出。　　　　　　　　　　　　　　　　　　(　　)

4. 企业发生的各种经济业务活动，都不会破坏会计等式的平衡关系。 （ ）

5. 如果某项资产不能再为企业带来经济利益，即使是由企业拥有或控制的，也不能作为企业的资产在企业资产负债表中列示。 （ ）

6. 企业日常活动形成的经济利益的总流入称为收入，包括与所有者投入资本有关的经济利益的流入。 （ ）

四、思考题

1. 会计要素包括哪几项？各要素的定义及确认条件是什么？

2. 会计等式的内容是什么？

3. 经济业务的发生会对会计等式产生什么影响？请举例进行分析。

五、业务题

贝壳公司发生了以下几笔经济业务，试分析每笔经济业务对会计等式的影响。

(1) 用银行存款50 000元购入办公设备一台。

(2) 从银行提取现金2 000元。

(3) 用银行存款偿还短期借款20 000元。

(4) 接受投资者投入的银行存款60 000元。

(5) 收取了客户预付购货款8 000元，已存入银行。

(6) 向田园公司赊购原材料一批，价值12 000元。

 微课视频

扫一扫，获取本章相关微课视频。

2-1 资产.mp4　　2-2 负债.mp4　　2-3 收入.mp4　　2-4 会计等式.mp4　　2-5 经济业务对会计等式的影响.mp4

第三章 会计核算基础

会计核算基础具体包括会计主体、持续经营、会计分期和货币计量四个会计假设；可靠性、相关性、可理解性、可比性、实质重于形式、重要性、谨慎性和及时性八个会计信息质量要求；历史成本、重置成本、可变现净值、现值和公允价值五个会计计量属性，以及权责发生制和收付实现制等内容。

 学习目标

1. 理解会计假设的内容。
2. 理解各个会计信息质量要求的含义。
3. 理解五个会计计量属性的含义。
4. 掌握权责发生制和收付实现制的含义和区别。

【课前思考】

1. 企业在进行会计核算时，哪些活动要进行核算反映，哪些不需要？企业要多久报一次账？企业进行会计核算时选用什么核算单位？

2. 20×3年3月贝壳公司销售一批商品给田园公司，商品已经发出，但是货款在4月才收到，那销售商品形成的收入应该在何时被确认？

第一节 会计假设

会计要对企业发生的各种经济活动进行行之有效的核算和监督，就必须对会计领域中的一些未知因素做出合理的假设，这些假设通常被称为会计假设。会计假设是对会计核算所处时间、空间环境等所作的合理假定，是企业会计确认、计量和报告的前提。目前，在理论界和实务界，大多数人公认的会计假设，包括会计主体假设、持续经营假设、会计分期假设和货币计量假设。这些假设是基于合理推断或者人为规定作出的，绝不是毫无根据的主观臆造，而是在长期的会计实践中人们逐渐认识到的普遍公理，它代表了人们对正确开展会计工作所

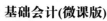

遵循若干要求的科学判断，是建立企业会计准则的理论基石。

一、会计主体假设

　　会计主体是指会计工作服务的特定对象，是企业会计确认、计量和报告的空间范围，主要解决为谁记账、为谁报告的问题。会计主体假设要求，企业应当对其本身发生的交易或者事项进行会计确认、计量和报告。为了向财务报告使用者反映企业财务状况、经营成果和现金流量，提供对其决策有用的信息，会计核算和财务报告的编制应当集中于反映特定对象的活动，并将其与其他经济实体和个人区别开来。例如，王某投资建立甲企业，一方面甲企业所发生的日常经济交易或事项属于甲企业这个会计主体发生的，应纳入会计核算当中，其他企业的经济活动不应纳入会计核算；另一方面，王某个人的开支不属于企业发生的交易事项，不能纳入企业的会计核算中。

　　会计主体假设要明确会计主体与法律主体并非同一概念。会计主体是会计信息反映的特定单位或者组织。法律主体是法律上承认的可以独立承担义务和享受权利的个体，也可以称为法人。两者之间的关系主要反映在以下两个方面。

　　一是法律主体可以成为会计主体，但会计主体不一定能成为法律主体。例如，独资企业或者合伙企业不具有法人资格，不是法律主体，其所拥有或控制的财产和对外所负的债务，在法律上仍为业主或合伙人的财产与债务，但在会计核算中则把其作为独立的会计主体来处理，把企业的财务收支活动与业主或合伙人的个人财务收支活动严格区分开。

　　二是会计主体可以由一个法律主体构成，也可以由多个法律主体构成。例如，集团公司可由若干具有法人资格的企业组成，每个具有法人资格的企业可以单独进行核算，但在编制集团公司合并报表时，则把集团公司看作是一个独立的整体(即一个会计主体)来处理，采用特定的方法来处理集团公司所属企业之间的债权、债务以及所属企业之间的购销活动而产生利润或亏损。

　　综上所述，一般法律主体必然是会计主体，但是会计主体不一定是法律主体，因此一般认为会计主体比法律主体的范围更大。

【思政要点】

　　通过会计主体的学习，使学生能够区分"会计主体与非会计主体的活动"，培养学生严格区分"公与私"的界限，恪守诚信原则，约束化公为私、侵吞公司财产的犯罪行为，使学生认识到唯有诚信、客观、公正、专业才是会计学科不断发展壮大的不竭动力。

二、持续经营假设

　　持续经营是指在可以预见的未来，企业将会按照当前的规模和状态继续经营下去，不会停业也不会大规模削减业务。持续经营假设规定了会计确认、计量和报告的时间范围。在持续经营假设下，会计确认、计量和报告应当以企业持续、正常的生产经营活动为前提，企业将会按照既定目标持续不断地经营下去，企业所拥有的资产能够按照既定用途创造经济利益，企业所负担的债务将能够正常偿还。只有在持续经营的状态下，企业的经济活动、企业的资本才能完成一次又一次的循环和周转，会计才能按照其特定的程序和方法连续、系统、全面地反映企业的经济活动。

但事实上，市场经济条件下的企业必然优胜劣汰，每个企业都存在着经营失败的风险，企业的改组、停业或破产是时常发生的。企业应定期对其持续经营假设做出分析和判断，当有证据证明一个企业已无法履行其所承担的义务时，持续经营这一假设就不再成立，建立在此基础上的有关会计处理方法也就不再适用，并应当在企业财务报告中做出相应披露。一旦企业面临破产、清算或者改组，必须通过一定的法律程序使破产或清算得以批准，这时则要以清算为假设，进行破产清算的会计处理，但在没有获得批准前，不得改变持续经营假设下的会计原则和方法。

三、会计分期假设

会计分期是指将一个企业持续经营的生产经营活动划分为一个个连续的、长短相同的会计期间。会计分期的目的在于将持续经营的生产经营活动划分为连续、相等的期间，据以结算盈亏，按期编制财务报告，从而能够及时向财务报告使用者提供有关企业财务状况、经营成果和现金流量等的信息。因此，会计分期假设界定了会计结算账目和编制财务报告的时间范围。正是由于会计分期，企业才产生了当期与以前期间、当期与以后期间的差别，从而出现了权责发生制与收付实现制的区别，才有了收入、费用归属期的划分问题，以及应收、应付、预收、预付、折旧、摊销等会计处理的方法。

会计期间一般按照公历时间划分，一个完整的会计年度期间自每年 1 月 1 日起至 12 月 31 日止。此外，国际上人们还可以按实际的经济活动周期来划分会计期间，其周期或长或短于公历年度。我国会计期间分为年度和中期，中期是指短于一个会计年度的报告期，如半年度、季度和月度。我国上市公司除了提供年度财务会计报告外，还需要提供第一季度报告、半年度报告和第三季度报告。

四、货币计量假设

货币计量是指会计主体在会计确认、计量和报告时以货币为计量单位，反映会计主体的生产经营活动。货币是商品的一般等价物，是衡量一般商品价值的共同尺度。选择货币这一共同尺度进行计量，能够全面、综合反映企业的生产经营情况。比如，某企业某年取得销售收入800万元，可以很好地反映该企业在这一年的销售业绩。因此，货币计量假设是界定会计核算的统一度量手段。

由于货币币值本身是波动的，会计在采用某一货币作为记账本位币时，需要假设该货币的币值是稳定的，或者变动的幅度不大，可以忽略不计。

《企业会计准则》规定，我国的会计核算要以人民币作为记账本位币。考虑到现实中有些企业进行业务收支时以人民币以外的货币为主，我国也允许这些企业选定某种外币作为记账本位币进行会计核算，但在对外提供财务报表时，需要将其折算为人民币来反映。

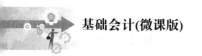
第二节　会计信息质量要求

会计信息质量要求是对企业财务报告所提供会计信息质量的基本要求，是使财务报告所提供会计信息对投资者等信息使用者决策有用应具备的基本特征。由于会计信息反映的是一定的经济利益关系，并且会计信息因为公开披露还会直接或间接地造成一定的社会影响，因此涉及会计信息利益的各方为了自身的经济利益，必然会对会计信息提出一系列的要求。财政部颁布的《企业会计准则——基本准则》中规定了企业提供的会计信息质量应满足的基本要求，包括可靠性、相关性、可理解性、可比性、实质重于形式、重要性、谨慎性、及时性。这些要求都是为了保证会计信息的质量而提出的，是会计确认、计量和报告的质量保证。

一、可靠性

可靠性也称真实性，是指企业应当以实际发生的交易或者事项为依据进行会计确认、计量和报告，如实地反映符合确认和计量要求的各会计要素以及其他相关信息，保证会计信息真实可靠且内容完整。这是对会计工作的基本要求。因为会计所提供的会计信息是投资者、债权人、政府及有关部门和社会公众的决策依据，如果会计数据不能客观、真实地反映企业经济活动的实际情况，势必无法满足各有关方面了解企业财务状况和经营成果以进行决策的需要。

会计信息必须以可靠性为基础。如果财务报告所提供的会计信息是不可靠的，那么投资者等使用者在决策时就可能被误导甚至因此造成损失。为了使会计信息达到可靠性的要求，企业应当做到以下三点。

(1) 会计信息的真实性。企业应以实际发生的交易或者事项为依据进行确认、计量，将符合会计要素定义及其确认条件的资产、负债、所有者权益、收入、费用和利润等如实反映在财务报表中，不能以虚构的交易或事项为依据进行会计处理。

(2) 会计信息的完整性。在符合重要性和成本效益原则的前提下，保证会计信息的完整性，其中包括应当编制的报表及其附注内容等应当保持完整，不能随意遗漏或者减少应予披露的信息，与使用者决策相关的有用的信息都应当充分予以披露。

(3) 会计信息的中立性。如果企业在财务报告中为了达到事先设定的结果或效果，通过选择性地列示有关会计信息以影响决策和判断，则这样的财务报告信息就不是中立的。因此，会计处理不应因为倾向一部分会计信息使用者而损害其他使用者的利益，也不应企图为达到某种预定的目的或者用某种特定的行为方式，而使会计信息受个人的偏向和主观意志的影响。

【思政要点】

　　在会计信息质量要求中可靠性是首要的标准。会计准则要求反映财务状况和经营成果的会计信息，必须要保证真实可靠，反映的内容要完整。这是对会计信息最重要的质量要求。通过可靠性要求的学习，激发学生形成良好的道德品质，培育正确的道德观，有利于职业道德的树立。

二、相关性

相关性是指企业所提供的会计信息应与财务会计报告使用者的经济决策相关，有助于财务会计报告使用者对企业过去、现在或者未来的经济情况做出评价或预测。这里所说的相关，是指与决策相关，有助于决策或者提高决策水平。如果提供的会计信息不能帮助会计信息使用者进行经济决策，那么就不具有相关性，会计工作也就不能完成所需达到的会计目标。

相关性要求企业在收集、记录、处理和提供会计信息过程中应充分考虑各方面会计信息使用者决策的需要，满足各方面具有共性的信息需求。对于特定用途的信息，不一定都通过财务报告来提供，还可以采取其他形式加以提供。

会计信息的相关性，取决于信息的预测价值、反馈价值与及时性。会计信息具有预测价值，才能帮助决策者预测未来事项的可能结果，并据以做出最有利的选择；会计信息具有反馈价值，才能把过去决策所产生的实际结果反馈给决策者，通过与制定决策时所预测的结果相比较，了解过去的预测正确与否，从而改进未来的决策；会计信息的及时提供才能对决策产生影响，会计信息提供不及时会使相关的信息失去效用，从而变得与决策的制定不相关。

此外，根据会计信息质量的相关性要求，企业需要在确认、计量和报告会计信息的过程中，充分考虑使用者的决策模式和信息需要。但是，相关性是以可靠性为基础的，两者之间并不是对立关系。会计信息在满足可靠性要求的前提下，应尽可能地做到相关性，以满足投资者等财务报告使用者的决策需要。

三、可理解性

可理解性也称明晰性，是指企业提供的会计信息应当清晰明了，便于财务会计报告使用者理解和使用。会计信息的价值在于对决策有用，明晰性是会计信息有用的一个必要条件。根据可理解性要求，企业提供的会计信息应清晰、简明、易懂，数字记录和文字说明应该可以简单明了地反映企业的财务状况、经营成果和现金流量，使会计信息的使用者理解每一项会计信息的含义和用途，并懂得如何加以利用。具体表现在会计核算方法简明易懂，会计核算程序简单明了，会计报表信息勾稽关系清楚，财务会计报告简洁并且易于理解。

此外，需要注意的是，会计信息是一种专业性较强的信息，我们在强调会计信息可理解性的同时，也应要求会计信息的使用者具有一定的有关企业经营管理和会计方面的知识。对于一些复杂但是与使用者的经济决策相关的信息，企业应当在财务报告中充分解释说明。

为了提高会计信息的可理解性，应该根据企业经营活动与管理决策的不同要求，以及会计核算业务量的多少，设计和选择合适的会计凭证、会计账簿和记账程序，以保证会计记录和财务报告的明晰性。

四、可比性

可比性要求企业提供的会计信息应当互相可比，包括信息的横向可比和纵向可比两个方面。

(1) 信息的横向可比，即不同企业的会计信息可比，是指对于不同企业发生的相同或者类似的交易或者事项，应当采用规定的会计政策，确保会计信息口径一致、相互可比。企业可能处于不同行业、不同地区，经济业务发生的地点不同，为了使会计信息满足经济决策的需要，便于比较不同企业的财务状况和经营成果，不同企业在发生相同的或者相似的交易或事项时，应当采用国家统一规定的会计方法和程序。

强调不同企业会计信息的可比性，并不意味着企业对会计政策或者会计估计没有选择权，而是要求不同企业在规定的范围内采取相同或者类似的会计政策或者会计估计，不同企业提供的会计信息才具有可作比较的基础。

(2) 信息的纵向可比，是指同一企业不同时期的会计信息可比，是指企业发生的相同或者相似的交易或事项，应当采用一致的会计政策，不得随意改变，以便对不同时期的各项指标进行纵向比较。但是，如果按照规定或者在会计政策变更后能够提供更可靠、更相关的会计信息，企业可以变更会计政策，有关会计政策变更的情况，应当在附注中予以说明。

企业发生的交易或者事项具有复杂性和多样性，对于某些交易或者事项可以有多种处理方法可供选择。例如，固定资产的折旧，可以采用平均年限法、工作量法、双倍余额递减法和年数总和法等来计算折旧金额；存货的发出，可以采用个别计价法、先进先出法、月末一次加权平均法和移动加权平均法等确定发出存货的成本。如果企业在不同的会计期间采用不同的会计处理方法，将不利于会计信息使用者对会计信息的理解，不利于对同一企业不同时期财务状况和经营成果的比较。

强调同一企业不同时期会计信息的可比性，并不禁止对会计处理方法的必要变更。当会计所处的客观经济环境发生变化，所采用的会计处理方法已不再适用时就需要变更会计处理方法，使提供的会计信息更加相关。但在变更时，应将变更的情况、变更的原因及其对企业财务状况和经营成果的影响，在财务报告中予以揭示，以引起会计信息使用者的注意。

五、实质重于形式

实质重于形式是指企业应当按照交易或事项的经济实质进行会计确认、计量和报告，而不应仅以交易或事项的法律形式为依据。这里所讲的形式是指法律形式，实质是指经济实质。

有时，经济业务的外在法律形式并不能真实反映其实质的内容。企业为了反映真实的财务状况和经营成果，就不能仅仅根据经济业务的外在表现形式来进行核算，而是要反映其经济实质。例如，融资租赁业务，虽然从法律形式来讲企业并不拥有其所有权，但是由于租赁合同中规定的租赁期相当长，往往接近于该资产的使用寿命，且租赁期结束时承租企业有优先购买该资产的选择权，同时在租赁期内承租企业有权支配资产并从中受益等。所以从经济实质来看，企业能够控制融资租入资产所创造的未来经济利益，在会计确认、计量和报告上就应当将以融资租赁方式租入的资产视为承租企业的资产，列入承租企业的资产负债表。再如，售后回购这类销售业务，卖方在销售商品的同时，与购货方签订合同，规定日后按照合同条款(如回购价格等内容)，将售出的商品重新买回。虽然从法律形式上看属于销售活动，但是从经济实质来看，所售商品所有权上的主要风险和报酬没有从销售方转移到购货方，因此在会计实务中，企业对售后回购业务引起的经济利益的流入不应该确认收入，而应该确认为销售方的一项债务。

六、重要性

重要性要求企业提供的会计信息应当全面反映企业的财务状况、经营成果和现金流量等有关的所有重要交易或事项。在实务中，如果会计信息的省略或者错报会影响投资者等财务报告使用者的决策，则该信息就具有重要性。

企业在评价某些项目是否具有重要性时，很大程度上取决于会计人员的职业判断。企业应当根据其所处的环境和实际情况，从项目的性质和金额大小两方面加以判断。从性质来看，当某一事项有可能对决策产生影响时，就属于重要项目。从金额来看，当某一事项的金额达到一定数额可能对决策产生影响时，就属于重要项目。例如，企业发生的某些支出金额较小，从支出的受益期来看，可能需要在若干会计期间进行分摊，但根据重要性要求，可以一次性计入当期损益。

七、谨慎性

谨慎性也称稳健性，要求企业对交易或者事项进行会计确认、计量和报告时应当保持应有的谨慎，不应高估资产或者收益、低估负债或者费用。

在市场经济环境下，企业的生产经营活动面临着许多风险和不确定性，如应收款项等债权性质资产的可收回性、固定资产的使用寿命、无形资产的使用寿命、售出存货可能发生的退货或者返修等。基于谨慎性的要求，企业需要对可能发生的资产减值损失计提资产减值准备、对售出商品可能发生的保修义务确认预计负债、对可能承担的环保责任确认预计负债等，充分估计到各种风险和损失，既不高估资产或者收益，也不低估负债或者费用。当然，谨慎性并不意味着企业可以随意计提各种准备金，否则，就属于谨慎性原则的滥用。

八、及时性

及时性要求企业对于已经发生的交易或者事项，应当及时进行会计确认、计量和报告，不得提前或者延后。由于人为地进行会计分期，如果企业提供的会计信息不及时，即使提供的是相关可靠的信息，也会失去时效性，起不到应有的作用。因此，为了保证会计信息的及时性，企业就要及时收集、处理会计凭证，及时按规定的方法、程序进行会计处理，及时传递会计信息。

在会计确认、计量和报告过程中贯彻及时性要求，一是要求及时收集会计信息，即在交易或者事项发生后，及时收集整理各种原始单据或者凭证；二是要求及时处理会计信息，即按照会计准则的规定，及时对发生的交易或者事项进行确认和计量，并编制财务报告；三是要求及时传递会计信息，即按照国家规定的有关时限，及时地将编制的财务报告传递给财务报告使用者，便于其及时使用和决策。

第三节　会计计量属性

计量属性是指被计量客体的特性或外在表现形式，指被计量某一要素的特性方面，如河流的长度、煤矿的重量、水的体积等。会计计量是为了将符合确认条件的会计要素登记入账并列报于财务报表而确定其金额的过程。企业在将符合确认条件的会计要素登记入账并列报于会计报表及其附注时，应当按照规定的会计计量属性进行计量，确定其金额。会计计量属性也可以被称为计量基础，是指所用量度的经济属性，即按什么标准、什么角度来计量，是从不同的会计角度反映会计要素金额的确认基础，是资产、负债、收入、费用等要素可以用货币进行量化表述的方面。我国《企业会计准则——基本准则》提出了五种计量属性，分别是历史成本、重置成本、可变现净值、现值和公允价值。

一、历史成本

历史成本又称实际成本，是指取得或制造某项财产物资时所实际支付的现金或者现金等价物。企业采用历史成本计量时，将资产按照购置时支付的现金或者现金等价物的金额，或者按照购置资产时所付出的对价的公允价值计量。将负债按照因承担现时义务而实际收到的款项或者资产的金额，或者承担现时义务的合同金额，或者按照日常活动中为偿还负债预期需要支付的现金或者现金等价物的金额计量。

历史成本这种计量属性具有可靠、简便、容易采集数据、符合会计核算真实性等优点。但是，当物价发生变动时，除国家另有规定外，企业不得调整账面价值，这就导致它有一定的局限性，在物价发生明显变动时，会计要素的真实价值就得不到准确反映，会计信息使用者的决策可能会因此而受到影响。

二、重置成本

重置成本又称现行成本，是指按照当前市场条件，重新取得同样一项资产所需支付的现金或现金等价物金额。企业采用重置成本计量时，将资产按照现在购买相同或者相似资产所需支付的现金或者现金等价物的金额计量。将负债按照现在偿付该项债务所需支付的现金或者现金等价物的金额计量。此种计量属性可以反映现在形成某一会计要素应付出的代价，但可操作性比较差。

三、可变现净值

可变现净值是指在生产经营过程中，以预计售价减去进一步加工成本和销售所必需的预计税金、费用后的净值。在可变现净值计量下，企业将资产按照其正常对外销售所能收到现金或者现金等价物的金额减去该资产至完工时估计将要发生的成本、估计的销售费用以及相关税费后的金额计量。例如，存货在计提存货跌价准备时，需要比较存货的成本与存货的市价，存货市价就是按照可变现净值计量的。该计量属性主要用于期末判断存货是否发生减值。可变现净值在操作上有一定的难度，但是能够真实反映资产的价值。

四、现值

现值是指对未来现金流量以恰当的折现率进行折现后的价值，是考虑货币时间价值因素等的一种计量属性。运用现值计量属性时，企业对资产按照预计从其持续使用和最终处置中所产生的未来净现金流入量的折现金额计量。对负债按照预计期限内需要偿还的未来净现金流出量的折现金额计量。例如，计提坏账准备的应收款项是按照现值计量的。企业在确定现值过程中需要预计未来各期的现金流量并选定折现率，因此，会受到较多主观因素的影响。

五、公允价值

公允价值是指市场参与者在计量日发生的有序交易中，出售一项资产所能收到或者转移一项负债所需支付的价格。其中，市场参与者是指在相关资产或负债的主要市场(或最有利市场)中，同时具备下列特征的买方和卖方：①市场参与者应该相互独立，不存在关联关系；②市场参与者应当熟悉情况，能够根据所取得的信息对相关资产或负债以及交易具备合理认知；③市场参与者应当有能力并自愿进行相关资产或负债的交易。有序交易是指在计量日前一段时间内相关资产或负债具有惯常市场活动的交易。

企业应当根据交易性质和相关资产或负债的特征等，判断初始确认时的公允价值是否与其交易价格相等。相关资产或负债的特征是指市场参与者在计量日对该资产或负债进行定价时考虑的特征，包括资产状况及所在位置、对资产出售或者使用的限制等。

在企业取得资产或者承担负债的交易中，交易价格是取得该项资产所支付或者承担该项负债所收到的价格(进入价格)。公允价值是出售该项资产所能收到或者转移该项负债所需支付的价格(脱手价格)。

我国《企业会计准则——基本准则》规定，企业在对会计要素进行初始计量时，一般应当采用历史成本。采用重置成本、可变现净值、现值、公允价值计量的，应当保证所确定的会计要素金额能够持续取得并可靠计量。以历史成本为计量属性比较可靠、简便，符合会计核算真实性原则，但历史成本也存在一定的缺陷。因此，企业有时也与其他计量属性结合使用。例如，存货价值的确定一般采用历史成本计量属性，如果价格波动较大导致可变现净值较低，也可以采用其他计量属性，如按照成本与市价孰低原则计量。

第四节　会计基础

由于会计分期假设，出现了不同的会计期间，产生了当期与前期、当期与后期之间的差别。而在实务中，会计主体发生交易或事项的时间与相关货币收支的时间有时并不完全一致。例如，企业已经收到款项，但销售收入并未实现；或者企业尚未收到款项，但销售收入却已经实现。再如，企业已经支付款项，但并不属于为本期的生产经营活动而发生的费用；或者企业尚未支付款项，但却属于为本期的生产经营活动而发生的费用。为此，在会计核算中必须明确会计基础。会计基础，是指会计确认、计量和报告的基础，即会计以什么为标志作为核算的标准，主要是针对会计人员在进行会计业务处理时，如何界定收入、费用的归属期间作出的一项基础规定。

会计基础一般有权责发生制和收付实现制两种。在会计核算中，可以将本期权利的获得和义务的发生作为基准来确认本期的收入和费用，也可以将本期款项的收入和支出作为基准来确认本期的收入和费用。

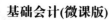 【思考】

(1) 甲公司 20×3 年 12 月销售一批商品给乙公司，货物已经发出，货款共计 60 万元，收到 30 万元货款存入银行，第二年 1 月收到剩余货款 30 万元。这项销售活动形成的收入应该在何时被确认？

(2) 甲公司于 20×3 年 1 月 1 日预交未来两年的办公楼租赁费 24 万元。这项支出应该全额在支付当期被确认为费用还是在受益期间被逐期分摊确认费用？

一、权责发生制

权责发生制又称应收应付制，是指收入、费用的确认应当以收入和费用的实际发生而非实际收支作为确认的标准。实质上就是根据交易或事项是否影响各个会计期间的经营成果和受益情况而定的。简单来说，权责发生制在确认收入、费用的发生时不以款项的实际收支作为判断标准，而是根据经济业务活动涉及事项是否符合收入、费用的确认条件为标准。

权责发生制要求凡是企业当期已经实现的收入和已经发生或应当承担的费用，无论款项是否收付，都应当作为当期的收入和费用计入利润表；凡是不属于当期的收入和费用，即使款项已在当期收付，也不应当作为当期的收入和费用。

由于会计基本前提中有会计分期这个假设，因此我们就需要确定收入、费用的归属期间。因为在实务中，企业交易或者事项的发生时间与相关货币收支时间有时并不完全一致。根据权责发生制，上述思考中的第一种情形，虽然甲公司销售商品时没有全额收到货款，但是销售活动已经完成，根据收入的确认条件，应于销售活动完成时，即 20×3 年 12 月确认收入的实现。第二种情形预交的两年办公楼租赁费并不能在支付当期全部被确认为费用，而应该在受益的两年内逐月分摊并确认为费用。

权责发生制使企业能够正确地反映各个会计期间实现的收入和为实现收入所负担的费用，而收入和费用又会引起资产、负债的变化。因此，企业能否准确地运用权责发生制会直接影响企业资产、负债、收入和费用的确认，进而会影响企业的财务状况、经营成果等相关信息。

《企业会计准则》规定，"企业应当以权责发生制为基础进行会计确认、计量和报告"。

二、收付实现制

收付实现制又称现收现付制，是指以实际收到或支付款项作为确认收入和费用的标准。在收付实现制的基础上，企业对于凡在本期实际支付的款项，不论其是否应该在本期收入中获得补偿，均作为本期费用处理；对凡在本期实际收到的款项，不论其是否属于本期，均应作为本期的收入处理。

收付实现制下，在进行会计核算时不必考虑预收收入、预付费用及应计收入、应计费用问题。会计期末根据账簿记录即可确定本期的收入或者费用，因为实际收到或者支付的款项，均已登记入账。收付实现制结账比较简单，不存在期末需要对账簿记录进行调整的问题。

【小提示】

在我国，政府会计由预算会计和财务会计构成。其中，预算会计采用收付实现制，国务院另有规定的，应依照其规定；财务会计采用权责发生制。

【例3-1】 贝壳公司1月发生如下经济业务。

(1) 销售商品一批，售价30 000元，货款尚未收到。

(2) 预先收取购货单位购货款20 000元，下月供货。

(3) 本月收到上月销售给客户产品的销货款30 000元。

(4) 计提本月应负担的银行借款利息2 000元，季末支付给银行。

(5) 销售商品一批，价款40 000元，货款已收到。

请分别根据权责发生制和收付实现制确定本月的收入和费用，并计算盈亏。

解：根据权责发生制和收付实现制确定的收入和费用，如表3-1所示。

表3-1　收入和费用计算表

单位：元

业务序号	权责发生制		收付实现制	
	收　入	费　用	收　入	费　用
(1)	30 000		0	
(2)	0		20 000	
(3)	0		30 000	
(4)		2 000		0
(5)	40 000		40 000	
合　计	70 000	2 000	90 000	0

 本章小结

本章主要介绍了会计基本假设、会计信息质量要求、会计计量属性以及会计基础等内容。

为了解决会计核算时遇到的问题，需要以一定的假设为前提条件。这些前提条件是对会计所处时间环境和空间环境所做的合理假定，是全部会计工作的基础，具有非常重要的作用。目前，在理论界和实务界大多数人公认的会计基本假设包括会计主体、持续经营、会计分期和货币计量。

企业提供的会计信息质量应满足的基本要求，包括可靠性、相关性、可理解性、可比性、实质重于形式、重要性、谨慎性和及时性。这些要求都是为了保证会计信息的质量而提出的，是会计确认、计量和报告质量的保证。

会计计量属性也可以称为计量基础，是指所用量度的经济属性，即按什么标准、什么角度来计量，是从不同的会计角度反映会计要素金额的确认基础，是资产、负债、收入、费用等要素可以用货币进行量化表述的方面。我国《企业会计准则——基本准则》提出了五种计

基础会计(微课版)

量属性，包括历史成本、重置成本、可变现净值、现值和公允价值。

会计核算基础是指会计确认、计量和报告的基础。《企业会计准则——基本准则》规定"企业应当以权责发生制为基础进行会计确认、计量和报告"。

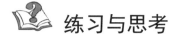 练习与思考

一、单选题

1. 企业会计的确认、计量和报告应以( )为记账基础。

    A. 持续经营   B. 重要性   C. 权责发生制   D. 收付实现制

2. 下列各项中，在权责发生制下，属于当期收入的是( )。

    A. 预收下期产品的销售货款   B. 本期的销售货款尚未收到

    C. 预付下期商品货款   D. 本期收到上期的销售货款

3. 在会计核算的基本前提中，界定了会计核算空间范围的是( )。

    A. 会计主体   B. 持续经营   C. 货币计量   D. 会计期间

4. 正是由于有了( )，才产生了当期与以前期间、当期与以后期间的差别。

    A. 会计主体   B. 持续经营   C. 会计分期   D. 货币计量

5. 资产和负债，按照市场参与者在计量日发生的有序交易中，出售资产所能收到或者转移负债所需支付的价格计量，其会计计量属性是( )。

    A. 历史成本   B. 公允价值   C. 现值   D. 可变现净值

6. 下列各项不属于体现会计信息质量要求的是( )。

    A. 会计核算方法一旦确定不得随意变更

    B. 会计核算应注重交易或事项的实质

    C. 会计核算应当以实际发生的交易或事项为依据

    D. 会计核算要以权责发生制为基础

7. 甲单位销售产品一批，货款 7 000 元，当即收到 5 000 元存入银行，剩余货款暂欠。按照权责发生制和收付实现制分别确认收入为( )。

    A. 7 000 元，7 000 元   B. 7 000 元，5 000 元

    C. 5 000 元，5 000 元   D. 5 000 元，7 000 元

8. 企业对零售商品可能发生保修义务确认的预计负债，体现了会计信息的( )质量要求。

    A. 可比性   B. 谨慎性   C. 重要性   D. 及时性

二、多选题

1. 会计信息的质量要求包括( )等。

    A. 权责发生制   B. 可靠性   C. 可比性   D. 历史成本

2. 会计核算基础一般有( )。

    A. 权责发生制   B. 实地盘存制   C. 永续盘存制   D. 收付实现制

3. 下列说法中，符合会计信息质量基本要求的有( )。

    A. 企业提供的会计信息应当清晰明了，便于理解

B. 对于相似的交易或事项，不同企业应当采用一致的会计政策

C. 企业对会计信息根据交易或事项的实质和经济现实进行确认、计量和报告

D. 企业可以通过设置秘密准备来规避估计到的各种风险和损失

4. 以下对会计分期说法正确的有( )。

A. 会计分期是对会计主体活动的时间范围上的限定

B. 会计期间分为年度、半年度、季度和月度

C. 会计年度、半年度、季度、月度均按公历起讫日期确定

D. 会计分期是对会计主体活动的空间范围上的限定

三、判断题

1. 法律主体一般可作为会计主体，会计主体不一定是法律主体。 ( )

2. 会计核算的基本前提之所以又被称为会计假设，是由于其缺乏客观性及人们无法对其进行证明。 ( )

3. 在历史成本计量下，企业对资产按照购置时支付的现金或者现金等价物的金额，或者按照购置资产时所付出的对价的公允价值计量。 ( )

4. 在权责发生制原则下，收到款项就意味着收入增加。 ( )

5. 根据谨慎性原则，企业不预计任何可能的收益，但如有合理的基础可以估计时，应预计可能发生的损失或费用。 ( )

6. 按照权责发生制的要求，企业本年度末以银行存款支付的下年度的财产保险费不应当被计为本年度的费用开支。 ( )

7. 企业在对会计要素进行计量时，应当严格按照规定选择相应的计量属性。一般情况下，对会计要素的计量应当采用重置成本计量属性。 ( )

8. 强调会计信息的可比性要求，意味着企业对会计政策的确定没有选择权，所有的企业采用绝对一致的会计处理程序与方法。 ( )

四、思考题

1. 会计基本假设的内容是什么？为什么要设定这些假设？

2. 会计信息质量要求有哪些？这些要求在实务中如何运用？

3. 会计计量属性有哪几种？目前我国《企业会计准则》对会计计量属性的选择运用是如何规定的？

4. 权责发生制和收付实现制之间的区别是什么？如何理解与运用？

五、案例题

贝壳公司本月发生以下经济业务。

(1) 销售商品一批，售价 50 000 元，货款已收到。

(2) 预先收取购货单位购货款 30 000 元，下月供货。

(3) 预付从本月开始租用的办公室两年租金 24 000 元。

(4) 计提本月应负担的利息费用 3 000 元。

(5) 以银行存款支付上月水电费 300 元。

(6) 销售商品一批，价款 30 000 元，货款尚未收到。

分别根据权责发生制和收付实现制确定本月的收入和费用，填在表格相应位置，如表 3-2

所示。

表 3-2　收入与费用计算表

单位：元

业务序号	权责发生制		收付实现制	
	收　入	费　用	收　入	费　用
(1)				
(2)				
(3)				
(4)				
(5)				
(6)				
合　计				

 微课视频

扫一扫，获取本章相关微课视频。

3-1 会计假设.mp4

3-2 会计信息质量要求.mp4

3-3 会计基础.mp4

第四章 会计科目与复式记账

本章主要介绍了会计科目的概念、会计科目的分类、会计账户的概念及分类、会计账户的结构，以及复式记账的基本原理及应用等内容。在学习中，应当充分理解会计科目及会计账户的概念，熟练掌握复式记账的方法。

 学习目标

1. 理解会计科目的概念，掌握会计科目的分类，熟悉各类会计科目的名称。
2. 熟悉会计账户的概念及分类，掌握会计账户的结构。
3. 理解会计科目与会计账户之间的区别与联系。
4. 理解并掌握复式记账的原理及应用。
5. 掌握会计分录的编制方法。
6. 掌握试算平衡的原理及方法。

【课前思考】

1. 作为学生，我们的日常收入及支出分为哪几部分内容？
2. 你是如何记录自己生活中的收支情况的？

第一节 会 计 科 目

一、会计科目概述

(一)会计科目的概念

会计科目简称科目，是为了满足会计确认、计量、报告的要求，适应企业内部经营管理和外部信息的需要，对会计要素的具体内容进行分类核算的项目。会计科目是组织会计核算和设置账户、处理账务的依据，在会计核算和管理中具有十分重要的意义。

(二)设置会计科目的原则

作为体现会计要素的构成并反映会计要素增减变动情况的会计科目,是会计信息记录、生成、归类、传输的重要手段。因此,会计科目的设置应当努力做到科学、合理、适用。会计科目的设置应遵循以下基本原则。

(1) 合法性原则。会计科目的设置应当与会计准则的要求相一致,当国家法规制度规定有统一的会计科目时,会计主体应尽量使用该会计科目,只有当已有会计科目不能满足企业实际需要时才可以适当增加会计科目。

(2) 完整独立原则。会计科目作为对会计要素具体内容进行分类核算的项目,其设置应能保证对各会计要素做出全面地反映,形成一个完整的、科学的体系。具体地说,会计科目应该包括资产、负债、所有者权益、收入、费用和利润这六大会计要素涵盖的所有经济业务,要覆盖全部核算内容,不能有任何遗漏。同时,每一个会计科目都应有特定的核算内容,要有明确的含义和界限,核算内容不能交叉重叠,不能含糊不清。各个会计科目之间既要有一定的对应关系,又要各自独立。

(3) 满足管理需要原则。会计科目的设置为提供有关各方所需要的会计信息服务,应该满足以下三方面管理的需要:一是要符合国家宏观经济管理的要求,据此划分经济业务的类别,设定分类的标志;二是要符合企业自身经济管理的要求,为企业的经营预测、决策及管理提供会计信息设置分类的项目;三是要符合包括投资者在内的各有关方面了解企业生产经营情况的要求。

(4) 简单明确、通俗易懂原则。会计核算的目标就是向各个会计信息使用者提供有用的会计信息,以满足他们的判断、决策需要。不同的会计信息使用者,如国家宏观调控部门、企业内部管理部门、投资者、债权人、社会公众等对会计信息的需求不尽相同,会计科目的设置既要兼顾不同信息使用者的需要,又要考虑提供会计信息的成本。因此,会计科目的设置应简单明了、通俗易懂,要突出重点,对不重要的信息要合并或删减,要尽量使报表阅读者一目了然,易于理解。总的来说,企业应该在满足经济管理所需信息的前提下,尽量简化明确,以提高会计核算的效率,降低会计核算的工作成本。

(5) 保持相对稳定原则。为了保证会计信息的连贯性、可比性,便于在不同时期、不同行业间的会计核算指标的分析和比较,提高会计信息的有效性,会计科目的设置应在一定时期内保持稳定,不宜经常变更。值得注意的是,强调会计科目的稳定性,并非要求会计科目绝对不能变更,当会计环境发生变化时,会计科目也应随之作相应的调整,以及时全面地反映经济活动。

二、会计科目的分类

会计科目可以按其反映的经济内容、所提供信息的详细程度分类。

(一)按反映的经济内容分类

会计科目按其反映的经济内容的不同进行分类,可以分为资产类科目、负债类科目、所有者权益类科目、共同类科目、成本类科目和损益类科目。每一类会计科目可按一定标准再分为若干具体科目。

(1) 资产类科目是对资产要素的具体内容进行明细分类核算的项目，按资产的流动性分为反映流动资产的科目和反映非流动资产的科目。反映流动资产的科目主要有"库存现金""银行存款""应收账款""原材料""库存商品"等科目；反映非流动资产的科目主要有"长期股权投资""长期应收款""固定资产""在建工程""无形资产"等科目。

(2) 负债类科目是对负债要素的具体内容进行明细分类核算的项目，按负债的偿还期限长短分为反映流动负债的科目和反映非流动负债的科目。反映流动负债的科目主要有"短期借款""应付账款""应付职工薪酬""应交税费"等科目；反映非流动负债的科目主要有"长期借款""应付债券""长期应付款"等科目。

(3) 共同类科目是既有资产性质又有负债性质的科目，主要有"清算资金往来""货币兑换""套期工具""被套期项目"等科目。

(4) 所有者权益类科目是对所有者权益要素的具体内容进行明细分类核算的项目，主要有"实收资本"(或"股本")"资本公积""其他综合收益""盈余公积""本年利润""利润分配""库存股"等科目。

(5) 成本类科目是对可归属于产品生产成本、劳务成本等具体内容进行明细分类核算的项目，主要有"生产成本""制造费用""劳务成本""研发支出"等科目。

(6) 损益类科目是对收入、费用等要素的具体内容进行明细分类核算的项目。其中，反映收入的科目主要有"主营业务收入""其他业务收入"等科目；反映费用的科目主要有"主营业务成本""其他业务成本""销售费用""管理费用""财务费用"等科目。

为便于实务操作，需要按照会计科目设置的原则，将会计科目名称标准化。表4-1是财政部2006年印发的《企业会计准则应用指南——会计科目和主要账务处理》及随后发布或修订的会计准则中制造业常用的会计科目表。

表 4-1　常用会计科目表

编　号	会计科目名称	编　号	会计科目名称
一、资产类		1404	材料成本差异
1001	库存现金	1406	库存商品
1002	银行存款	1407	发出商品
1012	其他货币资金	1408	委托加工物资
1101	交易性金融资产	1461	存货跌价准备
1121	应收票据	1501	债权投资
1122	应收账款	1502	债权投资减值准备
1123	预付账款	1503	其他债权投资
1131	应收股利	1504	其他权益工具投资
1132	应收利息	1524	长期股权投资
1221	其他应收款	1525	长期股权投资减值准备
1231	坏账准备	1526	投资性房地产
1401	材料采购	1531	长期应收款
1402	在途物资	1601	固定资产
1403	原材料	1602	累计折旧

编　号	会计科目名称	编　　号	会计科目名称
1603	固定资产减值准备	四、所有者权益类	
1604	在建工程	4001	实收资本
1605	工程物资	4002	资本公积
1606	固定资产清理	4101	盈余公积
1701	无形资产	4103	本年利润
1702	累计摊销	4104	利润分配
1703	无形资产减值准备	五、成本类	
1711	商誉	5001	生产成本
1801	长期待摊费用	5101	制造费用
1811	递延所得税资产	5202	劳务成本
1901	待处理财产损溢	5301	研发支出
二、负债类		六、损益类	
2001	短期借款	6001	主营业务收入
2201	应付票据	6051	其他业务收入
2202	应付账款	6101	公允价值变动损益
2203	预收账款	6111	投资收益
2211	应付职工薪酬	6117	其他收益
2221	应交税费	6301	营业外收入
2231	应付股利	6401	主营业务成本
2232	应付利息	6402	其他业务成本
2241	其他应付款	6405	税金及附加
2601	长期借款	6601	销售费用
2602	应付债券	6602	管理费用
2801	长期应付款	6603	财务费用
2811	专项应付款	6701	资产减值损失
2411	预计负债	6702	信用减值损失
2901	递延所得税负债	6711	营业外支出
三、共同类		6801	所得税费用
(略)		6901	以前年度损益调整

(二)按提供信息的详细程度分类

会计科目按其所提供信息的详细程度不同分类,可分为总分类科目和明细分类科目。

(1) 总分类科目是对会计要素具体内容进行总括分类、提供总括信息的会计科目,如"应收账款""应付账款""原材料"等。

(2) 明细分类科目是对总分类科目做进一步分类,提供更详细、更具体会计信息的科目,如"应收账款"科目按债务人名称或姓名设置明细科目,进行明细分类核算,反映应收账款的具体对象;"应付账款"科目按债权人名称或姓名设置明细科目,进行明细分类核算,反映应付账款的具体对象;"原材料"科目按存放地点、材料品种等设置明细科目,进行明细分类核算,反映原材料的具体构成情况。

第二节 会 计 账 户

一、会计账户的概念

会计账户是根据会计科目设置的,具有一定的格式和结构,是用于分类反映会计要素增减变动情况及其结果的载体。

会计科目只是对各个会计要素的具体内容进行分类核算的项目,而要对经济业务进行分类、系统、连续地记录,提供各种会计信息,就需要根据会计科目开设会计账户。会计账户是对会计要素的内容所做的科学再分类。

会计科目与会计账户是两个既相互区别,又相互联系的不同概念。它们之间的区别是:会计科目只是对会计要素具体内容的分类,本身没有结构;会计账户则有相应的结构,是一种核算方法,能对企业发生和完成的经济业务进行分类、系统、连续地记录,可以提供各会计科目所反映的经济项目的增减变动及余额等情况。它们之间的联系是:会计科目是设置会计账户的依据,是会计账户的名称,会计账户是会计科目的具体运用,会计科目所反映的经济内容,就是会计账户所要登记的内容。

二、会计账户的分类

会计账户的分类方法与会计科目的分类相似,可以按照核算反映的经济内容、详细程度,以及经济用途和结构进行分类。

(一)按会计账户核算反映的经济内容分类

会计账户反映的经济内容即账户所核算和监督的会计对象的具体内容。账户按经济内容分类是对账户最基本的分类,企业会计对象的具体内容可以归结为资产、负债、所有者权益、收入、费用和利润六项会计要素。企业在一定会计期间发生的费用和实现的收入都会体现在当期损益中,所以费用和收入账户归结为损益类账户。对于工业企业,需要专门设置进行产品成本核算的账户。因此,账户按经济内容分类,可以分为资产类账户、负债类账户、所有者权益账户、成本类账户和损益类账户等五大类。

(二)按照会计账户的详细程度分类

会计账户按照提供指标的详细程度分为总分类账户和明细分类账户。总分类账户是指对会计要素的具体内容进行总括反映的账户。总分类账户是根据总分类科目开设的账户,又称"总账账户"或"一级账户",简称"总账",如"库存商品""应收账款""应付账款"等。明细分类账户是根据明细分类科目设置的、用来对会计要素具体内容进行明细分类核算的账户,简称"明细账"。例如,"库存商品"下属的"A商品""B商品","应收账款"下属的"甲公司""乙公司", "应付账款"下属的"丙公司""丁公司"都是明细分类账户。

(三)按照会计账户的经济用途和结构分类

会计账户按经济用途和结构分类是在经济内容分类的基础上进一步分类,是对账户按经济内容分类的必要补充。账户按照核算内容的经济用途和结构可以分为以下几类。

(1) 盘存类账户。盘存类账户是指可以通过实物盘点进行核算和监督的各种资产类账户,用来核算和监督企业各种物资和货币资金增减变动及其结存情况。属于盘存类账户的有"库存现金""银行存款""原材料""库存商品""固定资产"等账户。

(2) 资本类账户。资本类账户是用来核算和监督取得资本和资本退出及其实有数的账户。属于资本类账户的有"实收资本(股本)""资本公积""盈余公积""未分配利润"等账户。这类账户的总分类账及其明细分类账只能提供货币指标。

(3) 结算类账户。结算类账户是指用来核算和监督一个经济组织与其他经济组织或个人以及经济组织内部各单位之间债权债务往来结算关系的账户。按照结算性质的不同,它可以分为债权结算账户、债务结算账户和债权债务结算账户三种。

① 债权结算账户。债权结算账户是专门用于核算和监督企业与各个债务单位或个人之间结算业务的账户。属于债权结算账户的有"应收账款""应收票据""预付账款""其他应收款"等账户。

② 债务结算账户。债务结算账户是专门用于核算和监督企业与各个债权单位或个人之间结算业务的账户。属于债务结算账户的有"应付账款""应付票据""其他应付款""应交税费""应付职工薪酬"等账户。

③ 债权债务结算账户。债权债务结算账户是一类比较特殊的结算类账户,是用于反映和监督会计单位与单位间或与个人间债权、债务往来结算业务的账户。当企业的预收、预付款业务不多时,常不单独设置"预收账款"和"预付账款"账户,而是通过"应收账款"和"应付账款"账户核算预收、预付款业务。这样, "应收账款"与"应付账款"账户就成为债权债务结算账户,其借方登记单位债权的增加和债务的减少,贷方登记单位债务的增加和债权的减少。这时,期末余额可能在借方或贷方,在借方时,它表示企业拥有的债权,属于资产性质;在贷方时,它表示企业拥有的债务,具有负债性质。

(4) 调整类账户。调整类账户是指用来调节和整理相关账户的账面金额并反映出被调整账户实际余额的账户。调整类账户按照对被调整账户调整方式的不同可以分为备抵调整账户、附加调整账户和备抵附加调整账户三类。

① 备抵调整账户是指用来抵减被调整账户余额,以取得被调整账户实际余额的账户。调整公式为

被调整账户余额-备抵调整账户余额=被调整账户实际余额

属于备抵调整账户的有"坏账准备""存货跌价准备""累计折旧""累计摊销""固定资产减值准备"等。资产类备抵调整账户与其被调整的资产类账户的运用方向相反,而与负债类账户方向相同。

② 附加调整账户是指用来增加被调整账户余额的账户。调整公式为

被调整账户余额+附加调整账户余额=被调整账户实际余额

③ 备抵附加调整账户是指既具有备抵又具有附加调整功能的账户。当余额所在方向与被调整账户余额方向相同时就具有附加功能，当余额所在方向与被调整账户余额方向相反时就具有备抵功能。比较典型的备抵附加调整账户是"材料成本差异"账户。

调整账户不能离开被调整账户而独立存在，有调整账户就一定有被调整账户，它们是相互联系的一组账户。调整账户与被调整账户所反映的经济内容是相同的，被调整账户反映原始数据，调整账户反映对原始数据的调整数额，二者结合起来使用，可以提供经营管理上所需要的某些特定指标。

(5) 集合分配类账户。集合分配类账户是指用来归集和分配经济组织经营过程中某个阶段如生产或提供劳务过程中所发生的相关费用的账户。该类账户没有期末余额，发生多少，分配多少。属于集合分配类账户最典型的是"制造费用"。

(6) 成本计算类账户。成本计算类账户是指用来归集经营过程中某个阶段所发生的全部费用，并据以计算和确定出相应核算对象实际成本的账户，主要有"生产成本""在建工程"等账户。

(7) 跨期摊配类账户。跨期摊配类账户是指用来核算和监督在某个会计期间一次性支付费用，但是应由若干个会计期间共同负担的账户。"长期待摊费用"是典型的跨期摊配类账户。

(8) 损益计算类账户。损益计算类账户是指用来核算和监督经济组织在一定期间内财务成果形成过程中发生的收益或损失的账户。损益计算类账户主要有"主营业务收入""其他业务收入""营业外收入""投资收益""主营业务成本""其他业务成本""营业外支出""销售费用""管理费用""财务费用""税金及附加""所得税费用"等。

(9) 财务成果类账户。财务成果类账户是指用来核算和监督经济组织在一定时期内财务成果形成，并确定最终成果的账户。典型的财务成果类账户是"本年利润"。

三、会计账户的结构

会计账户的结构是指账户的格式。在企业日常经济业务当中，对发生的交易和事项，需要根据经济业务的性质，在相对应的账户中记录包括经济业务发生的日期、所依据记账凭证的种类和编号、基本内容、增减金额及余额等信息，这些信息组成了账户的基本结构。账户基本结构中最为重要的是增减金额和余额，因此通常将账户划分为左右两个部分，如图 4-1 所示，简化的账户结构像英文字母中的"T"，也像"丁"字，因此我们将这种账户称之为"T"型账户(或称"丁字"账户)，通常用于教学中。

图4-1 简化"T"型账户结构图

"T"型账户的左右两方，一方记录增加额，另一方记录减少额。为了与后面的借贷记账法相对应，将"T"型账户的左方记为借方，右方记为贷方，如图 4-2 所示。账户的两方分

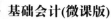基础会计(微课版)

别用来记录增加数与减少数，具体到每个账户是借方表示增加还是贷方表示增加，取决于账户的性质。

借方(左方)	账户名称	贷方(右方)

图 4-2　借贷记账法下简化"T"型账户结构图

通过账户记录的金额可以提供期初余额、本期增加额、本期减少额和期末余额四个会计核算指标。本期增加额与本期减少额相抵之后的差额，再加上期初余额，便可得到期末余额，用等式表示为如下关系。

本期期初余额+本期增加额-本期减少额=本期期末余额

因为上一期期末的结余数即为本期期初的余额，因此，对于有余额的账户而言，必然存在上期期末余额等于本期期初余额的等量关系。

第三节　复式记账

一、复式记账原理

(一)复式记账的概念

会计的记账方法有两类，分别是单式记账和复式记账。复式记账是从单式记账演变而来的。

单式记账在记录经济业务时，一般只对经济业务中比较关注的事项的变化予以记录，而另一方面即其他事项的变化则没有进行记录。例如，企业通过用银行存款 5 000 元购买原材料这项经济业务发生之后，只在账户记录银行存款的减少，而对原材料的增加不予记录。可见，单式记账在描述经济业务时只记录了经济业务的一个方面，不能提供有关经济业务的完整信息。

复式记账是指企业对发生的任何一项经济业务，都必须以相等的金额在两个或两个以上相互联系的账户中进行登记，全面系统地反映经济业务增减变化的一种记账方法。例如，企业通过用银行存款 5 000 元购买原材料这项经济业务发生之后，既要记录银行存款的减少，同时又要记录原材料的增加。

复式记账是以会计等式为依据建立的一种记账方法，其特点如下。

(1) 能够反映资金的来龙去脉，也能够通过会计要素的增减变动，全面、系统地反映企业经济活动的过程和结果。

(2) 由于每项经济业务发生后，都是以相等的金额在有关账户中进行记录，因而可据此进行试算平衡，以检查账户记录是否正确。

(二)复式记账的种类

复式记账包括增减记账法、收付记账法和借贷记账法三种。这三种方法在我国会计实务中都曾广泛使用，在不同行业会计制度下，商业企业采用增减记账法，行政事业单位采用收付记账法，工业企业采用借贷记账法。1992 年 11 月，财政部发布了《企业会计准则》《企业财务通则》，以及 13 项行业会计制度和 10 项行业财务制度，所有企事业单位、国家机关陆续改用借贷记账法。我国《企业会计准则——基本准则》明确规定，会计采用借贷记账法。

(1) 增减记账法。增减记账法是以"增""减"作为记账符号，对发生的经济业务进行记录的复式记账方法。自 20 世纪 60 年代起在我国商业系统使用。

(2) 收付记账法。收付记账法是以"收""付"作为记账符号，对发生的经济业务进行记录的一种复式记账方法。

(3) 借贷记账法。借贷记账法是以"借""贷"作为记账符号，对发生的经济业务进行记录的一种复式记账方法。民国时期，在华的外资企业普遍采用的就是借贷记账法记账。

我国会计准则规定，企业、行政单位和事业单位会计核算采用借贷记账法记账。

二、借贷记账法

借贷记账法的基本内容包括记账符号、账户结构、记账规则和试算平衡等方面。

(一)记账符号

记账符号表示经济业务的增减变动和记账方向。借贷记账法的记账符号为"借""贷"二字，最初是按照其本来的字面含义记账的，反映的是"债权"和"债务"的关系。随着经济社会的发展，"借""贷"两个字也逐渐失去其最初的字面含义，变成了单纯的记账符号。"借"(英文简写 Dr)表示计入账户的借方，"贷"(英文简写 Cr)表示计入账户的贷方。经济业务的增减变动，均可用"借"和"贷"来表示，至于"借"表示增加还是"贷"表示增加，则取决于账户的性质和结构。

(二)账户结构

借贷记账法下，账户的左方称为借方，右方称为贷方。所有账户的借方和贷方按相反方向记录增加数和减少数，即一方登记增加额，另一方就登记减少额。

1. 资产类账户的结构

资产类账户的借方表示增加，贷方表示减少，期初期末如果有余额，余额一般在表示增加的方向即借方，表示资产的实有额。当资产增加时记入账户的借方，资产减少时记入账户的贷方。资产类账户的结构如图 4-3 所示。

借方		资产类账户名称		贷方
期初余额	×××			
本期增加额	×××	本期减少额	×××	
	×××		×××	
本期借方发生额合计	×××	本期贷方发生额合计	×××	
期末余额	×××			

图 4-3　资产类账户结构图

2. 负债类账户的结构

负债类账户的贷方表示增加，借方表示减少，期初期末如果有余额，余额一般在表示增加的方向即贷方，表示负债的实有额。当负债增加时记入账户的贷方，负债减少时记入账户的借方。负债类账户的结构如图4-4所示。

借方		负债类账户名称	贷方
		期初余额	×××
本期减少额	×××	本期增加额	×××
	×××		×××
本期借方发生额合计	×××	本期贷方发生额合计	×××
		期末余额	×××

图4-4　负债类账户结构图

3. 所有者权益类账户的结构

所有者权益类账户的贷方表示增加，借方表示减少，期初期末如果有余额，余额在表示增加的方向即贷方，表示所有者权益的实有额。当所有者权益增加时记入账户的贷方，所有者权益减少时记入账户的借方。所有者权益类账户的结构如图4-5所示。

借方		所有者权益类账户名称	贷方
		期初余额	×××
本期减少额	×××	本期增加额	×××
	×××		×××
本期借方发生额合计	×××	本期贷方发生额合计	×××
		期末余额	×××

图4-5　所有者权益类账户结构图

4. 成本类账户的结构

成本类账户的借方表示增加，贷方表示减少。成本类账户的贷方发生额通常表示本期成本的结转额，而且在期末结转之后，有的成本类账户无余额，如"制造费用"账户通常无期末余额，而有的成本类账户可能会留有期末借方余额，如"生产成本"账户。成本类账户的结构如图4-6所示。

借方		成本类账户名称	贷方
期初余额	×××		
本期增加额	×××	本期减少额	×××
	×××		×××
本期借方发生额合计	×××	本期贷方发生额合计	×××
期末余额	×××		

图4-6　成本类账户结构图

5. 收入类账户的结构

收入类账户的贷方表示增加，借方表示减少或转销，期末进行收入结转前余额在表示增加的方向即贷方。期末将本期收入净额转入"本年利润"账户，用以计算当期损益，结转后该账户无余额。当收入增加时记入账户的贷方，收入减少时记入账户的借方。收入类账户的结构如图 4-7 所示。

借方		收入类账户名称		贷方
本期减少额或转销额	×××	本期增加额	×××	
	×××		×××	
本期借方发生额合计	×××	本期贷方发生额合计	×××	
		结转后一般无余额	×××	

图 4-7　收入类账户结构图

6. 费用类账户的结构

费用类账户的借方表示增加，贷方表示减少或转销，期末进行费用结转前余额在表示增加的方向即借方，期末进行费用结转后此账户无余额。当费用增加时记入账户的借方，费用减少时记入账户的贷方。费用类账户的结构如图 4-8 所示。

借方		费用类账户名称		贷方
本期增加额	×××	本期减少额或转销额	×××	
	×××		×××	
本期借方发生额合计	×××	本期贷方发生额合计	×××	
结转后一般无余额	×××			

图 4-8　费用类账户结构图

7. 账户结构总结

对于收入、费用类账户，在期末结账后一般无余额。而对于有余额的账户而言，一般情况下，期初余额与期末余额的方向应相同，都在表示增加的一方，若期初余额与期末余额的方向相反，则说明账户的性质发生了改变。例如，"预付账款"属于资产类账户，正常情况下，余额在借方，表示企业实际预付的款项，如果余额出现在贷方，则反映企业尚未补付的款项，此时就有了负债的性质。与此类似的还有"应收账款""应付账款""预收账款"等反映往来款项的账户。

(三)记账规则

借贷记账法的记账规则可以概括为一句话，即"有借必有贷，借贷必相等"。该规则的具体含义是，任何经济业务的发生总会涉及两个或两个以上的相关账户。根据账户的结构，对每一项经济业务都需要做借贷相反的记录。具体来说，若在一个账户中登记借方，则需同时在另外一个或几个账户中登记贷方；或者在一个账户中登记贷方，必须同时在另外一个或几个账户中登记借方，最终记入借方的总金额与记入贷方的总金额必须相等。记账规则的具体应用之一就是编制会计分录。

【小提示】

在学习时可结合会计等式"资产+费用=负债+所有者权益+收入"来记录各类别会计账户的结构。属于等号左边会计要素类的账户,借方表示增加,贷方表示减少或转销;而相应的属于等号右边会计要素类的账户,贷方表示增加,借方表示减少或转销,具体如图4-9所示。

借方	账户名称		贷方
借:		贷:	
资产增加		资产减少	
费用增加		费用结转	
成本增加		成本结转	
负债减少		负债增加	
所有者权益减少		所有者权益增加	
收入结转		收入增加	
期末余额:资产(或成本)余额		期末余额:负债和所有者权益余额	

图4-9 各类账户结构总结图

【思政要点】

通过对借贷记账法的基本原理的学习,培养学生遵守能量守恒定律。有借必有贷,借贷必相等的记账规则可以让学生联想到学习也是守恒的,即付出等于收获。每个学生应该更努力学习,以得到更多收获,引导学生做事情要有始有终,不可半途而废。

(四)会计分录

会计分录简称分录,是指对每一项经济业务,按照借贷记账法的规则要求,分别列示应借应贷的账户名称(科目)及其金额的一种记录。会计分录由应借应贷方向、相互对应的科目及其金额三个要素构成。

会计分录是会计特有的记录语言,实务中需要将其填写在具有一定格式的记账凭证中。在教学过程中,为了便于理解,会计分录形成了一些基本规范和编制方法,包括基本格式和编制步骤。

1. 会计分录的书写格式

(1) 先借后贷,借方记录在上行,贷方记录在下行。在借和贷后面加":"。

(2) 借贷要分行错格书写(一般错一格),尤其金额要错开,不要交叉,在一借多贷或者多借一贷的情况下,有多个会计科目的一方,每个科目要分别占一行,不能写在同一行,各个科目名称首字应对齐,金额也应对齐。

(3) 借方和贷方的总金额要相等。

基本格式书写示范如下。

借: 会计科目1   ×××

    贷: 会计科目2   ×××

2. 会计分录的编制步骤

(1) 确认涉及的会计要素。这是编制会计分录的基础,因为任何交易或事项的发生必定与会计要素有关。

(2) 确定应登记的账户。在确认了交易或事项所影响的会计要素以后,须进一步明确应登记的账户,这一步骤也是对会计要素内容的细化。

(3) 分析账户的增减变化。在确定了应予登记的账户以后,应进一步分析这些账户的增加或减少的变动情况。

(4) 确定账户的登记方向。即根据借贷记账法账户结构的设计,确定交易或事项的增加额或减少额在相关账户中的登记方向。

(5) 确定登记的金额。应根据交易或事项提供的数据信息,具体确定在有关账户中登记的金额各是多少,这一步骤即会计要素的计量,或称会计计量。

【例4-1】20×3年1月15日,贝壳公司购入X型号新设备1台,共计20 000元,该设备已交付并安装完毕,价款已开支票付讫(假设不考虑增值税)。

分析:购入设备会导致固定资产(资产)增加;支付设备款会导致银行存款减少,即资产减少。所涉及的都是资产类会计要素,增加记入借方,减少记入贷方。因此,在编制会计分录时,借方登记固定资产,贷方登记银行存款,金额均为20 000元。贝壳公司应编制的会计分录如下。

借: 固定资产   20 000

    贷: 银行存款   20 000

例4-1在登记"T"型账户时,固定资产增加20 000元,将金额填写在"T"型账户的左边(借方),银行存款减少20 000元,将金额填写在"T"型账户的右边(贷方),如图4-10所示。

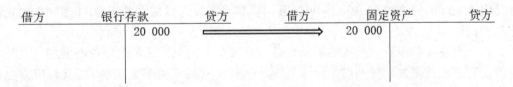

图4-10 例4-1 "T"型账户登记图

【例4-2】20×3年1月20日,贝壳公司用银行存款50 000元,归还短期银行借款。

分析:偿还借款会导致短期借款减少,即负债减少;同时,偿还借款,会导致企业所拥有的银行存款减少,即资产减少。负债减少应记入借方,资产减少应记入贷方。因此,借方登记短期借款,贷方登记银行存款,金额均为50 000元。贝壳公司应编制的会计分录如下。

借: 短期借款   50 000

    贷: 银行存款   50 000

例 4-2 在登记"T"型账户时,短期借款减少 50 000 元,将金额填写在"T"型账户的左边(借方),银行存款减少 50 000 元,将金额填写在"T"型账户的右边(贷方),如图 4-11 所示。

图 4-11　例 4-2"T"型账户登记图

【例 4-3】20×3 年 1 月 25 日,贝壳公司销售产品取得销售收入 10 000 元,款项已经全部存入银行(不考虑相关税费)。

分析:收到货款已存入银行,会导致银行存款这项资产增加,同时,销售实现,导致收入增加。资产类增加记入借方,收入类增加记入贷方。反映销售收入的会计科目为"主营业务收入",因此借方登记银行存款,贷方登记主营业务收入,金额均为 10 000 元。贝壳公司应编制的会计分录如下。

　　借:银行存款　　　　　　　　　　　　　　　　　10 000
　　　　贷:主营业务收入　　　　　　　　　　　　　　　　10 000

例 4-3 在登记"T"型账户时,银行存款增加 10 000 元,将金额填写在"T"型账户的左边(借方),主营业务收入增加 10 000 元,将金额填写在"T"型账户的右边(贷方),如图 4-12 所示。

图 4-12　例 4-3"T"型账户登记图

【例 4-4】20×3 年 1 月 30 日,贝壳公司收到股东投入机器设备一台,价值 10 000 元(不考虑相关税费)。

分析:企业收到投资者投入的机器设备,导致企业的机器设备这项资产增加,同时股东享有的所有者权益增加。资产增加计入借方,所有者权益增加计入贷方。因此,借方登记固定资产,贷方登记实收资本,金额均为 10 000 元。贝壳公司应编制的会计分录如下。

　　借:固定资产　　　　　　　　　　　　　　　　　10 000
　　　　贷:实收资本　　　　　　　　　　　　　　　　　10 000

例 4-4 在登记"T"型账户时,固定资产增加 10 000 元,将金额填写在"T"型账户的左边(借方),实收资本增加 10 000 元,将金额填写在"T"型账户的右边(贷方),如图 4-13 所示。

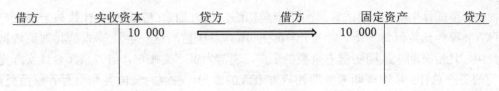

图 4-13 例 4-4 "T" 型账户登记图

【例 4-5】20×3 年 1 月 31 日，贝壳公司购入原材料一批，货款共计 10 000 元，其中以银行存款支付 6 000 元，剩余 4 000 元尚未支付。原材料已验收入库(不考虑相关税费)。

分析：企业购买原材料，会导致原材料这项资产增加，同时支付部分货款，导致银行存款这项资产减少，尚未结清的货款导致应付账款这项负债增加。资产增加记入借方，资产减少记入贷方，负债增加计入贷方。因此，借方登记原材料 10 000 元，贷方登记银行存款 6 000 元，同时贷方登记应付账款 4 000 元。贝壳公司应编制的会计分录如下。

借：原材料   10 000

  贷：银行存款   6 000

    应付账款   4 000

例 4-5 在登记 "T" 型账户时，原材料增加 10 000 元，将金额填写在 "T" 型账户的左边(借方)，银行存款减少 6 000 元，应付账款增加 4 000 元，将这两个金额分别填写在对应 "T" 型账户的右边(贷方)，如图 4-14 所示。原材料账户的增加对应着应付账款账户的增加和银行存款账户的减少，最终记入借方的总金额与记入贷方的总金额均为 10 000 元。

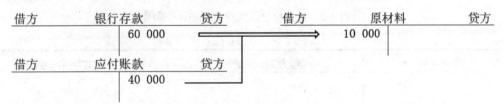

图 4-14 例 4-5 "T" 型账户登记图

(五)试算平衡

试算平衡是指根据借贷记账法的记账规则和资产与权益(负债和所有者权益)的恒等关系，通过对所有账户的发生额和余额的汇总计算和比较，来检查账户记录是否正确的一种方法。

1. 试算平衡的种类

借贷记账法下的试算平衡，包括本期借贷方发生额试算平衡和期初、期末余额试算平衡。

(1) 发生额试算平衡。发生额试算平衡是指全部账户本期借方发生额合计数与全部账户本期贷方发生额合计数保持平衡。借贷记账法的记账规则 "有借必有贷，借贷必相等" 是其理论依据。记账规则要求每一笔交易或事项发生所引起的账户借方变动额和贷方变动额相等，那么将本期发生的全部交易或事项的金额加总，所有账户本期借方发生额合计与账户的贷方发生额合计也必定相等。发生额试算平衡公式为

全部账户借方发生额合计数=全部账户贷方发生额合计数

(2) 余额试算平衡。余额试算平衡是指全部账户借方期末(初)余额合计数与全部账户贷方期末(初)余额合计数保持平衡。"资产=负债+所有者权益"这一会计等式是其理论依据。全部账户中,凡留有期末或期初借方余额的账户,通常为资产类账户,借方余额合计实际为期末或期初的资产总计。凡留有期末或期初贷方余额的账户,通常为负债类和所有者权益类账户,其贷方余额合计实际为期末或期初的负债和所有者权益总计。余额试算平衡公式为

全部账户借方期末(初)余额合计数=全部账户贷方期末(初)余额合计数

2. 试算平衡表

试算平衡可根据需要在一个会计期间的任何一个时点进行,月末结账前必须进行。试算平衡的工作通过编制试算平衡表来进行。常见的试算平衡表的格式有三种:发生额试算平衡表、余额试算平衡表、发生额和余额试算平衡表,分别如表4-2~表4-4所示。

表4-2　X公司总账账户本期发生额试算平衡表

年　月　日

账户名称	借方发生额	贷方发生额
合　计		

表4-3　X公司总账账户余额试算平衡表

年　月　日

账户名称	借方期末余额	贷方期末余额
合　计		

表4-4　X公司总账账户本期发生额及余额试算平衡表

年　月　日

账户名称	期初余额		本期发生额		期末余额	
	借　方	贷　方	借　方	贷　方	借　方	贷　方
合　计						

试算平衡表的编制分为以下四个步骤。

(1) 将总分类账户中所使用的账户,按其在账簿中的编制顺序,依次填入试算平衡表的"账户名称"中。

(2) 将总分类账户的期初余额、本期发生额及期末余额依次填入试算平衡表相应位置。

(3) 计算出借方、贷方金额合计，检查借贷是否平衡。

(4) 在表头处填上日期，此日期指表内所反映的总分类账户记录的截止日期或会计期间。

【例4-6】承例4-1至例4-5中相应业务编制的会计分录以及"贝壳公司20×3年1月总分类账户期初余额表"如表4-5所示信息，编制发生额及余额试算平衡表。

表4-5　贝壳公司20×3年1月总分类账户期初余额表

账户名称	借方余额	账户名称	贷方余额
银行存款	250 000	短期借款	230 000
应收账款	87 600	应付账款	127 600
原材料	120 000	实收资本	700 000
固定资产	600 000		

按照例4-1至例4-5中贝壳公司涉及的会计科目开设"T"型账户，依次将会计分录中的金额逐一计入"T"型账户的借方或者贷方，并计算出本期发生额合计数和期末余额。贝壳公司需要开设的"T"型账户如图4-15所示。

将"T"型账户中的本期发生额及期末余额按资产、负债、所有者权益、收入和费用的顺序列入表4-6中的借方和贷方栏目，编制贝壳公司总分类账户试算平衡表，如表4-6所示。

银行存款

	250 000		
		(1)	20 000
		(2)	50 000
(3)	10 000	(5)	6 000
本期发生额	10 000	本期发生额	76 000
	184 000		

原材料

	120 000		
(5)	10 000		
本期发生额	10 000	本期发生额	
	130 000		

固定资产

	600 000		
(1)	20 000		
(4)	10 000		
本期发生额	30 000	本期发生额	
	630 000		

图4-15　贝壳公司的"T"型账户

短期借款

			230 000
(2)	50 000		
本期发生额	50 000	本期发生额	
			180 000

应付账款

			127 600
		(4)	4 000
本期发生额		本期发生额	4 000
			131 600

实收资本

			700 000
		(4)	10 000
本期发生额		本期发生额	10 000
			710 000

主营业务收入

		(3)	10 000
本期发生额		本期发生额	10 000
			10 000

图 4-15 贝壳公司的"T"型账户(续)

表 4-6 贝壳公司总分类账户试算平衡表

账户名称	期初余额		本期发生额		期末余额	
	借 方	贷 方	借 方	贷 方	借 方	贷 方
银行存款	250 000		10 000	76 000	184 000	
应收账款	87 600				87 600	
原材料	120 000		10 000		130 000	
固定资产	600 000		30 000		630 000	
短期借款		230 000	50 000			180 000
应付账款		127 600		4 000		131 600
实收资本		700 000		10 000		710 000
主营业务收入				10 000		10 000
合　计	1 057 600	1 057 600	100 000	100 000	1 031 600	1 031 600

　　试算平衡只是通过借贷金额是否平衡来检查账户记录是否正确的一种方法。如果借贷双方发生额或余额相等，表示账户记录基本正确，但有些错误并不影响借贷双方的平衡，因此，试算不平衡，表示记账一定错误，但试算平衡时，也不能表示记账一定正确。

不影响借贷双方平衡关系的错误通常有：①漏记某项经济业务，使本期借贷双方的发生额等额减少，借贷仍然平衡；②重记某项经济业务，使本期借贷双方的发生额等额虚增，借贷仍然平衡；③某项经济业务记录的应借、应贷科目正确，但借贷双方金额同时多记或少记，且金额一致，借贷仍然平衡；④某项经济业务记错有关账户，借贷仍然平衡；⑤某项经济业务在账户登记时，颠倒了记账方向，借贷仍然平衡；⑥某借方或贷方发生额中，偶然发生多记和少记并相互抵销，借贷仍然平衡。

由于账户记录可能存在这些不能由试算平衡表发现的错误，所以需要对一切会计记录进行日常或定期的复核，以保证账户记录的正确性。

本章小结

会计科目是为了满足会计确认、计量和报告的要求，同时适应企业内部经营管理和外部信息需求，对会计要素的具体内容进行分类的项目。会计科目分为资产类、负债类、所有者权益类、成本类、共同类和损益类等六大类。

会计账户是根据会计科目设置的，具有一定格式和结构，用于分类反映会计要素增减变动情况及其结果的载体。借贷记账法下，会计账户结构总结如下。

(1) 资产、负债、所有者权益类账户期初、期末一般有余额，其中，资产类账户余额一般在借方，负债、所有者权益类账户余额一般在贷方。收入、费用类账户期初、期末一般无余额。

(2) 一般情况下，本期增加额的方向与余额的方向一致。资产类账户增加额在借方，负债、所有者权益类账户增加额在贷方。收入类账户增加额在贷方，费用类账户增加额在借方。

(3) 成本类账户期初余额一般在借方，本期增加额也在借方。

借贷记账法是以会计等式"资产=负债+所有者权益"为理论依据，以"借"和"贷"为记账符号，以"有借必有贷，借贷必相等"为记账规则的一种记账方法。记账规则的具体应用之一就是编制会计分录。会计分录简称分录，是指对每一项经济业务，按照借贷记账法的规则要求，分别列示应借应贷的账户名称(科目)及其金额的一种记录。会计分录由应借应贷方向、相互对应的科目及其金额三个要素构成。

试算平衡是指根据借贷记账法的记账规则和资产与权益(负债和所有者权益)的恒等关系，通过对所有账户的发生额和余额的汇总计算与比较，来检查账户记录是否正确的一种方法。如果借贷双方发生额或余额相等，表示账户记录基本正确，但有些错误并不影响借贷双方的平衡，因此，试算不平衡，表示记账一定有错误，但试算平衡时，也不能表示记账一定正确。

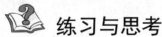

练习与思考

一、单选题

1. 下列各项中，按会计要素分类，不属于损益类科目的是(　　)。
   A. 制造费用　　　　B. 财务费用　　　　C. 管理费用　　　　D. 销售费用

2. 会计账户是根据( )设置的,具有一定的格式和结构,用于分类反映会计要素增减变动情况及其结果的载体。

    A. 会计对象   B. 会计要素   C. 会计科目   D. 会计账簿

3. 对会计要素的具体内容进行会计分类核算的项目是( )。

    A. 会计对象   B. 账簿名称   C. 会计本质   D. 会计科目

4. 下列各项中,属于损益类账户的是( )。

    A. 实收资本   B. 利润分配   C. 制造费用   D. 主营业务收入

5. 在借贷记账法下,所有账户的结构均分为两个部分,即( )。

    A. 本期发生额和期末余额   B. 期初余额和期末余额

    C. 借方余额和贷方余额   D. 借方和贷方

6. 下列各项中,能通过试算平衡查找的记账错误是( )。

    A. 某项经济业务未入账   B. 应借应贷账户中借贷方向颠倒

    C. 某项业务借贷金额登记不等   D. 某项经济业务重复记账

7. 下列各项中,不符合借贷记账法记账规则的是( )。

    A. 成本、费用数额的增加记在贷方

    B. 所有者权益、负债数额的增加记在贷方

    C. 收入数额的减少记在借方

    D. 资产数额的增加记在借方

8. 下列对于试算平衡表说法正确的是( )。

    A. 试算平衡表如果不平衡,说明账户记录有错误

    B. 试算平衡表如果平衡,说明账户记录肯定无错误

    C. 试算平衡表是检查账户记录的唯一方法

    D. 试算平衡表通过试算,可以检查账户记录的各种错误

9. 某企业"应付账款"账户期末贷方余额为 230 000 元,本月借方发生额为 150 000 元,贷方发生额为 290 000 元,则期初余额为( )元。

    A. 800 000   B. 90 000   C. 140 000   D. 60 000

10. "应收账款"账户期初借方余额为 130 000 元,本期借方发生额为 75 000 元,本期贷方发生额为 60 000 元,该账户期末余额为( )元。

    A. 借115 000   B. 借145 000

    C. 贷115 000   D. 贷145 000

11. 下列属于所有者权益类科目的是( )。

    A. 银行存款   B. 短期借款   C. 应收账款   D. 利润分配

12. 下列属于资产类账户的是( )。

    A. 利润分配   B. 实收资本

    C. 累计折旧   D. 主营业务成本

13. 企业购入商品,款项尚未支付,这笔业务会用到的会计科目为( )。

    A. 库存现金   B. 银行存款   C. 应付账款   D. 原材料

二、多选题

1. 下列账户中属于资产类账户的有(　　)。

    A. 库存商品　　　　B. 应收票据　　　　C. 预收账款　　　　D. 管理费用

2. 下列各项中,期末余额一定在借方的账户有(　　)。

    A. 应收账款　　　　B. 原材料　　　　C. 销售费用　　　　D. 无形资产

3. 借贷记账法下,可以在账户借方登记的是(　　)。

    A. 资产的增加　　　　B. 负债的减少　　　　C. 收入的减少　　　　D. 费用的减少

4. 在试算平衡表中,试算平衡的公式有(　　)。

    A. 借方科目金额=贷方科目金额

    B. 借方期末余额=借方期初余额+本期借方发生额-本期贷方发生额

    C. 全部账户借方发生额合计=全部账户贷方发生额合计

    D. 全部账户的借方余额合计=全部账户的贷方余额合计

5. 下列属于成本类科目的有(　　)。

    A. 生产成本　　　　B. 主营业务成本　　　　C. 制造费用　　　　D. 销售费用

三、判断题

1. 一般而言,费用类账户结构与所有者权益类账户相同,收入类账户结构与资产类账户相同。　　　　　　　　　　　　　　　　　　　　　　　　　(　　)

2. 通过试算平衡检查账簿记录后,如果左右平衡就可以肯定记账没有错误。　(　　)

3. 收入类账户的增加额记入账户的贷方,减少额记入账户的借方,平时的余额记入账户的贷方,期末结账后一般无余额。　　　　　　　　　　　　　　　(　　)

4. 累计折旧账户属于资产类账户,所以其期末余额在借方。　　　　　　　(　　)

5. 累计折旧、坏账准备等反映资产的价值损耗或损失的账户,不属于资产类账户。(　　)

6. 企业使用现金时,用途是没有限制的。　　　　　　　　　　　　　　　(　　)

7. 资产减值损失属于资产类会计科目。　　　　　　　　　　　　　　　　(　　)

四、思考题

1. 什么是会计科目、会计账户?两者有哪些区别与联系?

2. 会计账户的结构有哪些类型?分别适用于核算哪些项目?

3. 如何理解运用复式记账的原理?

4. 借贷记账法的记账规则是什么?

5. 编制会计分录的分析步骤包括什么?

6. 收入类账户与费用类账户有什么区别?

五、业务题

贝壳公司20×3年4月发生了以下业务。

(1) 从银行提取现金2 000元。

(2) 收到某单位投资款100 000元存入银行。

(3) 用现金发放员工工资10 000元。

(4) 用银行存款从某公司购入原材料一批，价款为30 000元。

(5) 用银行存款从某公司购入生产设备一台，价款为10 000元。

(6) 张丽出差预借差旅费2 000元，公司用现金支付。

要求：运用借贷记账法练习编制相关会计分录。(不考虑相关税费)

微课视频

扫一扫，获取本章相关微课视频。

4 会计科目与复式记账.mp4

第五章 会 计 凭 证

会计凭证是记录经济业务的发生或完成、明确经济责任的书面证明，也是登记账簿的依据。本章主要介绍会计凭证的概念、作用、分类，各类凭证的填制与审核要求，以及会计凭证的传递与保管。

 ## 学习目标

1. 掌握会计凭证的概念与分类。
2. 理解不同会计凭证的特点与作用。
3. 掌握原始凭证的分类与填制方法。
4. 掌握记账凭证的分类与填制方法。
5. 理解原始凭证与记账凭证的审核要求以及传递与保管要求。

【课前思考】

1. 什么是会计凭证？会计凭证有什么作用？
2. 保管会计凭证有什么意义？

第一节　会计凭证概述

会计凭证是记录经济业务、明确经济责任、按一定格式编制的据以登记会计账簿的书面证明。按照会计凭证填制程序和用途的不同分类，可分为原始凭证和记账凭证。每个企业都必须按一定的程序填制和审核会计凭证，根据审核无误的会计凭证进行账簿登记，如实反映企业的经济业务。《会计法》对会计凭证的种类、取得、审核、更正等内容进行了明确的规定。

一、会计凭证的概念及作用

会计凭证是记录经济业务的发生或完成、明确经济责任的书面证明，也是登记账簿的依据。会计管理工作要求会计核算提供真实的会计资料，强调记录的每一项经济业务必须收有凭、付有据。因此，企业发生的所有经济业务都必须由经办人将经济业务的内容和原始数据以书面形式记录下来，并通过签字或者盖章的方式明确经济责任，进而保证经济业务的真实性。

会计凭证具有以下三个方面的作用。

(1) 会计凭证可以记录经济业务的发生和完成情况，为会计核算提供原始依据。企业在生产经营过程中，会发生各种各样的经济业务。会计部门想要及时准确地记录这些经济业务，就必须在发生经济业务同时，填制或取得相应的会计凭证，以便准确及时地反映各项经济业务的发生及完成情况。随着经济业务的发生和完成，记载经济业务的会计凭证按规定的流转程序最终汇集到财务会计部门，成为记账的基本依据。

(2) 会计凭证可以检查经济业务的真实性、合法性和合理性，为会计监督提供重要依据。通过审核会计凭证，可以监督企业各项经济业务的合法性，检查经济业务是否符合国家的有关法律、制度的规定，有无违法乱纪，违反会计制度的现象，有无铺张、浪费、贪腐、盗窃等损害公共财产的行为发生，是否符合企业目标和财务计划，进而可以及时发现管理制度存在的漏洞以及经济管理中存在的问题，并及时加以制止和纠正，最终可以达到改善经营管理，提高经济效益的目标。

(3) 会计凭证可以明确经济责任，为落实岗位责任制提供重要条件；可以反映相关经济利益关系，为维护合法权益提供法律证据；可以监督经济活动，控制经济运行。企业发生经济业务活动，都要由经管人员填制凭证并签字盖章。这种做法便于划清职责权限，加强相关经管人员的责任感，促进相互之间的监督。同时，这也有利于发现问题，查明责任，从而有利于加强与改善经营管理。

二、会计凭证的分类

会计凭证根据填制程序和用途的不同分类，可以分为原始凭证和记账凭证两种。

原始凭证又称单据，是指经济业务发生或完成时取得或填制的，用以记录或证明经济业务的发生或完成情况的原始凭据。如企业采购商品必须取得销售方开具的销售发票等票据、出纳去银行办理存取款业务必须取得银行存根、员工出差时乘坐运输工具取得的出租车发票或火车票等。原始凭证是证明经济业务发生的原始依据，具有较强的法律效力，是一种很重要的会计凭证。

原始凭证虽然记录了经济业务的发生和完成，但是在会计实务工作中，原始凭证并不能为登记账簿提供直接依据。因为原始凭证所涉及的业务内容丰富多样，其内容、格式千差万别，记载的经济业务内容并不能直接反映出账户之间的对应关系，直接依据原始凭证的内容登记账簿存在很大的不便，同时也很容易发生错误。

因此，会计人员需要将审核无误后的原始凭证进行归类、整理，根据借贷复式记账的原理将原始凭证记载的经济业务转换成会计语言。这个过程也就是确定经济业务应借应贷科目和金额即编制会计分录的过程。编制出的会计分录要填制在具有统一格式的会计凭证上。这种具有统一格式的会计凭证就是记账凭证。

记账凭证又称记账凭单，是指会计人员根据审核无误的原始凭证，按照经济业务的内容加以归类，并据以确定会计分录后填制的直接作为登记账簿依据的具有规定格式的会计凭证。记账凭证的作用主要是确定会计分录，进行账簿登记，反映经济业务的发生或完成情况，监督企业的经济活动，明确相关人员的责任。

原始凭证和记账凭证虽然都属于会计凭证，但两者在很多方面有明显不同：原始凭证是由经办人员填制，记账凭证一律由会计人员填制；原始凭证根据发生或完成的经济业务填制，记账凭证根据审核无误后的原始凭证填制；原始凭证仅用以记录、证明经济业务已经发生或完成，记账凭证要依据会计科目对已经发生或完成的经济业务进行归类、整理；原始凭证是填制记账凭证的依据，而记账凭证则是会计人员登记账簿的依据。

【思政要点】

通过对会计凭证的学习，培养学生以事实为依据，用证据说话的思维方式，培养学生勇于担责的高贵品质，遵守盖章有效和严格稽核的规则。培养学生说话做事要有根有据的优良品德、缜密的思维逻辑、严谨的做事态度。

第二节 原 始 凭 证

一、原始凭证的分类

原始凭证按照来源的不同、填制手续及内容的不同、格式的不同可以有多种分类。

1. 按照来源的不同分类

原始凭证按其来源的不同分类，可分为自制原始凭证和外来原始凭证。

(1) 自制原始凭证是指在经济业务事项发生或完成时，由本单位内部有关业务经办部门或人员填制的原始凭证，如记录企业生产部门生产领用材料时的领料单(见表5-1)、记录企业采购材料入库的入库单(见表5-2)、月末计算应付员工工资数额的工资表等。

表5-1 材料出库领用单

领用部门：第一车间				20×3 年 12 月 01 日					编号：001
材料类别	材料名称	材料规格	材料型号	计量单位	数 量			实际单价	合计(材料实际成本)
					申领数	核准数	实发数		
原材料	铸铁			吨	36	36	36	5 000.00	180 000.00
合计				吨	36	36	36	5 000.00	180 000.00
用途：制造各类车型车架									
发料仓库：铸铁仓库 仓库主管：康曼 核准员：杜佳 发料人：张琪 领用人：李瑶									

(2) 外来原始凭证是指企业在同外单位经济组织发生经济业务往来时，从外单位取得的原始凭证，如反映员工出差路费的火车票、企业购买货物取得的销货发票(见图5-1)、企业办理款项结算收到的银行结算凭证(见图5-2)等。

表 5-2　材料入库验收单

20×3 年 12 月 01 日　　　　　　　　　　　　　编号：002

材料类别	材料名称	材料规格	材料型号	计量单位	数量		实际单价	材料金额	运输费用	合计(材料实际成本)
					应收	实收				
原料	焦炭			吨	10	10	300.00	3 000.00		3 000.00
供货单位	保定建材厂		结算办法	托收承付		合同号	005	计划单价		计划成本
备注										

仓库主管：康曼　　　　质量检验员：王丹　　　　仓库验收员：白鹤　　　　经办人：刘颖

TJ 市增值税专用发票

6500133140

No.00223333

开票日期：2024 年 6 月 27 日

购买方	名　　称：贝壳公司	密码区	(略)
	纳税人识别号：13866666666		
	地　址、电话：TJ 市珠江路 11 号　6787711		
	开户行及账号：TJ 市工商银行新城支行 022-33580505		

货物及应税劳务、服务名称	规格型号	单位	数量	单价	金额	税率	税额
钢材	φ15mm	吨	100	1 000.00	100 000.00	13%	13 000.00
合　计					¥100 000.00		¥13 000.00

价税合计(大写)	⊗ 壹拾壹万叁仟元整	(小写) ¥113 000.00

销售方	名　　称：田园公司	
	纳税人识别号：15877777777	田园公司
	地　址、电话：TJ 市合生路 22 号 4588866	发票专用章
	开户行及账号：TJ 市商业银行 022-22417777	

第二联 发票联 购货方记账凭证

图 5-1　增值税专用发票

2. 按照填制内容与方法的不同分类

原始凭证按其填制内容与方法的不同分类，分为一次凭证、累计凭证、汇总原始凭证和记账编制凭证。

(1) 一次凭证是指对一项或若干项同类经济业务，一次完成填制手续，不能重复使用的原始凭证，如借款单(见图 5-3)、银行存款存根(见图 5-4)等。

(2) 累计凭证是指对某些在一定时期内重复发生的同类型经济业务，累计未超过限额的情况，在规定期限内可以多次、连续地加以记录的原始凭证。累计凭证属于自制原始凭证。如工业企业使用的限额领料单就是一种典型的自制累计凭证，如表 5-3 所示。

委托日期：20×3 年 12 月 03 日　付款期限：20×3 年 12 月 13 日

业务类型		委托收款：邮划□、电划□			托收承付：邮划□、电划☑		
付款人	全称	贝壳公司		收款人	全称	保定建材厂	
	账号	123456789			账号	11111111	
	地址	天津宝坻	开户行	工商银行宝坻支行	地址	河北保定	开户行	工商银行保定支行
金额		人民币叁万叁仟玖佰元整				¥：33 900.00	
款项内容	货款	托收凭据名称				附寄单证张数	2
商品发运情况		已发货		合同名称号码			005
	备注：验货付款。复核：　记账：			上列款项已划回收入你方账户内。收款人开户银行签章			

图 5-2　中国工商银行托收凭证(付账通知)

借　款　单(记账)　20×3 年 12 月 01 日

借款人	陈轩	借款人部门	采购部门	计划冲账日期	20×3 年 12 月 04 日
借款金额	(大写)人民币壹仟元整			¥：1 000.00	
借款方式	☑ 现金　　□支票(支票号：　　)			□其他：	
附件：　　无			共计 0 张		
借款事由、依据及标准：到安徽合肥出差。					
业务审批	经办人：李阳		部门负责人：黄鑫		
财务审批	经办人：王浩		部门负责人：唐旭		
董事会审批	董事长：				
出纳：孙健　　　　　　　　　　　领款人：陈轩					

图 5-3　借款单

(3) 汇总原始凭证是指将一定时期内反映同类经济业务的若干张同类原始凭证加以汇总编制而成的原始凭证，如差旅费报销单(见图 5-5)、收入材料汇总表、发出材料汇总表、商品销货汇总表、工资结算汇总表、现金收入汇总表等。

(4) 记账编制凭证是指会计人员根据账簿记录加以整理后重新编制的原始凭证。记账编制凭证属于自制原始凭证，如固定资产折旧计算表、制造费用分配表、产品成本计算表等。

中国工商银行

现金支票存根

支票号码 60000001

附加信息:

出票日期: 20×3 年 12 月 06 日

收 款 人: 贝壳公司

金 额: ¥: 337 150.00

用 途: 支付上月工资

单位主管: 杨柳　　　　会计: 徐洋

图 5-4　现金支票存根

差 旅 费 报 销 明 细 表

报销部门: 采购部门　　　　　　　　　　　　　20×3 年 12 月 04 日

姓名: 王宇			职别: 普通科员	
出差事由: 采购材料				
项目	行程 1	行程 2	行程 3	小　计
出发日期	12 月 1 日	12 月 3 日		
到达日期	12 月 2 日	12 月 4 日		
天数	2	2		4
出发地点	天津宝坻	安徽合肥		
到达地点	安徽合肥	天津宝坻		
机票费				
车船费	150	150		300
住宿费	200			200
出差补助	100	100		200
其他				
合　计				¥: 700.00
金额大写:	人民币柒佰元整			
报销金额合计:				¥: 700.00
报销金额大写:	人民币柒佰元整			
预借金额:	1 000.00		节余或超支:	300.00

审批人: 杨霞　　　　　　经办人: 张丽　　　　　　附单据: 陆张

图 5-5　差旅费报销单

表 5-3　限额领料单

领料部门：

产品名称：　　　　　　　　　　　年　月　日　　　　　　　　凭证编号：

材料编号	材料名称	材料规格	计量单位	计划单位	领料限额	全月实用	
						数量	金额
领料日期	请领数量	实发数量	领料人签章	发料人签章		限额结余	
合计							

供应部门负责人：　　　　　　　生产部门负责人：　　　　　　　仓库管理员：

二、原始凭证的填制

企业发生的经济业务多种多样，产生的原始凭证种类繁多，形式各异。虽然原始凭证的格式、反映具体经济业务的内容会有所不同，但无论哪一种原始凭证，所记载业务内容的构成要素都是一样的，都应能反映有关经济业务的发生和完成情况、记载业务的发生时间及金额并能明确有关经办人员和经办单位的经济责任。因此，各种原始凭证，虽然名称和格式会有不同，但都应该具备一些共同的基本要素：凭证的名称、填制原始凭证的日期和凭证编号、接受凭证单位的名称、反映经济业务内容的摘要、经济业务的内容，如品名、数量、单价、金额大小写、填制原始凭证的单位名称和填制人姓名、经办人员的签名或盖章。

此外，原始凭证，不仅要满足会计工作的需要，还应满足其他管理工作的需要。因此，在有些凭证上，除具备上述内容外，还应具备其他一些项目，如与业务有关的经济合同、结算方式、费用预算等，以便更加完整、清晰地反映经济业务。

原始凭证在填制时应满足以下几点要求。

1. 内容记录要真实可靠

原始凭证上所填写的日期、经济业务的内容和所涉及的单价、数量、金额等各项信息必须是经济业务实际发生或完成的情况，不得弄虚作假、伪造凭证，不得以预算数或估计数填入。

2. 填写内容要完整

原始凭证中应该填写的项目要逐项填写，不得遗漏。凭证、单位等名称要写全，不要简化。品名和用途要填写明确，不能含糊不清。有关部门和人员的签名和盖章必须齐全，需符合内部牵制原则。

3. 手续要完备，责任要明确

企业内部自制的原始凭证必须有经办业务的部门和人员签名盖章。对外开出的凭证必须加盖本单位的公章、财务专用章或者发票专用章。从外部取得的原始凭证必须加盖单位公章、财务专用章或者发票专用章等。总之，取得的原始凭证必须符合手续完备的要求，以明确经济责任，确保凭证的合法性、真实性。

4. 填制要及时

经济业务一旦实际发生或完成，经办业务的有关部门和人员，必须及时填写原始凭证，不得拖延或者事后补填，并应严格按规定的程序审核，以避免出现差错或舞弊行为，影响会计工作的正常有序进行。

5. 凭证编号要连续

原始凭证要按顺序连续编号或分类编号，凭证在填制时要按照编号的顺序使用，漏号的凭证要加盖"作废"戳记，连同存根一起保管，不得随意撕毁、丢弃。

6. 书写格式要规范

原始凭证中的文字、数字的书写都要清晰、工整、规范，大小写金额要完全一致。复写的凭证应确保不串行、不串格、不模糊，一式几联的原始凭证，应当注明各联的用途。具体来说，数字和货币符号的书写要符合下列要求。

(1) 阿拉伯数字的书写。

① 字体要各自成形，大小均衡，排列整齐，字迹工整、清晰。数字应当一个一个地写，不得连笔写。特别是需要连写几个"0"时，不能将几个"0"连在一起一笔写完。有圈的数字，如 6、8、9、0 等，圆圈必须封口。

② 每个数字要紧靠凭证的横格底线书写，字体高度占行高的 1/2 以下，不得写满格，以便留有改错的空间。"6"要比一般数字向右上方长出 1/4，"7"和"9"要向左下方(过底线)长出 1/4。字体要向右上方倾斜地写，倾斜为 60 度。

③ 阿拉伯数字前面应该书写货币币种或者货币名称简写和币种符号。币种符号与阿拉伯数字之间不得留有空白。凡阿拉伯金额数字前写有货币币种符号的，数字后面不再写货币单位。如"¥900.00"不得写为"¥900.00 元"。所有以元为单位的阿拉伯数字，除表示单价等情况外，一律需要填写到角分。无角分的，角位和分位写"00"或者符号"—"表示。有角无分的，分位应当写"0"，不得用符号"—"代替。在发票等须填写大写金额数字的原始凭证上，如果大写金额数字前未印有货币名称，应当加填货币名称，然后紧接着填写大写金额数字，货币名称和金额数字之间不得留有空白。

(2) 汉字的书写。

① 汉字大写数字要以正楷或行书体书写，字迹工整、清晰，不得连笔写。不允许使用未经国务院公布的简化字或谐音字。大写数字一律用"零、壹、贰、叁、肆、伍、陆、柒、捌、玖、拾、佰、仟、万、亿、元(圆)、角、分、整(正)"等。不得用〇、一、二、三、四、五、六、七、八、九、十等简化字代替。不能用"毛"代替"角"，"另"代替"零"。

② 大写金额数字到元为止的，在"元"后必须要写"整"或"正"字，大写金额数字到角为止的，可以在"角"之后写"整"或"正"字，也可以不写。若大写金额后有分的，"分"后面则不能再写"整"或"正"字。

例如，¥112 345.00 的汉字大写金额应写为人民币壹拾壹万贰仟叁佰肆拾伍元整(正)；¥11 234.50 的汉字大写金额应写为人民币壹万壹仟贰佰叁拾肆元伍角整(正)，或者人民币壹万壹仟贰佰叁拾肆元伍角；¥1 123.45 的汉字大写金额应写为人民币壹仟壹佰贰拾叁元肆角伍分，不得写为人民币壹仟壹佰贰拾叁元肆角伍分整(正)。

③ 阿拉伯金额数字之间有"0"时，汉字大写金额应写"零"字；阿拉伯金额数字中间

连续有几个"0"时，大写金额中可以只有一个"零"；阿拉伯金额数字元位为"0"或者数字中间连续有几个"0"，元位也是"0"，但角位不是"0"时，汉字大写金额可以只写一个"零"字，也可以不写"零"字。

例如，¥10 123.45 的汉字大写金额应写为人民币壹万零壹佰贰拾叁元肆角伍分；¥30 023.45 的汉字大写金额应写为人民币叁万零贰拾叁元肆角伍分；¥12 300.45 的汉字大写金额应写为人民币壹万贰仟叁佰元零肆角伍分，或人民币壹万贰仟叁佰元肆角伍分。

④ 对于出票日期必须使用中文大写的凭证，如现金支票、转账支票等票据，在书写汉字大写日期时，为防止变造票据的出票日期，在填写月、日时，月为壹、贰和壹拾的，日为壹至玖，以及壹拾、贰拾和叁拾的，应在其前加"零"；日为拾壹至拾玖的，应在其前加"壹"。

例如，1 月 2 日，应写成零壹月零贰日；2 月 11 日，应写成零贰月壹拾壹日；10 月 10 日，应写成零壹拾月零壹拾日；12 月 20 日，应写成壹拾贰月零贰拾日。

7. 原始凭证记载的各项内容均不得涂改

原始凭证有错误的，应当由出具单位重开或者更正，更正处应当加盖出具单位印章。原始凭证金额有错误的，应当由出具单位重开，不得在原始凭证上更正。

三、原始凭证的审核

原始凭证是证明经济业务已经发生或完成，明确经济责任并用以办理业务手续的书面证明。为了更好地发挥会计监督的作用，会计人员要对原始凭证进行严格审核。《会计法》第十四条规定："会计机构、会计人员必须按照国家统一的会计制度的规定对原始凭证进行审核，对不真实、不合法的原始凭证有权不予接受，并向单位负责人报告；对记载不准确、不完整的原始凭证予以退回，并要求按照国家统一的会计制度的规定更正、补充。"

在对原始凭证进行审核时主要从以下三个方面来进行。

1. 审核原始凭证的完整性

完整性审核主要是审核原始凭证各个项目是否填写齐全，数字是否正确；名称、商品规格、计量单位、数量、单价、金额和填制日期的填写是否清晰，计算是否正确，对要求统一使用的发票，应检查是否存在伪造、挪用或用作废的发票代替等现象，凭证中应有的印章、签名、审批手续是否齐全等。特别应注意如下几点。

(1) 外来的发票、收据等是否用复写纸套写？是否是"报销"一联？不属此例的一般不予受理，对于剪裁发票要认真核对剪裁金额是否与大小写金额一致。

(2) 购买商品、实物的各种原始凭证，必须附有保管人的验收单或其他领用者签名才能受理。

(3) 对外支付款项的凭证应附有收款人的收款手续才能转账注销。

(4) 自制原始凭证附有原始单据的，要审核金额与原始单据是否相符；无原始单据的是否有部门负责人的签字批准、签章。

对于不符合填制要求的会计凭证要退还经办人，更正之后再进行会计处理。

2. 审核原始凭证的真实性

真实性审核主要是审核原始凭证所反映的内容是否符合所发生的实际情况，以及数字、文字有无伪造、涂改、重复使用和大头小尾、各联之间数字不符等情况。需要特别注意如下几点。

(1) 内容记载是否清晰，有无掩盖事情真相的现象。

(2) 凭证抬头是不是本单位。

(3) 数量、单价与金额是否相符。

(4) 认真核对笔迹，有无模仿领导笔迹签字冒领现象。

(5) 有无涂改，有无添加内容和金额。

(6) 有无移花接木的凭证。

3. 审核原始凭证的合法性

合法性审核是对原始凭证进行实质性的审核，也是很重要的审核，具体如下。

(1) 审核原始凭证内容是否符合国家的方针、政策、法令制度和计划。

(2) 审核原始凭证本身是否具有"合法性"。

对于不真实、不合法的原始凭证，会计人员应拒绝受理。如发现伪造或涂改凭证弄虚作假、虚报冒领等违规行为，除拒绝办理外，还应立即报告有关部门，提请严肃处理。

【思政要点】

会计人的初心和使命是会计之魂，这是会计行业开拓创新、会计人不断前进的根本动力，身为会计人，当有坚如磐石的意志，当有诚实守信的准则，当有勤奋好学的态度，当有开拓创新的担当。新时代的会计人，经过了系统的会计学科教育，有着优越的工作环境，完备的会计从业准则，更应该精进业务，科研创新，发挥党员模范带头作用。

第三节　记账凭证

记账凭证按照填制方式的不同、用途的不同、填制内容和方法的不同又可以分为多种类别。记账凭证可以为登记账簿提供直接依据，因此，记账凭证内容是否真实正确最终会影响到会计信息的正确性，记账凭证的填制与审核也要遵循严格的要求。

一、记账凭证的分类

记账凭证按照不同的分类标准有以下几种类型。

(1) 记账凭证按其填制方式不同分类，可以分为单式记账凭证和复式记账凭证。

单式记账凭证是指按照一项经济业务所涉及的每个会计科目单独编制记账凭证，每张记账凭证中只登记一个会计科目。采用单式记账凭证，便于同时汇总计算每一会计科目的发生额，也便于分工记账，但不便于反映经济业务的全貌及会计科目的对应关系，所以在会计实务中，企业多数采用复式记账凭证来记账。

复式记账凭证是指把一项经济业务完整地填列在一张记账凭证上，即该项经济业务所涉及的所有会计科目在一张记账凭证中集中反映。采用复式记账凭证，便于反映经济业务的全貌及会计科目间的对应关系，可以减少记账凭证的数量，但不便于同时汇总计算每一个会计科目的发生额，也不利于会计人员分工记账。

(2) 记账凭证按其用途不同分类，可以分为通用记账凭证和专用记账凭证。

通用记账凭证是对于不同类型的经济业务都采用同一种格式的凭证，不对经济业务进行分类，如表 5-4 所示。对于经济业务简单或收、付款业务不多的单位，可以选择使用通用记账凭证。

表 5-4　记账凭证

年　月　日　　　　　　　字第　号

摘要	总账科目	明细科目	记账	借方金额								贷方金额								附单据
				万	千	百	十	元	角	分		万	千	百	十	元	角	分		
																				张
	合计金额																			

会计主管　　　　　记账　　　　　复核　　　　　出纳　　　　　制单

专用记账凭证是指专门用来记录某一类型经济业务的记账凭证。专用记账凭证根据其记录经济业务类型的不同又分为转账凭证、收款凭证以及付款凭证。转账凭证用以记录与货币资金收付无关的转账业务，即不涉及库存现金和银行存款收付的各项业务，其样式与通用记账凭证相似，如表 5-5 所示。

表 5-5　转账凭证

年　月　日　　　　　　　字第　号

摘要	总账科目	明细科目	记账	借方金额								贷方金额								附单据
				万	千	百	十	元	角	分		万	千	百	十	元	角	分		
																				张
	合计金额																			

会计主管　　　　　记账　　　　　复核　　　　　出纳　　　　　制单

收款凭证是用来反映货币资金收入业务的记账凭证，根据货币资金收入业务的原始凭证填制而成，如表 5-6 所示。收款凭证是登记总账、库存现金日记账和银行存款日记账以及有关明细账的依据，一般按库存现金和银行存款分别填制。

付款凭证是用来反映货币资金支出业务的记账凭证，根据货币资金支出业务的原始凭证填制而成，如表 5-7 所示。付款凭证是登记总账、库存现金日记账和银行存款日记账以及有关明细账的依据，一般按库存现金和银行存款分别填制。

表5-6　收款凭证

借方科目：　　　　　　　　　　　　　　年　月　日　　　　　　　　　　字第　号

摘要	贷方科目		记账	金额								
	总账科目	明细科目		十	万	千	百	十	元	角	分	
												附单据
												张
合计金额												

会计主管　　　　记账　　　　复核　　　　　出纳　　　　制单

表5-7　付款凭证

贷方科目：　　　　　　　　　　　　　　年　月　日　　　　　　　　　　字第　号

摘要	借方科目		记账	金额								
	总账科目	明细科目		十	万	千	百	十	元	角	分	
												附单据
												张
合计金额												

会计主管　　　　记账　　　　复核　　　　　出纳　　　　制单

【小提示】

　　会计实务中，某些经济业务既是货币资金收入业务，又是货币资金支出业务，如库存现金和银行存款之间的划转业务：从银行提取现金或者将现金存入银行。为了避免填制记账凭证出现重复，对于这类业务一般规定只编制付款凭证，不再编制收款凭证。

(3) 根据记账凭证所填列内容是否经过加工汇总，按填制内容和方法不同分类，可以分为单一记账凭证、汇总记账凭证以及科目汇总表。单一记账凭证是指只记录一笔经济业务的会计分录的记账凭证。汇总记账凭证是指根据一定时期内同类单一记账凭证定期加以汇总而重新编制的记账凭证。通常选用专用记账凭证的单位，会定期将全部记账凭证按收、付款凭证和转账凭证分别归类汇总，根据汇总结果编制成各种汇总记账凭证，如表5-8、表5-9、表5-10所示。科目汇总表是定期对全部记账凭证进行汇总，按各个会计科目列示其借方发生额和贷方发生额的一种汇总凭证。

表 5-8　汇总收款凭证

借方科目:　　　　　　　　　　　　　　　　　年　　月　　　　　　　　　　　　编号:

贷方科目	金额			
	1～10日收款凭证 ×号至×号×张	11～20日收款凭证 ×号至×号×张	21～31日收款凭证 ×号至×号×张	合计
……				
合计				

表 5-9　汇总付款凭证

贷方科目:　　　　　　　　　　　　　　　　　年　　月　　　　　　　　　　　　编号:

借方科目	金额			
	1～10日付款凭证 ×号至×号×张	11～20日付款凭证 ×号至×号×张	21～31日付款凭证 ×号至×号×张	合计
……				
合计				

表 5-10　汇总转账凭证

贷方科目:　　　　　　　　　　　　　　　　　年　　月　　　　　　　　　　　　编号:

借方科目	金额			
	1～10日转账凭证 ×号至×号×张	11～20日转账凭证 ×号至×号×张	21～31日转账凭证 ×号至×号×张	合计
……				
合计				

二、记账凭证的填制

记账凭证是会计人员根据审核无误后的原始凭证进行归类、整理,并确定会计分录而编制的会计凭证,是登记账簿的主要依据。为了能够分类反映经济业务的内容,必须按会计核算方法的要求,将其归类、整理、编制记账凭证,标明经济业务应记入的账户名称及应借应贷的金额,作为登记账簿的直接依据。因此,记账凭证必须具备以下几项内容:记账凭证的名称;填制凭证的日期、凭证的编号;经济业务的内容摘要;经济业务应记入账户的名称(会计科目)、记账的方向和金额;所附原始凭证的张数和其他附件资料;会计主管、记账、复核、出纳、制单等有关人员的签名或盖章。

填制记账凭证是一项重要的会计工作。为了保证记账凭证的质量,便于登记账簿,会计人员在填制记账凭证时,应注意以下几个方面的问题。

1. 凭证的日期

会计实际工作中以接收原始凭证编制记账凭证的日期为准。

2. 凭证的编号

编制记账凭证时，应当对记账凭证连续编号，不得跳号和重号，以分清会计事项处理的先后顺序，便于记账凭证与会计账簿核对，确保记账凭证无遗失短缺的情况发生。

编号时应根据记账凭证的类别来确定具体编号方法。选用通用记账凭证时，将全部记账凭证作为一类，统一连续编号。选用专用记账凭证时，一般按库存现金和银行存款收入业务、支出业务以及转账业务等三类进行编号，编号分为收字第×号、付字第×号、转字第×号。对于货币资金收付业务频繁的企业，也可以将专用记账凭证进一步细分，分别按库存现金收入、库存现金支出、银行存款收入、银行存款支出和转账业务五类进行编号。这种情况下，记账凭证的编号应分为现收字第×号、现付字第×号、银收字第×号、银付字第×号和转字第×号。

当一笔经济业务需要填制两张或两张以上记账凭证时，可以采用分数编号法进行编号，例如，有一笔经济业务需要填制两张记账凭证，凭证顺序号为1，就可以编成 $1\frac{1}{2}$ 号、$1\frac{2}{2}$ 号。前面的数表示凭证顺序，后面分数的分母表示该号凭证共有两张，分子分别表示两张凭证中的第一张、第二张。

3. 凭证的摘要

摘要是对经济业务的简单说明，填写时要简明扼要，只要能说明问题，实际工作中摘要栏的填写有很大的随意性，但不同的业务应抓住重点进行摘要。

4. 会计科目名称的填写

会计科目名称不得简写或只写科目代码不写科目名称。要写明一级科目、二级科目甚至三级科目，以便于登记总分类账和明细分类账。内容且类型不同的经济业务应分别编制记账凭证，不得合并。否则，会造成经济业务内容不清晰，会计科目对照关系不明确，也为摘要填写造成了影响。

5. 记账方向和金额的填写

金额栏应根据账户名称和方向填写应计金额。会计科目的对应关系要填写清楚，应先借后贷，一般填制一借一贷、一借多贷或者多借一贷的会计分录。但如果某项经济业务本身就需要编制一个多借多贷的会计分录时，也可以填制多借多贷的会计分录，以集中反映该项经济业务的全过程。填入金额数字后，要在记账凭证的合计行计算填写合计金额，合计金额前要写人民币符号¥。此外，金额空白行处应画斜线注销。填制完毕后，记账凭证中借方、贷方的金额必须相等，合计数必须计算正确。

6. 附件的处理

填制记账凭证时，凡是应附的原始凭证都应附在记账凭证的后面。记账凭证上要注明附件张数，并与所附凭证张数相符。

7. 填写内容完整，责任明确

记账凭证应具备的内容都要具备，要按照记账凭证上所列项目逐一填写清楚，有关人员的签名或者盖章要齐全，不可缺漏。

8. 记账凭证中，文字、数字和货币符号的书写要求，与原始凭证相同

实行会计电算化的单位，其机制记账凭证应当符合对记账凭证的基本要求，打印出来的机制凭证上，也需要加盖制单人员、审核人员、记账人员和会计主管人员印章或者签字，以明确责任。

【小提示】

　　记账凭证可以根据每一张原始凭证填制，或者根据若干张同类原始凭证汇总填制，也可以根据汇总原始凭证填制，但是不得将不同类别和内容的原始凭证汇总填制在一张记账凭证上。

【例5-1】20×3年1月5日，甲公司从天津建材厂买入原材料木材4吨，单价500元，合计2 000元，应交增值税260元，委托银行支付2 260元，原材料已经验收入库。此时，企业应根据银行托收凭证、原材料入库单以及有关的增值税发票等原始凭证，填制记账凭证。此业务对应的会计分录如下。

借：原材料——木材　　　　　　　　　　　　　　　　　　　　　2 000
　　应交税费——应交增值税(进项税额)　　　　　　　　　　　　　260
　　贷：银行存款　　　　　　　　　　　　　　　　　　　　　　　　2 260

当企业采用通用记账凭证时，应填制的记账凭证，如表 5-11 所示。

表 5-11　记账凭证

20×3 年 01 月 05 日　　　　　　　　　　　　记字第×号

摘要	总账科目	明细科目	记账	借方金额							贷方金额							
				万	千	百	十	元	角	分	万	千	百	十	元	角	分	
买入原材料	原材料	木材			2	0	0	0	0	0								
	应交税费	应交增值税(进项税额)				2	6	0	0	0								
	银行存款											2	2	6	0	0	0	
	合计金额			¥	2	2	6	0	0	0	¥	2	2	6	0	0	0	

会计主管　　　　记账　　　　复核　　　　出纳　　　　制单

（附单据　张）

当企业采用专用记账凭证时，由于该业务属于支出货币资金的业务，所以应填制付款凭证，如表 5-12 所示。

表 5-12　付款凭证

贷方科目：银行存款　　　　　　　　　20×3 年 01 月 05 日　　　　　　　　　付字第×号

摘要	借方科目		记账	金额							
	总账科目	明细科目		十	万	千	百	十	元	角	分
买入原材料	原材料	木材				2	0	0	0	0	0
	应交税费	应交增值税(进项税额)					2	6	0	0	0
合计金额					¥	2	2	6	0	0	0

会计主管　　　　记账　　　　复核　　　　出纳　　　　制单

（附单据　张）

【例5-2】20×3 年 1 月 5 日，甲公司从天津建材厂买入原材料木材 4 吨，单价 500 元，合计 2 000 元，应交增值税 260 元，价税合计 2 260 元尚未支付，原材料已经验收入库。此时，企业应根据原材料入库单以及有关的增值税发票等原始凭证，填制记账凭证。此业务对应的会计分录如下。

借：原材料——木材　　　　　　　　　　　　　　　　2 000
　　应交税费——应交增值税(进项税额)　　　　　　260
　　贷：应付账款——天津建材厂　　　　　　　　　　　　2 260

当企业采用专用记账凭证时，由于该业务不涉及货币资金的收入支出，所以应填制转凭证，如表 5-13 所示。

表 5-13　转账凭证

20×3 年 01 月 05 日　　　　　　　　　转字第×号

摘要	总账科目	明细科目	记账	借方金额							贷方金额						
				万	千	百	十	元	角	分	万	千	百	十	元	角	分
买入原材料	原材料	木材			2	0	0	0	0	0							
	应交税费	应交增值税(进项税额)				2	6	0	0	0							
	应付账款	天津建材厂										2	2	6	0	0	0
合计金额				¥	2	2	6	0	0	0	¥	2	2	6	0	0	0

会计主管　　　　记账　　　　复核　　　　出纳　　　　制单

（附单据　张）

【例5-3】20×3 年 1 月 5 日，甲公司用银行存款缴上月增值税 4 000 元，城市维护建设税 280 元，教育费附加 120 元，代缴个人所得税 600 元。此时，企业应根据缴税凭证等原始凭证，填制记账凭证。此业务对应的会计分录如下。

借：应交税费——未交增值税　　　　　　　　　　　4 000
　　　　　　　——应交城市维护建设税　　　　　　　280

　　　　——应交教育费附加　　　　　　　　　　120
　　应交付款——个人所得税　　　　　　　　　　600
　　贷：银行存款　　　　　　　　　　　　　　　　5 000

　　当企业采用通用记账凭证时，因该笔业务项目比较多，需要填制两张记账凭证，可以采用分数编号法进行编号，假设该笔业务为本月第一笔业务，业务序号为 1，记账凭证填制如表 5-14、表 5-15 所示。

表 5-14　记账凭证

20×3 年 01 月 05 日　　　　　　　　　　　　　　记字第 $1\frac{1}{2}$ 号

摘要	总账科目	明细科目	记账	借方金额							贷方金额						
				万	千	百	十	元	角	分	万	千	百	十	元	角	分
缴纳相关税费	应交税费	未交增值税			4	0	0	0	0	0							
	应交税费	应交城市维护建设税				2	8	0	0	0							
	应交税费	应交教育费附加				1	2	0	0	0							
	其他应付款	个人所得税				6	0	0	0	0							
合计金额																	

会计主管　　　　记账　　　　复核　　　　出纳　　　　制单

附单据　　张

表 5-15　记账凭证

20×3 年 01 月 05 日　　　　　　　　　　　　　　记字第 $1\frac{2}{2}$ 号

摘要	总账科目	明细科目	记账	借方金额							贷方金额						
				万	千	百	十	元	角	分	万	千	百	十	元	角	分
缴纳相关税费	银行存款											5	0	0	0	0	0
合计金额				¥	5	0	0	0	0	0	¥	5	0	0	0	0	0

会计主管　　　　记账　　　　复核　　　　出纳　　　　制单

附单据　　张

三、记账凭证的审核

　　对记账凭证进行审核主要是审核填制的记账凭证是否符合前述各项要求，重点对其一致性、完整性和正确性进行审核，具体表现在以下五个方面。

1. 填制内容是否真实

审核记账凭证是否有原始凭证为依据、所附原始凭证的内容是否与记账凭证的内容一致、所附原始凭证的张数与记账凭证所填张数是否一致、记账凭证汇总表的内容与其所依据的记账凭证的内容是否一致等。

2. 项目是否齐全

审核记账凭证各项目的填写是否齐全，如日期、凭证编号、摘要、金额、所附原始凭证张数以及有关人员签章等是否都填写完备。

3. 会计科目是否正确

审核记账凭证借方、贷方的总账科目和明细科目是否正确、是否有明确的账户对应关系、所使用的会计科目是否符合国家统一的会计制度的规定等。

4. 金额是否正确

审核记账凭证所记录的金额与原始凭证的有关金额是否一致、计算是否正确，记账凭证汇总表的金额与记账凭证的金额合计是否相符等。

5. 书写是否规范

审核记账凭证中的记录文字是否工整、数字是否清晰、需更正的是否按规定进行更正等。在审核过程中，如果发现不符合要求的地方，应要求有关人员采取正确的方法进行更正。只有经过审核无误的记账凭证，才能作为登记账簿的依据。

第四节　会计凭证的传递和保管

会计凭证属于企业重要的会计档案资料，因此会计凭证的传递和保管也要遵循严格的要求。本节将分别从会计凭证的传递和保管两个方面进行介绍。

一、会计凭证的传递

会计凭证的传递是指会计凭证从填制或取得时起到归档保管时止在本单位内部各有关部门和人员之间的传递程序和传递时间的总称。这一传递过程，包括会计凭证的审核、记账、装订和归档几个环节。

企业每发生一项经济业务，往往要由内部若干个部门来分工完成，会计凭证也随着经济业务处理程序在各有关部门之间进行传递。会计凭证的传递，应当满足内部控制制度的要求，使传递程序合理有效，同时尽量节约传递时间，减少传递的工作量。

例如，收料单的传递中应规定：材料到达企业后多长时间内验收入库，收料单由谁填制，一式几联，各联次的用途是什么，何时传递到会计部门，会计部门由谁负责收料单的审核工作，由谁据以编制记账凭证、登记账簿、整理归档等。会计凭证的传递是否科学、严密、有效、顺畅，对于加强企业内部管理、提高会计信息的质量、保证会计信息的及时性具有重要影响。

各单位在制定会计凭证的传递程序，规定其传递时间时，通常要考虑以下三点内容。

1. 确定传递线路

要根据经济业务的特点、经营管理的需要以及企业内部机构的设置和人员的分工情况，合理确定各种会计凭证的联数和所流转的必要环节。既要确保有关部门和人员能够利用会计凭证了解经济业务的发生和完成情况，并按规定程序对会计凭证进行处理和审核，又要避免会计凭证在传递过程中经过不必要的环节，以免影响传递速度和降低工作效率。

2. 规定传递时间

要根据各个环节办理经济业务的各项手续的需要，明确规定会计凭证在各个环节的停留时间和传递时间。既要防止不必要的延误，又要避免时间定得过紧，影响业务手续的完成。

3. 建立会计凭证交接的签收制度

为了保证会计凭证的安全、完整，在各个环节中，都应指定专人办理交接手续，做到责任明确、手续完备且简便易行。

二、会计凭证的保管

1. 保管原因

会计凭证是记账的依据，是重要的经济档案和历史资料，所以对会计凭证必须妥善整理和保管，不得丢失或任意销毁。我国《会计法》第二十三条明确规定："各单位对会计凭证、会计账簿、财务会计报告和其他会计资料应当建立档案，妥善保管。"

2. 保管方式和要求

(1) 定期装订成册，防止散失。每月记账完毕，要将本月各种记账凭证加以整理，检查有无缺号以及附件是否齐全。然后按顺序排列，装订成册。为了便于事后查阅，应加具封面封底。封面上应注明：单位的名称、所属的年度和月份、起讫的日期、记账凭证的种类、起讫号数、总计册数等，并由有关人员签章。为了防止任意拆装，在装订线上要加贴封签，并由会计主管人员盖章。

(2) 如果在某一会计期间内，凭证数量过多，可分装若干册，在封面上加注共几册字样。如果某些记账凭证所附原始凭证数量过多，也可以单独装订保管，但应在其封面及有关记账凭证上加注说明"附件另订"及原始凭证的名称和编号。对重要的原始凭证，如合同、契约、押金收据以及需要随时查阅的收据等在需要单独保管时，应编制目录，并在原记账凭证上注明另行保管，以便查阅。

(3) 装订成册的会计凭证应集中保管，并指定专人负责。查阅时，需要有一定的手续制度。会计凭证不得外借，已装订成册的会计凭证不得抽出。其他单位和个人经单位领导批准调阅会计凭证的，要填写会计档案调阅表，详细填写借阅会计凭证名称、调阅日期、调阅人姓名和工作单位、调阅理由、归还日期。调阅人一般不得将会计凭证携带外出。如有贪污、盗窃等经济犯罪案件，需要以某些原始凭证作证时，也只能复制，不得抽取。

(4) 从外单位取得的原始凭证如有遗失，应当取得原单位开出盖有公章的证明，并注明原来凭证的号码、金额和内容等，由经办单位会计机构负责人、会计主管人员和单位领导人批准后，才能代作原始凭证。如果确实无法取得证明的，如火车、轮船、飞机票等凭证，由当事人写出详细情况，由经办单位会计机构负责人、会计主管人员和单位领导人批准后，代

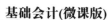

作原始凭证。

(5) 会计凭证的保管期限和销毁手续，必须严格执行会计制度的规定，任何人无权自行随意销毁。根据 2016 年 1 月 1 日起实行的《会计档案管理办法》的规定，原始凭证、记账凭证以及汇总凭证等保管期限均为 30 年。保管期满后，要报经上级主管部门批准后，方能销毁。

本章小结

会计凭证是记录经济业务的发生或完成、明确经济责任的书面证明，也是登记会计账簿的依据。本章主要介绍会计凭证的概念、分类和原始凭证、记账凭证的分类、填制与审核以及会计凭证的传递与保管。

会计凭证根据填制程序和用途的不同分类，可以分为原始凭证和记账凭证。原始凭证是在经济业务发生或完成时由相关人员取得或填制的，用以记录或证明经济业务发生或完成情况并明确有关经济责任的一种原始凭据。记账凭证是由会计人员根据审核无误的原始凭证或汇总原始凭证，按照经济业务的内容加以归类，编制会计分录进而填制的直接作为登记账簿依据的具有规定格式的会计凭证。

原始凭证按照不同的分类标准可以进行不同的分类。按其来源的不同分类，分为自制原始凭证和外来原始凭证。按其填制内容与方法的不同分类，分为一次凭证、累计凭证、汇总原始凭证和记账编制凭证。在对原始凭证进行审核时，主要从原始凭证的真实性、合法性和合理性以及原始凭证的完整性和正确性入手。

记账凭证按照不同的分类标准可以进行不同的分类。记账凭证按填制方式不同可分为单式记账凭证和复式记账凭证。记账凭证按用途不同可以分为通用记账凭证和专用记账凭证。记账凭证必须具备以下内容：凭证的名称；填制凭证的日期、凭证编号；经济业务的内容摘要；经济业务应记入账户的名称(会计科目)、记账方向和金额；所附原始凭证的张数和其他附件资料；会计主管、记账、复核、出纳、制单等有关人员签名或盖章。记账凭证的审核主要包括内容是否真实、项目是否齐全、科目是否正确、金额是否正确、书写是否规范等。

原始凭证与记账凭证的区别归纳如表 5-16 所示。

表 5-16　原始凭证与记账凭证的区别

项　　目	原始凭证	记账凭证
填制人员	业务经办人员	会计人员
来源	外部、内部	内部
内容	经济业务的发生、完成	会计分录、摘要
填写依据	发生及完成的经济业务	审核无误的原始凭证
用途	填制记账凭证的依据	登记账簿的依据

练习与思考

一、单选题

1. 原始凭证不得涂改、刮擦、挖补。对于金额有错误的原始凭证，正确的处理方法是( )。
   A. 由出具单位重开
   B. 由出具单位在凭证上更正并由经办人员签名
   C. 由出具单位在凭证上更正并由出具单位负责人签名
   D. 由出具单位在凭证上更正并加盖出具单位印章

2. 用现金支付水电费 100 元，应填制的专用记账凭证为( )。
   A. 收款凭证
   B. 付款凭证
   C. 转账凭证
   D. 以上都可以

3. 以下属于自制原始凭证的是( )。
   A. 增值税专用发票
   B. 出差取得的汽车发票
   C. 领料单
   D. 出差取得的住宿发票

4. 以下属于外来原始凭证的是( )。
   A. 原材料入库单
   B. 库存商品出库单
   C. 差旅费报销单
   D. 火车票

5. 企业在采用收款凭证、付款凭证和转账凭证进行会计核算的情况下，将现金存入银行或从银行提取现金，按规定( )。
   A. 只填制付款凭证
   B. 只填制收款凭证
   C. 只填制转账凭证
   D. 既填制收款凭证又填制付款凭证

6. 计提本月固定资产折旧应编制哪种专用记账凭证( )。
   A. 收款凭证
   B. 转账凭证
   C. 付款凭证
   D. 以上都可以

7. 下列各项中，属于记账凭证编制依据的是( )。
   A. 经济业务
   B. 会计账簿
   C. 原始凭证
   D. 会计报表

8. 企业销售产品取得收入 10 000 元，存入银行，应填制的专用记账凭证为( )。
   A. 记账凭证
   B. 付款凭证
   C. 转账凭证
   D. 收款凭证

二、多选题

1. 下列关于原始凭证审核要点说法正确的有( )。
   A. 原始凭证的合法性
   B. 原始凭证的真实性
   C. 原始凭证的完整性
   D. 以上都正确

2. 下列会计凭证，属于外来原始凭证的是( )。
   A. 职工出差的汽车票
   B. 职工出差的住宿发票

C. 银行转账凭证　　　　　　　　　　D. 成本分配表

3. 付款凭证左上方的会计科目可能是(　　)。

    A. 库存现金　　　　B. 银行存款　　　　C. 应收账款　　　　D. 其他应收款

4. 原始凭证按其填制内容与方法的不同，可分为(　　)。

    A. 一次凭证　　　　B. 累计凭证　　　　C. 汇总原始凭证　　　D. 记账编制凭证

5. 记账凭证按填制内容和方法不同可以分为(　　)。

    A. 单一记账凭证　　B. 汇总记账凭证　　C. 科目汇总表　　　D. 通用记账凭证

三、判断题

1. 票据的出票日期必须使用中文大写，比如 2 月 15 日，应写成"零贰月拾伍日"。

                                                                      (　　)

2. 原始凭证可以是从外单位取得的，也可以是本单位自制的。　　　　　　　　　(　　)

3. 原始凭证金额有错误的，应当由出具单位更正，更正处应当加盖出具单位印章。

                                                                      (　　)

4. 其他单位和个人经单位领导批准可以借出本单位会计凭证。　　　　　　　　　(　　)

5. 原始凭证金额汉字大写时，"整"字可写为"正"，"元"字可写为"圆"。

                                                                      (　　)

四、思考题

1. 原始凭证与记账凭证有什么区别？

2. 原始凭证的分类标准有哪些？可以分为哪几类？

3. 记账凭证的分类标准有哪些？可以分为哪几类？

4. 对原始凭证进行审核时主要应该关注哪些方面？

5. 对记账凭证进行审核时主要应该关注哪些方面？

6. 专用记账凭证(收、付、转)分别适用于什么类型的业务？

五、业务题

贝壳公司是一家生产型企业，属于增值税一般纳税人，20×3年2月1日至5日发生了如下业务。

(1) 1日，收到李四投资50 000元，已存入银行。

(2) 2日，销售部门王某出差返回报销差旅费，预借2 000元，实际花费1 800元，交回现金200元。

(3) 3日，向乙公司销售多余材料，价款2 000元，应交税费260元，收到现金2 260元。

(4) 4日，将3日销售多余材料收到的现金2 000元存入银行。

(5) 5日，生产车间生产A产品领用原材料木材价值1 000元。

要求：假设该公司采用专用记账凭证记账，请根据以上发生业务编制会计分录，并填制相应的专用记账凭证，如表5-17、表5-18和表5-19所示。

表 5-17　转账凭证

年　月　日　　　　　　　　　字第　号

摘要	总账科目	明细科目	记账	借方金额							贷方金额							
				万	千	百	十	元	角	分	万	千	百	十	元	角	分	附单据
																		张
合计金额																		

会计主管　　　　记账　　　　　　复核　　　　　　出纳　　　　　制单

表 5-18　付款凭证

贷方科目：　　　　　　　年　月　日　　　　　　　字第　号

摘要	借方科目		记账	金额									
	总账科目	明细科目		十	万	千	百	十	元	角	分	附单据
												张
合计金额												

会计主管　　　　记账　　　　　　复核　　　　　　出纳　　　　　制单

表 5-19　收款凭证

借方科目：　　　　　　　年　月　日　　　　　　　字第　号

摘要	贷方科目		记账	金额								
	总账科目	明细科目		十	万	千	百	十	元	角	分	附单据
												张
合计金额												

📹 微课视频

扫一扫，获取本章相关微课视频。

5-1 会计凭证概述.mp4　　　　　　5-2 记账凭证.mp4

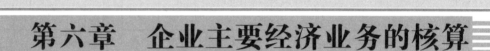

第六章 企业主要经济业务的核算

本章主要介绍借贷记账法在企业主要经济业务各个环节的运用，主要涉及筹集资金业务核算、供应过程业务核算、生产过程业务核算、销售过程业务核算以及利润形成及利润分配业务核算。

 学习目标

1. 掌握各类会计科目的核算范围。
2. 掌握企业主要经济业务涉及的业务种类及范围。
3. 掌握企业常见经济业务的核算方法。
4. 掌握利润形成及利润分配业务核算。

【课前思考】

1. 资金在企业中是如何运动的？
2. 企业的经济业务与会计账务处理之间有什么样的逻辑关系？
3. 如何运用借贷记账法进行记账？

第一节 筹集资金业务核算

企业按所属行业划分，可分为工业企业、商业企业、农业企业、建筑业企业等多种类型企业，其中，工业企业数量占比较大，业务种类较为全面，因此本章重点介绍工业企业所涉及的主要经济业务核算。

工业企业是指直接从事工业产品生产或提供工业性作业的生产单位。它拥有一定数量的工人、技术人员、管理人员和生产资料，能够独立地进行生产经营活动，实行独立的经济核算。工业企业的生产经营活动过程是以产品生产为中心的生产准备、产品生产和产品销售过程的统一。工业企业的财务活动分为三大过程，即资金的筹集、资金的使用(采购、生产、日常管理使用)、资金的分配。具体来看，工业企业的生产经营活动可以分为筹资、供应、生产、销售以及利润的形成与分配等几个环节，如图 6-1 所示。

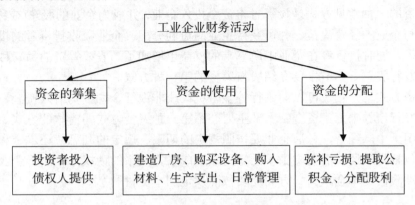

图 6-1　工业企业财务活动流程图

在资金筹集阶段，企业通过接受投资者的投资和向债权人借入各种款项等筹集资金，来满足生产经营的资金需求。资金的使用阶段，企业利用筹集的货币资金购买机器设备等劳动资料，以及各种材料物资等劳动对象，为产品生产顺利进行准备必要的物资基础。这时资金从货币形式转化为固定资金和储备资金。之后，在产品生产过程中发生的各种材料费用、固定资产折旧费用、人工费用等生产费用的总和构成了产品的成本，这时资金就从固定资金、储备资金转化为生产资金，当产品生产完工后，又从生产资金转化为产成品资金；当产品销售出去，取得销货款，就实现了价值由产成品向资金的转化，完成了资金的一次周转循环。随着生产经营活动的进行，企业资金以货币资金—储备资金—生产资金—成品资金—货币资金的形式不断运动。资金分配阶段，会计期末，将企业一定时期取得的全部收入与全部费用相抵计算企业的财务成果。如果全部收入大于全部费用，将形成企业利润，这时，通过利润分配。一部分资金退出企业，一部分资金重新投入生产周转。如果全部收入小于全部费用则形成企业亏损，需要进行弥补。

【思政要点】

鼓励同学自主检索学习不同行业企业会计业务处理存在的差异，根据我国企业行业分类统计资料，归类业务特点，培养可持续学习能力及逻辑归纳能力。例如，工业企业会计核算与商品流通企业会计核算的主要区别：商业企业会计与工业企业会计最大的区别就是商业会计不需要计算生产成本；而工业会计有一套完整的成本核算流程。商业会计只需要根据购入价格和计入产品成本的杂费结转销售成本，而工业会计却要通过把原材料购入到产成品入库这个过程的消耗归集计入单位产成品的价值中，从而正确结转销售成本。

一、筹资过程主要经济业务内容

筹资也称融资，是指企业为了满足生产经营对资金的需求而发生的筹措资金的业务活动。一个企业的生存和发展，离不开资产要素，资产是企业进行生产经营活动的物质基础，对于任何企业而言，形成其资产的资金来源主要有两个渠道：股权筹资和债务筹资。

股权筹资的一种常见方式是投资者将资金投入企业，并成为企业的股东(或称为投资者)，进而可以参与企业的经营决策、并可获得企业的盈利分配。企业吸收投资者的投资后，企业的资金增加了，同时投资者在企业中所享有的权益也增加了。股权筹资的另一种方式是符合条件的企业发行股票。本节主要介绍股权筹资的第一种方式。

债务筹资方式下，企业可以向银行等金融机构或非银行金融机构借入资金，也可以通过在证券市场发行债券来筹集资金。本节主要介绍第一种筹资方式即借款的方式。债权人将资金借给企业用于生产经营，之后企业要按照规定的期限、规定的利息偿还本金和利息。此处的债权人不包括生产经营活动中由于结算关系形成借贷关系的债权人。由于企业借款之后要按照规定的期限偿还本金，另一方面还要按照规定利率支付利息。

二、股权筹资业务核算

(一)账户设置

1. "实收资本"或"股本账户"

"实收资本"属于所有者权益类账户，该账户核算的是企业实际收到投资者(所有者)投入的资本，是投资者按照企业章程或者合同、协议的规定实际投入企业的资本。对股份有限公司而言，实收资本又称之为股本，即发起人按照合同或协议约定投入的资本和社会公众在公司发行股票时认购股票缴入的资本，其在金额上等于股份面值和股份总额的乘积。

股份有限公司应设置"股本"科目，其他各类企业应设置"实收资本"科目，反映和监督企业实际收到投资者投入资本的情况。

"实收资本"科目贷方登记企业收到投资者符合注册资本的出资额；借方登记企业按照法定程序报经批准减少的注册资本额；期末余额在贷方，反映企业实有的资本额。"实收资本"科目应按照投资者设置明细账。

"股本"科目贷方登记已发行的股票面值；借方登记经批准核销的股票面值；期末贷方余额反映发行在外的股票面值。"股本"科目应当按照股票的类别设置明细账进行明细核算。

企业收到投资者投入不同类型的资产，相应的要借记不同的资产类科目，如"银行存款""固定资产""无形资产""库存商品"等，贷记"实收资本"，若有超出其在企业注册资本中所占份额的部分，则超出部分应贷记"资本公积——资本溢价"。

股份有限公司发行股票时，既可以按面值发行股票，也可以溢价发行(我国目前不允许折价发行)。股份有限公司发行股票收到现金资产时，借记"银行存款"科目，按每股股票面值和发行股份总数的乘积计算的金额，贷记"股本"科目，实际收到的金额与该股本之间的差额，贷记"资本公积——股本溢价"科目。

股份有限公司发行股票发生的手续费、佣金等交易费用，应从溢价中抵扣，冲减资本公积(股本溢价)。

2. "资本公积"账户

"资本公积"属于所有者权益类账户，该账户核算的是资本公积的增减变化和结余情况。账户结构为贷方登记企业因资本溢价等原因而增加的资本公积数额，借方登记由于按法定程序转增注册资本等原因而减少的资本公积数额。期末余额在贷方，表示企业期末资本公积的结余数。资本公积是投资者投入企业资本金额超过法定资本部分以及直接计入所有者权益的利得和损失部分,本账户按"资本或股本溢价""其他资本公积"等设置明细账户,进行明细分类核算。

3."银行存款"账户

银行存款是指企业存在银行或其他金融机构的各种款项,依据开户银行的名称、货币种类、存款种类进行明细核算。企业通过"银行存款"科目来反映银行存款的收付和结存情况。收到银行存款时,借记"银行存款",贷记相关科目。通过银行存款支付时借记相关科目,贷记"银行存款"。

4."固定资产"账户

"固定资产"属于资产类账户,该账户用来核算企业所持有的固定资产原始成本。该账户借方登记固定资产价值的增加,贷方登记固定资产价值的减少。期末余额在借方,反映企业期末固定资产的账面价值。该账户可按固定资产类别和项目进行明细分类核算。

5."无形资产"账户

"无形资产"属于资产类账户,该账户核算企业所持有的无形资产成本,借方登记取得无形资产的成本,贷方登记处置无形资产时转出的账面余额,期末余额在借方,反映企业无形资产的成本。"无形资产"科目应当按照无形资产的项目设置明细科目进行核算。外购无形资产的成本,包括购买价款、相关税费以及直接归属于使该项资产达到预定用途所发生的其他支出。企业外购取得无形资产时,按应计入无形资产成本的金额,借记"无形资产"科目,贷记"银行存款"等科目。自行研发取得无形资产时,按应予以资本化的支出,借记"无形资产"科目,贷记"研发支出"科目。

无形资产,是指企业拥有或者控制的没有实物形态的可辨认非货币性资产。无形资产主要包括专利权、非专利技术、商标权、著作权、土地使用权和特许权等。

(二)业务处理

我国《公司法》规定,股东可以用货币出资,也可以用实物、知识产权、土地使用权等,可以用货币估价并可以依法转让的非货币财产作价出资;但是,法律、行政法规规定不得作为出资的财产除外。企业收到投资者以货币形式投入的投资,应按实际收到的金额入账,以实物资产、无形资产等形式投入的投资,应按投资合同或协议约定的价值(但合同或协议约定的价值不公允的除外)金额入账。

【例6-1】1月2日贝壳公司收到原股东赵某100 000元投资款存入银行。应做如下会计分录。

借:银行存款   100 000
  贷:实收资本——赵某   100 000

【例6-2】1月6日贝壳公司收到田园公司投入价值为72 000元的生产设备(使用年限为6年)。应做如下会计分录。

借:固定资产   72 000
  贷:实收资本——田园公司   72 000

【例6-3】1月8日贝壳公司收到田园公司投入价值为96 000元的专利权。应做如下会

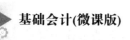

计分录。

  借：无形资产   96 000

    贷：实收资本——田园公司   96 000

  【例6-4】1月11日贝壳公司收到新股东刘云投资款200 000元，存入银行，按修订后的章程，刘云在该公司的注册资本占120 000元。应做如下会计分录。

  借：银行存款   200 000

    贷：实收资本——刘云   120 000

      资本公积——资本溢价   80 000

三、债务筹资业务核算

(一)账户设置

1. "短期借款"账户

短期借款是指企业为了满足其生产经营对资金的临时性需要而向银行或其他金融机构等借入的偿还期限在1年以内(含1年)的各种借款。

短期借款核算的内容包括本金和利息计算两个部分。

企业向金融机构或其他单位借款要签订借款合同，合同主要条款是对借款的金额、期限和利率的约定。对于银行借款，企业要及时正确地计算利息。

借款利息=借款本金×利率×借款期

"短期借款"属于负债类账户，该账户用来核算企业短期借款的增减变动和余额。该账户的贷方登记短期借款本金的增加额，借方登记短期借款本金的减少额(偿还额)。期末余额在贷方，反映企业期末尚未归还的短期借款。该账户可按借款种类、贷款人和币种进行明细分类核算。

2. "长期借款"账户

长期借款是指企业向银行或其他金融机构等借入的偿还期限在1年以上(不含1年)的各种借款。

长期借款与短期借款的用途不同，企业在对其利息进行核算时也要采取不同的处理方法。短期借款一般用于企业日常生产经营业务，利息费用直接计入当期损益，即短期借款利息费用化。长期借款一般用于长期工程、大型机械设备制造或者研究与开发等项目，其利息在符合资本化条件时，可以将利息费用记入"在建工程""制造费用""研发支出"等科目，即长期借款利息资本化。

"长期借款"属于负债类账户，该账户用来核算企业长期借款本金和利息的增减变动和余额。该账户贷方登记企业借入的长期借款本金和利息，借方登记归还的本金或者利息。期末余额在贷方，反映企业期末尚未偿还的长期借款和利息。该账户可按贷款单位和贷款种类进行二级明细分类核算，按本金和利息进行三级明细分类核算。

3. "财务费用"账户

"财务费用"属于费用类账户，该账户用来核算企业为筹集生产经营所需资金而发生的筹资费用，包括利息支出(减利息收入)、汇兑损益以及相关的手续费等。该账户借方登记利息费用、手续费等的增加额，贷方登记应冲减财务费用的利息收入、期末转入"本年利润"

账户的财务费用净额。期末结转后,该账户无余额。该账户可按费用项目进行明细分类核算。

4. "应付利息"账户

"应付利息"属于负债类账户,该账户用来核算企业按照合同约定应支付的利息。该账户贷方登记应付未付利息,借方登记已支付的利息。期末余额在贷方,反映企业应付未付的利息。该账户可按存款人或债权人进行明细分类核算。对于短期借款月(期)末计提利息支出时,借记"财务费用",贷记本科目,支付利息时借记本科目,贷记"银行存款"科目。

(二)业务处理

企业在生产经营过程中,由于周转资金不足,可以向银行或其他金融机构借款,以补充资金的不足。企业从银行或其他金融机构借入的款项,必须按贷款单位借款规定办理手续支付利息,到期归还。

【例6-5】1月1日贝壳公司向银行借入期限为六个月的借款,金额80 000元,年利率6%,到期一次还本利息。应做如下会计分录。

借:银行存款　　　　　　　　　　　　　　　　　　　80 000
　　贷:短期借款　　　　　　　　　　　　　　　　　　　80 000

【例6-6】月末计算当月短期借款应负担的利息费用。

每月应计提的利息=80 000×6%÷12=400(元)

应做如下会计分录。

借:财务费用　　　　　　　　　　　　　　　　　　　　400
　　贷:应付利息　　　　　　　　　　　　　　　　　　　　400

【小提示】

在2月末、3月末、4月末、5月末以及6月末贝壳公司都要做与例6-6相同的会计分录。

【例6-7】1月16日,贝壳公司向银行借入4年期借款200 000元。应做如下会计分录。

借:银行存款　　　　　　　　　　　　　　　　　　　200 000
　　贷:长期借款　　　　　　　　　　　　　　　　　　　200 000

【小提示】

企业的筹资核算包括股权筹资和债务筹资。这与企业"资金占用=资金来源"及"资产=负债+所有者权益"等式相对应。

1. 对于股权筹资的核算总结如下。

借:银行存款/原材料/固定资产/无形资产
　　贷:实收资本(或股本)
　　　　资本公积

2. 对于债务筹资中的短期借款的核算总结如下。

(1) 取得借款。

借: 银行存款

　　贷: 短期借款

(2) 计提借款利息。

借: 财务费用

　　贷: 应付利息

(3) 偿还本息。

借: 短期借款

　　应付利息

　　贷: 银行存款

第二节　供应过程业务核算

供应过程是为生产做准备的阶段，包括购建固定资产和采购生产所需的原材料等，是将货币资金转化为其他资产的过程。

一、固定资产购置业务核算

(一)固定资产概述

1. 固定资产的概念与特征

固定资产是指企业为生产商品、提供劳务、出租或经营管理而持有的、使用寿命超过一个会计年度的有形资产。

从这一定义可以看出，作为企业的固定资产应具备以下两个特征。

(1) 企业持有固定资产的目的，是为了生产商品、提供劳务、出租或经营管理的需要，而不像存货是为了对外出售。这一特征是固定资产区别于像存货一样的流动资产的重要标志。

(2) 企业使用固定资产的期限较长，使用寿命一般会超过一个会计年度。这一特征表明企业固定资产属于非流动资产，其给企业带来的收益期超过一年，能在一年以上的时间里为企业创造经济利益。

企业的固定资产主要有房屋及建筑物(生产车间、电厂的发电车间、公司的办公楼)、生产设备、运输设备、工具器具等。

2. 固定资产取得成本的计算

企业可以通过外购、自行建造、投资者投入、非货币性资产交换、债务重组、企业合并和租赁等方式取得固定资产。取得方式不同，固定资产成本的具体构成内容及其确定方法也不尽相同。

外购固定资产成本是指企业购买某项固定资产在达到预定可使用状态前所发生的一切

合理、必要的支出，包括购买价款、相关税费、使固定资产达到预定可使用状态前所发生的可归属于该项固定资产的运输费、装卸费、安装费和专业人员服务费等。对于开具增值税专用发票的一般纳税人，购买固定资产支付的增值税进项税额不计入固定资产的成本。

(二)账户设置

1."在建工程"账户

"在建工程"属于资产类账户，该账户用来核算固定资产的建造、更新改造、安装等工程的成本。该账户借方登记企业各项在建工程的实际支出，贷方登记工程达到预定可使用状态时转出的成本。期末余额在借方，反映企业期末尚未达到预定可使用状态的在建工程的成本。

2."应交税费"账户

"应交税费"属于负债类账户，该账户用来核算企业按税法规定应缴纳的各种税费的金额计算与实际缴纳情况。账户结构为贷方登记计算出的各项应交而未交的税费的增加，包括计算出的增值税、消费税、城市维护建设税、所得税、资源税、房产税、城镇土地使用税、教育费附加等；借方登记实际缴纳的各项税费。期末余额方向不固定，如果在贷方，表示未交税费的结余额，如果在借方，表示多交的税费。本账户按照税种设置明细账户，进行明细分类核算。根据税费的不同性质，在计提应缴纳的税费时，借方的会计科目有"税金及附加""应付职工薪酬"等科目，贷记"应交税费"科目。

【小提示】

增值税是对在我国境内销售货物和销售服务以及进口货物的单位和个人，以其货物和服务的销售额以及货物进口金额为计税依据，实行税款抵扣制(多环节征收)的一种流转税。增值税是对增值额征税。例如，某企业1 000元购买一件商品，2 000元将其卖出，增值额为1 000(2 000-1 000)元，如果该企业适用的增值税税率为13%，则国家对增值额征收130(1 000×13%)元的增值税，即增值额乘以适用税率。这种按差额征收的设计原理可以避免重复征税。

按照增值税的设计原理，企业向税务机关缴纳的增值税税额在理论上是根据其经济业务所实现的增值额乘以适用的税率计算而来的。但在实践中，由于购销之间可能存在较长的时间差，不可能针对每一笔业务计算其增值额，因此实务工作中实行的是分别汇总计算进项税额和销项税额，再根据两者之差来确定增值税应纳税额的办法。进项税额是企业在购入货物或接受劳务时支付或者承担的增值税额；销项税额是企业在销售商品或提供劳务时按照销售额和增值税税率计算并向客户收取的增值税额。

一般计税方法的应纳税额是指当期销项税额抵扣当期进项税额后的余额。

应纳税额=当期销项税额-当期进项税额

进项税额=买价×增值税税率

销项税额=销售额×增值税税率

(三)业务处理

　　固定资产购入一般分为两种情况:一是购置不需要安装的固定资产。企业购入不需要安装的固定资产,应将固定资产的买价、包装费、运杂费和保险费等作为固定资产的成本计入"固定资产"账户。二是购置需要安装的固定资产。企业购入需要安装的固定资产,由于购入后需要发生安装调试成本,因此应将购入的固定资产的成本计入"在建工程"账户,然后将安装调试成本计入"在建工程"账户的借方,安装完毕,达到预定可使用状态并交付使用时,再转入"固定资产"账户。

　　如果企业自行建造固定资产,则需要将固定资产从建造开始至达到预定可使用状态前发生的必要支出,计入"在建工程"账户,建造完成达到预定可使用状态时,结转固定资产成本。

　　企业取得不需要安装的固定资产时,应当按照固定资产取得的成本借记"固定资产"科目,取得经税务机关认证的可以抵扣进项税额凭证上注明的增值税税额借记"应交税费——应交增值税(进项税额)"科目,贷记"银行存款""应付账款"等科目。

　　企业取得需要安装的固定资产时,应在购入的固定资产取得成本的基础上加上安装调试成本作为入账成本。按照购入需要安装的固定资产的取得成本,借记"在建工程"科目,按购入固定资产时可抵扣的增值税进项税额,借记"应交税费——应交增值税(进项税额)"科目,贷记"银行存款""应付账款"等科目;按照发生的安装调试成本,借记"在建工程"科目,按取得的外部单位提供的增值税专用发票上注明的增值税进项税额,借记"应交税费——应交增值税(进项税额)"科目,贷记"银行存款"等科目;耗用了本单位的材料或人工的,按应承担的成本金额,借记"在建工程"科目,贷记"原材料""应付职工薪酬"等科目。安装完成达到预定可使用状态时,由"在建工程"科目转入"固定资产"科目,借记"固定资产"科目,贷记"在建工程"科目。

　　【例6-8】1月10日,贝壳公司购入一批不需安装的运输设备,增值税专用发票上注明价款 100 000 元,增值税进项税额 13 000 元,款项均以银行存款支付。假定不考虑其他相关税费,贝壳公司应编制的会计分录如下。

　　　借:固定资产　　　　　　　　　　　　　　　　　　　　　　100 000
　　　　　应交税费——应交增值税(进项税额)　　　　　　　　　　　13 000
　　　　　　贷:银行存款　　　　　　　　　　　　　　　　　　　　　　113 000

　　【例6-9】1月15日,贝壳公司购入一条需要安装的生产流水线,增值税专用发票上注明价款 100 000 元,增值税进项税额 13 000 元。安装过程中,支付安装款项 1 090 元,其中安装费 1 000 元,增值税专用发票上注明增值税税额 90 元,款项均以银行存款支付。假设不考虑其他相关税费。贝壳公司应编制的会计分录如下。

　　　① 购入设备时,
　　　借:在建工程　　　　　　　　　　　　　　　　　　　　　　100 000
　　　　　应交税费——应交增值税(进项税额)　　　　　　　　　　　13 000
　　　　　　贷:银行存款　　　　　　　　　　　　　　　　　　　　　　113 000
　　　② 安装过程中支付的安装费用,
　　　借:在建工程　　　　　　　　　　　　　　　　　　　　　　1 000
　　　　　应交税费——应交增值税(进项税额)　　　　　　　　　　　90

贷：银行存款　　　　　　　　　　　　　　　　　　　　1 090
　　③ 安装完毕交付使用，
　　借：固定资产　　　　　　　　　　　　　　　　　　　101 000
　　　贷：在建工程　　　　　　　　　　　　　　　　　　　101 000

二、材料采购业务核算

(一)材料采购业务概述

　　材料的采购成本是指企业从材料采购到入库前所发生的全部合理的、必要的支出，包括购买价款、运输费、保险费、装卸费、运输途中的合理损耗、挑选整理费、入库前的仓储费和除增值税进项税额以外的其他税费等。

(二)账户设置

1. "在途物资"账户

　　"在途物资"属于资产类账户，该账户用于核算企业采用实际成本(进价)进行材料、商品等物资的日常核算、价款已付尚未验收入库的各种物资(即在途物资)的采购成本，本科目应当按照供应单位和物资品种进行明细分类核算。"在途物资"科目的借方登记企业购入的在途物资的实际成本，贷方登记验收入库的在途物资的实际成本，期末余额在借方，反映企业在途物资的采购成本。

2. "原材料"账户

　　"原材料"属于资产类账户，该账户用来核算企业库存各种材料的收入、发出与结存情况。在原材料按实际成本核算时，"原材料"科目的借方登记入库材料的实际成本，贷方登记发出材料的实际成本，期末余额在借方，反映企业库存材料的实际成本。

　　原材料是指企业在生产过程中经过加工改变其形态或性质并构成产品主要实体的各种原料、主要材料和外购半成品，以及不构成产品实体但有助于产品形成的辅助材料。原材料具体包括原料及主要材料、辅助材料、外购半成品(外购件)、修理用备件(备品备件)、包装材料、燃料等。

　　原材料的主要账务处理有以下两种情况。

　　(1) 购入并已验收入库的原材料，按计划成本或实际成本，借记本科目；按实际成本贷记"材料采购"或"在途物资"科目；按计划成本与实际成本的差异，借记或贷记"材料成本差异"科目。自制并已验收入库的原材料，按计划成本或实际成本，借记本科目，按实际成本贷记"生产成本"等科目；按计划成本与实际成本的差异，借记或贷记"材料成本差异"科目。

　　(2) 使用原材料时，生产车间领用材料主要用于产品生产，此外也用于一般性消耗，应区分材料的不同用途，借记"生产成本""制造费用"科目，贷记本科目。其他部门领用材料，如行政管理部门领用材料用于零星修理，销售部门领用材料用于销售产品，应分别计入"管理费用""销售费用"。发出委托外单位加工的原材料，借记"委托加工物资"科目，贷记本科目。销售多余材料，企业处理积压或多余材料所取得的收入，属于非主营业务收入，分别按收到或应收价款，借记"银行存款"或"应收账款"等科目；按实现的营业收入，贷记"其他业务收入"科目；按应交的增值税额，贷记"应交税费——应交增值税(销项税额)"科目。结转出售材料的实际成本时，借记"其他业务成本"科目，贷记本科目。

3. "库存现金"账户

库存现金包括人民币和外币，一般指存放在企业财务部门的货币资金，存放于企业其他部门的现金，一般作为备用金处理。"库存现金"属于资产类账户，企业通过"库存现金"科目来反映企业现金的收付和结存情况。收到现金时借记"库存现金"，贷记相关科目。支付现金时借记相关科目，贷记"库存现金"。

4. "应付账款"账户

"应付账款"属于负债类账户，该账户用来核算企业因购买材料、商品和接受劳务供应等而应付给供应单位的款项。该科目贷方登记因购买材料、商品和接受劳务供应等而应付未付的款项；借方登记已经支付或已经开出商业汇票抵付的应付款项；期末贷方余额，表示尚未支付的应付账款。

当债权单位撤销或其他原因而使应付账款无法清偿的，企业应当对确实无法支付的应付账款予以转销，按其账面余额计入营业外收入，借记"应付账款"科目，贷记"营业外收入"科目。

5. "应付票据"账户

"应付票据"属于负债类账户，是指企业为购买材料、商品和接受劳务供应等而开出、承兑的商业汇票，包括商业承兑汇票和银行承兑汇票。该科目贷方登记企业已经开出、承兑的汇票或以承兑汇票抵付的货款；借方登记收到银行付款通知后实际支付的款项；期末贷方余额，表示尚未到期的商业汇票的票面余额。

应付票据到期，企业无力支付票款时，如果是应付商业承兑汇票，企业应将应付票据按账面余额转作应付账款，借记"应付票据"科目，贷记"应付账款"科目；如果是应付银行承兑汇票到期，则由承兑银行代为支付并作为付款企业的贷款处理，企业应将应付票据的账面余额转作短期借款，借记"应付票据"科目，贷记"短期借款"科目。

6. "预付账款"账户

"预付账款"是资产类账户，该账户用于核算企业按照购货合同规定预付给供货单位的款项。企业应设置"预付账款"科目反映预付款项变动及其结存情况，预付款项情况不多的，也可以不设置本科目，将预付的款项直接记入"应付账款"科目的借方。本科目期末借方余额，反映企业预付的款项；期末如为贷方余额，则具有负债的性质，反映企业尚未补付的款项。本科目应当按照供货单位进行明细核算，如"预付账款——×公司"表示本公司按照购货合同规定预付给×公司的款项。

企业因购货而预付款项时，借记本科目，贷记"银行存款"等科目。收到所购物资时，按应计入购入物资成本的金额，借记"在途物资"或"原材料""库存商品"等科目；按可抵扣的增值税额，借记"应交税费——应交增值税(进项税额)"科目；按应付金额，贷记本科目。补付的款项，借记本科目，贷记"银行存款"等科目；退回多付的款项，借记"银行存款"等科目，贷记本科目。

(三)业务处理

购进材料时,可能发生的情况包括以下五种:①材料验收入库的同时支付款项;②材料已验收入库,货款尚未支付;③前期支付材料款项,本期材料验收入库;④支付材料采购费用;⑤结转材料采购成本等经济业务。

【例6-10】1月15日,贝壳公司购入甲材料,取得了增值税专用发票,注明价格20 000元,税额2 600元,货款已转账支付,材料尚未入库。应做如下会计分录。

借:在途物资——甲材料 20 000
　应交税费——应交增值税(进项税额) 2 600
　贷:银行存款 22 600

【例6-11】1月20日,贝壳公司1月15日购入的上述甲材料验收入库。应做如下会计分录。

借:原材料——甲材料 20 000
　贷:在途物资——甲材料 20 000

【例6-12】1月21日,贝壳公司向田园公司购入原材料一批,增值税专用发票注明材料价款10 000元,增值税额为1 300元,材料已验收入库,但款项尚未支付。贝壳公司应编制的会计分录如下。

(1) 购入材料时,
借:原材料 10 000
　应交税费——应交增值税(进项税额) 1 300
　贷:应付账款——田园公司 11 300

(2) 1个月后贝壳公司偿还此笔货款时,
借:应付账款——田园公司 11 300
　贷:银行存款 11 300

【例6-13】1月23日,贝壳公司向甲公司购入原材料一批,增值税专用发票注明材料价款10 000元,增值税额为1 300元,材料已验收入库。贝壳公司开出并承兑一张面值为11 300元、期限为3个月的商业承兑汇票。贝壳公司应编制的会计分录如下。

(1) 开出并承兑商业承兑汇票购入材料时,
借:原材料 10 000
　应交税费——应交增值税(进项税额) 1 300
　贷:应付票据 11 300

(2) 3个月后汇票到期,
借:应付票据——甲公司 11 300
　贷:银行存款 11 300

【例6-14】承例6-13假设上述商业承兑汇票到期,贝壳公司无力支付票款,贝壳公司应编制的会计分录如下。

借:应付票据——甲公司 11 300
　贷:应付账款——甲公司 11 300

【例6-15】1月25日,贝壳公司向田园公司采购原材料一批,该批材料所需价款为60 000元。贝壳公司按照合同规定向田园公司预付40 000元,验收货物后补付剩余款项。贝壳公司应编制的会计分录如下。

(1) 预付货款时,

借：预付账款——田园公司   40 000

    贷：银行存款   40 000

(2) 贝壳公司收到田园公司发来的原材料,验收无误,收到增值税专用发票上注明的价款为 60 000 元,增值税税额为 7 800 元,以银行存款结清剩余款项 27 800 元。贝壳公司应编制的会计分录如下。

借：原材料   460 000

    应交税费——应交增值税(进项税额)   7 800

    贷：银行存款   27 800

        预付账款——田园公司   40 000

【小提示】

企业的供应过程核算主要包括购置固定资产和采购材料等。采购原材料的会计核算采用实际成本核算,应根据实际情况编写会计分录。

(1) 企业购入材料时的会计分录如下。

借：在途物资/原材料

    应交税费——应交增值税(进项税额)

    贷：银行存款/应付账款/应付票据

(2) 若购入的材料分验收入库前和材料验收入库两个阶段核算,则材料验收入库时应做如下会计分录。

借：原材料

    贷：在途物资

第三节 生产过程业务核算

一、生产过程业务概述

生产过程是指从材料投入生产到产品完工入库为止的过程。生产过程实际上是资源耗费的过程,既有劳动资料的耗费,又有劳动对象的耗费;既有物化劳动的耗费,又有活劳动的耗费。生产过程在发生各种耗费的同时,生产出产品。所以,生产过程是资源耗费过程与产品生产过程的统一。

产品生产过程中发生的一切资金耗费称为生产费用,生产费用按其计入产品成本的方式不同,可以分为直接费用和间接费用。直接费用是指企业生产产品过程中实际消耗的直接材料和直接人工。间接费用是指企业为生产产品和提供劳务而发生的各项间接支出,通常称为制造费用。各成本项目的具体内容如下。

(1) 直接材料。直接材料是指企业在产品生产和提供劳务过程当中消耗的直接用于产品生产,并构成产品实体的原材料以及有助于产品形成的主要材料和辅助材料。

(2) 直接人工。直接人工是指直接从事产品生产人员的各种形式的报酬及各项附加费用的职工薪酬。

(3) 制造费用。制造费用是指企业为生产产品和提供劳务而发生的各项间接费用，包括企业生产部门(如生产车间)发生的水电费、固定资产折旧费、无形资产的摊销、车间管理人员的职工薪酬、劳动保护费、季节性和修理期间的停工损失等。换种说法，制造费用是指企业为生产多种产品而发生的间接代价。这些间接代价不能直接计入某一特定产品或劳务的成本，而是需要先进行归集，然后采用合理的标准分配给相应的产品项目。

二、生产过程的账户设置与业务处理

(一)账户设置

1. "生产成本"账户

"生产成本"属于成本类账户，该账户用来核算构成产品制造成本的直接材料、直接人工和制造费用。该账户的借方用来登记生产产品所发生的各项生产费用，贷方登记已完工产品成本的转出，借方余额表示尚未完工的在产品的生产成本。

2. "制造费用"账户

"制造费用"属于成本类账户，该账户用来核算生产车间的办公费、车间管理人员的薪酬、固定资产折旧费、修理费、水电费、机物料消耗、季节性停工损失等制造费用。该账户的借方登记制造费用的增加，贷方登记转入产品成本的费用。该账户一般无余额，通常发生多少就分配多少。

制造费用是一种间接费用。间接费用是指与产品生产有关，但不能直接归属于某类产品成本计算对象的费用，需要先进行归集，再分配转入产品成本。即当费用发生时，先通过"制造费用"账户进行归集，期末再转入"生产成本"账户，以使"生产成本"账户的借方归集生产过程中发生的全部产品制造成本。企业需要定期将借方归集的全部制造费用在完工产品和在产品之间进行分配，分配基础可以选择产品数量、机器小时数、生产工人工资、产品生产成本、产品市价等。

3. "库存商品"账户

"库存商品"属于资产类账户，该账户用来核算库存商品的收入、发出和结存情况。该账户的借方登记已完工产品的实际制造成本或购入成本，贷方登记已销售产品的实际制造成本或购入成本，期末借方余额反映尚未售出的库存商品的实际制造成本或购入成本。为了具体核算和监督各种库存商品的增减变动及库存情况，应按库存商品的品种或类别开设库存商品明细账。

4. "应付职工薪酬"账户

"应付职工薪酬"属于负债类账户，该账户用来核算尚未支付的已计入成本费用的职工薪酬总额。该账户的贷方反映企业应支付但未支付的职工薪酬总额，借方登记已支付职工薪酬的数额，贷方余额反映尚未支付的职工薪酬。

职工薪酬是指企业支付给职工的劳动报酬，是一种活劳动的耗费，是企业的一项费用。其中，支付给与生产产品直接相关的生产工人的工资应记入"生产成本"账户，支付给车间管理人员的工资记入"制造费用"账户,支付给行政管理人员的工资记入"管理费用"账户,支付给(专设销售机构的)销售人员的工资记入"销售费用"账户。

每期期末,需要将本期发生的职工薪酬,一方面按照职工所从事的工作(部门)不同,分别作为生产成本、管理费用或者销售费用进行处理,另一方面将尚未支付的工资贷记"应付职工薪酬"。"应付职工薪酬"账户期末有余额,意味着企业有应支付而尚未支付的职工薪酬,这构成了企业与职工之间的结算关系。

5. "累计折旧"账户

"累计折旧"是固定资产的备抵账户,该账户核算固定资产的成本已转化为费用的累计金额,冲减固定资产的价值。该账户一般只有贷方发生额和期末余额,贷方登记当期计提的折旧金额,贷方余额反映到目前为止固定资产成本已转化为费用的累计金额。只有固定资产报废(清理)或出售时才会借记(减少)"累计折旧"账户。

固定资产折旧费用按照使用部门进行归集。生产车间、厂房、机器设备等的折旧费记入"制造费用"账户,行政管理部门使用的固定资产的折旧费记入"管理费用"账户,销售部门使用的固定资产的折旧费记入"销售费用"账户。

6. "管理费用"账户

"管理费用"是费用类账户,该账户用来核算企业行政管理部门为组织和管理生产经营活动所发生的管理费用(如行政管理人员的工资、行政管理部门领用的材料、管理部门的固定资产折旧费、修理费和办公费等)。该账户的借方登记企业发生的各种管理费用,期末从贷方一次性全部转出至"本年利润"账户的借方,期末无余额。

(二)业务处理

1. 材料费用的核算

材料费用的核算要分清材料的使用部门,不同部门使用的材料,记入不同的账户。生产车间领用的材料记入"生产成本"账户,行政管理部门领用的材料记入"管理费用"账户,车间一般耗费先记入"制造费用"账户,再选择适当的标准按分担的金额计入相应的成本计算对象。

【例6-16】1月5日,贝壳公司为生产A产品领用甲材料的成本是8 000元,领用乙材料的成本是7 000元。应做如下会计分录。

借:生产成本——A产品		15 000
贷:原材料——甲材料		8 000
——乙材料		7 000

【例6-17】1月7日,贝壳公司为生产B产品领用甲材料的成本是9 000元,领用丙材料的成本是18 000元。应做如下会计分录。

借:生产成本——B产品		27 000
贷:原材料——甲材料		9 000
——丙材料		18 000

【例6-18】1月9日,车间一般性耗用甲材料的成本是2 000元,乙材料的成本是1 800元,丙材料的成本是3 000元。应做如下会计分录。

借：制造费用   6 800

    贷：原材料——甲材料   2 000

                   ——乙材料   1 800

                   ——丙材料   3 000

2. 职工薪酬的核算

职工薪酬是指企业为获得职工提供的服务而给予各种形式的报酬以及其他相关支出，包括职工在职期间和离职后提供给职工的全部货币性薪酬和非货币性福利。企业提供给职工配偶、子女或其他被赡养人的福利等，也属于职工薪酬。

短期薪酬，是指企业在职工提供相关服务的年度报告期间结束后 12 个月内需要全部予以支付的职工薪酬，因解除与职工劳动关系给予的补偿除外。短期薪酬具体包括：①职工工资、奖金、津贴和补贴；②职工福利费；③医疗保险费、工伤保险费和生育保险费等社会保险费；④住房公积金；⑤工会经费和职工教育经费；⑥短期带薪缺勤；⑦短期利润分享计划；⑧非货币性福利以及其他短期薪酬。

企业财务人员根据职工提供服务的受益对象，将职工短期薪酬分别计入产品成本或劳务成本。其中，生产工人的薪酬记入"生产成本"账户，生产车间管理人员的薪酬记入"制造费用"账户，企业行政管理部门人员的薪酬记入"管理费用"账户，专设销售机构销售人员的薪酬记入"销售费用"账户。此外，应由在建工程、无形资产负担的短期职工薪酬，应计入建造固定资产或无形资产的成本。

为便于理解，将职工薪酬的核算总结为两个过程。①将工资记入成本费用类账户的同时，确认一笔应付未付的负债(应付职工薪酬)；②实际发放工资时冲减应付职工薪酬，减少银行存款。

【例 6-19】1 月 31 日，经计算，贝壳公司应付本月生产 A 产品人员工资 40 000 元，应付本月生产 B 产品人员工资 60 000 元，应付车间管理人员工资 20 000 元，应付行政管理人员工资 15 000 元，应付销售部门人员工资 25 000 元。贝壳公司应编制如下会计分录。

借：生产成本——A 产品   40 000

           ——B 产品   60 000

    制造费用   20 000

    管理费用   15 000

    销售费用   25 000

    贷：应付职工薪酬——工资   160 000

【例 6-20】2 月 10 日，贝壳公司以银行转账支付上月应付工资 160 000 元。应做如下会计分录。

借：应付职工薪酬——工资   160 000

    贷：银行存款   160 000

3. 制造费用的核算

计提折旧是指对已发生的成本进行分摊。对成本的分摊，在会计上对不同资产有不同的称谓。对固定资产而言是折旧，对无形资产而言是摊销，对自然资源而言是折耗，其目的都是将其成本分期分批、逐渐转移到产品中，符合权责发生制原则。固定资产的折旧方法有年

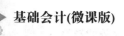

限平均法(即直线法)、工作量法、双倍余额递减法和年数总和法四种。

　　企业应当在固定资产的使用寿命内，按照确定的方法对应计提折旧额进行系统分摊。所谓应计提折旧额，是指应当计提折旧的固定资产原价扣除其预计净残值后的金额，已计提减值准备的固定资产，还应当扣除已计提的固定资产减值准备累计金额。企业应当根据固定资产的性质和使用情况，合理确定固定资产的使用寿命和预计净残值。

　　【例6-21】1月31日，经计算，生产车间共发生水电费3 600元，以银行存款支付。应做如下会计分录。

借：制造费用　　　　　　　　　　　　　　　　　　　　　　　　　3 600
　　贷：银行存款　　　　　　　　　　　　　　　　　　　　　　　　　　3 600

　　【例6-22】1月31日，经计算，本月行政部门办公用固定资产需计提折旧3 500元，生产用设备应计提折旧10 000元。应做如下会计分录。

借：管理费用　　　　　　　　　　　　　　　　　　　　　　　　　3 500
　　制造费用　　　　　　　　　　　　　　　　　　　　　　　　10 000
　　贷：累计折旧　　　　　　　　　　　　　　　　　　　　　　　　13 500

　　【例6-23】1月31日公司将本月发生的制造费用按照产品生产工人工资比例在A、B两种产品之间进行分配。

本月应分配的制造费用共计：6 800+20 000+3 600+10 000=40 400(元)

A产品应分配的制造费用：40 400÷(40 000+60 000)×40 000=16 160(元)

B产品应分配的制造费用：40 400÷(40 000+60 000)×60 000=24 240(元)

借：生产成本——A产品　　　　　　　　　　　　　　　　　　　16 160
　　　　　　　——B产品　　　　　　　　　　　　　　　　　　24 240
　　贷：制造费用　　　　　　　　　　　　　　　　　　　　　　　40 400

4. 完工产品生产成本的核算

　　产品制造完成并检验合格后，完工产品应从生产车间运转至产成品仓库。仓库在办理产品入库时需填制产成品入库单，其中一联交给财务部门作为记账凭证。财务部门在进行生产产品成本计算的同时，要编制一笔结转已完工产品成本的分录。

　　【例6-24】月末，结转本月生产完工的A产品和B产品的成本。完工A产品的成本是72 928元，完工B产品的成本是161 240元。

借：库存商品——A产品　　　　　　　　　　　　　　　　　　　72 928
　　　　　　　——B产品　　　　　　　　　　　　　　　　　161 240
　　贷：生产成本——A产品　　　　　　　　　　　　　　　　　72 928
　　　　　　　——B产品　　　　　　　　　　　　　　　　　161 240

第四节　销售过程业务核算

一、销售过程业务概述

　　销售业务是指企业将库存商品交付给客户，并收回货款的过程。企业会计人员在确认收入的同时，还应按适用的增值税税率计算相应的增值税销项税额。在销售过程中，为了销售产品，企业还会发生包装费、运输费、广告费、销售人员工资福利费、销售机构日常运营费等销售费用。因此，销售业务主要涉及收入确认、增值税销项税额的计算、货款结算、结转已售产品(库存商品)成本、销售费用的处理等。

按照权责发生制原则，企业销售收入的记账时间，应按照销售收入的实现为依据。在正常情况下，企业销售商品时，当企业与客户之间的合同同时满足下列条件时，企业应当在客户取得相关商品控制权时确认收入。

(1) 合同各方已批准该合同并承诺将履行各自义务。

(2) 该合同明确了合同各方与所转让商品或提供劳务(以下简称"转让商品")相关的权利和义务。

(3) 该合同有明确的与所转让商品相关的支付条款。

(4) 该合同具有商业实质，即履行该合同将改变企业未来现金流量的风险、时间分布或金额。

(5) 企业因向客户转让商品而有权取得的对价很可能收回。

二、销售过程业务核算

(一)账户设置

1. "主营业务收入"账户

"主营业务收入"属于收入类账户，该账户用来核算企业确认的销售商品或提供劳务等主营业务的收入。该账户贷方登记企业所实现的主营业务收入，即主营业务收入的增加额；期末计算利润时，从其账户的借方转入"本年利润"账户的贷方。需要注意的是，按照新收入准则的要求，当企业发生销售退回和销售折让时，可以直接冲减本期主营业务收入。因此，转入本年利润的金额是主营业务收入的净额。期末主营业务收入结转后，主营业务收入账户无余额。该账户应按照主营业务的种类进行明细分类核算。

2. "主营业务成本"账户

"主营业务成本"属于费用类账户，该账户用来核算应计入当期损益的已销售产品的成本。该账户的借方登记主营业务成本的增加，期末计算利润时，从其贷方转入"本年利润"账户的借方。结转后，主营业务成本账户无余额。该账户应按主营业务的种类进行明细分类核算。

3. "其他业务收入"账户

"其他业务收入"是收入类账户，该账户用来核算企业确认的除主营业务活动以外的其他经营活动实现的收入，包括出租固定资产、无形资产、包装物和商品、销售材料等所取得的收入。该账户的贷方登记企业实现的其他业务收入，即其他业务收入的增加额；借方登记期末转入"本年利润"账户的其他业务收入。结转后，其他业务收入账户无余额。该账户应按其他业务的种类进行明细分类核算。

4. "其他业务成本"账户

"其他业务成本"属于费用类账户，该账户用来核算企业确认的除主营业务活动以外的其他经营活动所发生的或者需要承担的成本，包括销售材料的成本、出租固定资产的折旧额、出租无形资产的摊销额、出租包装物的成本或摊销额等。该账户的借方登记其他业务成本的增加，贷方登记期末转入"本年利润"账户的其他业务成本。结转后，其他业务成本账户无余额。该账户应按其他业务成本的种类进行明细分类核算。

5. "应收账款"账户

"应收账款"属于资产类账户，该账户用来核算企业因赊销商品、提供劳务等经营活动应收取的款项。该账户的借方登记企业发生的应收未收的款项，贷方登记已收回的或者注销的应收账款。该账户期末余额一般在借方，反映企业尚未收回的应收账款；如果期末余额在贷方，一般为企业预收的账款。该账户应按债务人进行明细分类核算。

6. "应收票据"账户

"应收票据"属于资产类账户，该账户用来核算企业因赊销商品、提供劳务等而收到的商业汇票(包括银行承兑汇票和商业承兑汇票)。该账户的借方登记企业收到的应收票据，贷方登记应收票据的收回或转让。期末余额在借方，反映企业持有的尚未到期的商业汇票金额。该账户应按债务人(开出或承兑商业汇票的单位)进行明细分类核算。

企业应当设置应收票据备查簿，逐笔登记商业汇票的种类、编号和出票日期、票面金额、交易合同号、付款人、承兑人、背书人的姓名或单位名称、到期日、背书转让日、贴现日、贴现率和贴现净额以及收款日期和收回金额、退票情况等资料。商业汇票到期结清票款或退票后，在备查簿中应予以注销。

7. "预收账款"账户

"预收账款"属于负债类账户，该账户用来核算企业按照合同规定预先收取但尚未交付商品或服务的款项。该账户的贷方登记企业向购货单位预收的款项，借方登记已交付商品或服务后转为收入的预收款项。期末余额一般在贷方，反映企业预收的款项；如果期末余额在借方，反映企业尚未转销的款项。该账户应按购货单位进行明细分类核算。

8. "销售费用"账户

"销售费用"属于费用类账户，该账户用来核算企业发生的各项销售费用，如广告费等。该账户的借方登记发生的各项销售费用，贷方登记期末转出的本期销售费用发生额总额。期末结转后，该账户无余额。该账户可按费用项目进行明细分类核算。

(二)业务处理

【例6-25】1月15日，贝壳公司向富强公司销售A产品开出增值税专用发票，注明价款10 000元，增值税税额为1 300元，收到富强公司开出的三个月到期的银行承兑汇票。

借：应收票据——富强公司　　　　　　　　　　　　　　　11 300
　　贷：主营业务收入——A产品　　　　　　　　　　　　　10 000
　　　　应交税费——应交增值税(销项税额)　　　　　　　　 1 300

【例6-26】1月16日，贝壳公司收回上月向安欣公司销售B产品的货款70 000元。

借：银行存款　　　　　　　　　　　　　　　　　　　　　70 000
　　贷：应收账款——安欣公司　　　　　　　　　　　　　　70 000

【例6-27】1月25日，贝壳公司向胜利公司销售B产品，开出增值税专用发票，注明价款 20 000 元，增值税税额为 2 600 元，货款已存入银行；销售过程中，本公司用现金支付了运费 500 元。

借：银行存款		22 600
贷：主营业务收入——B 产品		20 000
应交税费——应交增值税(销项税额)		2 600
借：销售费用		500
贷：库存现金		500

【例 6-28】1 月 28 日，贝壳公司将闲置的一批甲材料出售，不含增值税售价 1 000 元，款项已收到，此批甲材料成本为 900 元。

借：银行存款		1 130
贷：其他业务收入——甲材料		1 000
应交税费——应交增值税(销项税额)		130
借：其他业务成本——甲材料		900
贷：原材料——甲材料		900

【例 6-29】1 月 31 日，经计算本月销售 A 产品的成本为 6 500 元，销售 B 产品的成本为 14 500 元。

借：主营业务成本——A 产品		6 500
——B 产品		14 500
贷：库存商品——A 产品		6 500
——B 产品		14 500

【小提示】

对于工业企业销售过程的核算，还包括确认已销原材料的收入，结转已销原材料的成本，会计分录如下。

(1) 确认销售收入

借：银行存款/应收账款/应收票据/预收账款

　　贷：其他业务收入

　　　　应交税费——应交增值税(销项税额)

(2) 结转销售成本

借：其他业务成本

　　贷：原材料

第五节　利润形成及利润分配业务核算

一、利润形成过程核算

(一)利润形成业务核算

利润是将一定期间的各项收入与各项费用支出相抵后形成的最终经营成果，包括营业利

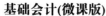
润、营业外收支净额和所得税费用三部分。营业利润是企业营业收入(主营业务收入＋其他业务收入)减去营业成本(主营业务成本＋其他业务成本)、税金及附加、期间费用(财务费用＋销售费用＋管理费用)等后的余额,是企业利润的主要来源。营业外收支净额是指与企业生产经营没有直接关系的各种营业外收入减去营业外支出后的净额。属于营业外收入的项目有受赠、无法偿还的应付账款等;属于营业外支出的项目有财产盘亏、毁损、自然灾害造成的损失等。所得税是对企业所得额征收的一种税,企业只要有所得就必须按税法规定的税率缴纳所得税。企业将其视为一种费用,故称为所得税费用。此外,利润中有一个重要概念叫毛利,是营业收入减去营业成本的差额,主要用来反映产品给企业带来的初始利润。利润的形成过程可以分步表示如下。

利润总额=营业利润+营业外收入-营业外支出

净利润=利润总额-所得税费用

所得税费用=利润总额×所得税税率

(二)账户设置

1. "本年利润"账户

"本年利润"是一个暂时性的计算损益的账户,该账户用来核算企业实现的利润和发生的亏损。期末将各种收入类账户的贷方发生额从借方转入"本年利润"账户的贷方,将各种费用类账户的借方发生额从贷方转入"本年利润"账户的借方,然后将本期转入的收入类和费用类账户的发生额进行比较;贷方余额表示本期实现的利润,借方余额表示本期发生的亏损。年度终了,将"本年利润"账户的贷方余额或借方余额全部转入"利润分配——未分配利润"账户。结转后"本年利润"账户期末无余额。

2. "所得税费用"账户

"所得税费用"属于费用类账户,该账户用来核算企业当期确认的所得税费用金额。该账户的借方登记本期应确认的所得税费用金额,贷方登记转入"本年利润"账户借方的金额。结转后,所得税费用账户无余额。

3. "利润分配"账户

"利润分配"属于混合性质的账户,该账户用来核算企业实现利润的分配情况或亏损的弥补情况。在盈利的情况下,该账户的贷方登记从"本年利润"账户借方转入的利润金额,借方登记企业提取的盈余公积和已分配的利润。在亏损的情况下,该账户的借方登记从"本年利润"账户的贷方转入的亏损金额。若是期末贷方有余额,表示企业留存的可供分配的利润金额;若是期末借方有余额,表示尚未弥补的亏损金额。

4. "盈余公积"账户

"盈余公积"属于所有者权益账户,该账户用来核算企业从利润中提取的盈余公积。它的贷方登记从利润中提取的盈余公积,借方登记已使用的盈余公积,贷方余额表示尚未使用的盈余公积。

5. "应付利润"或"应付股利"账户

"应付利润"或"应付股利"属于负债类账户,该账户用来核算企业应付给投资者的利润(或股利)。该账户的贷方登记应付给投资者的利润(或股利),借方登记已支付给投资者的利润(或股利),贷方余额表示尚未支付的利润(或股利)。

(三)利润的计算和结转

结转利润,确认实现的利润或者损失时,应做如下会计分录。

(1) 结转收入类科目的会计分录如下。

借:主营业务收入
  其他业务收入
  投资收益
  营业外收入
  贷:本年利润

(2) 结转费用类科目的会计分录如下。

借:本年利润
  贷:主营业务成本
    其他业务成本
    税金及附加
    销售费用
    管理费用
    财务费用
    所得税费用
    营业外支出

(3) 结转"本年利润"账户的会计分录如下。

如果为盈利,则应做如下会计分录。

借:本年利润
  贷:利润分配——未分配利润

如果是亏损,做相反分录。"本年利润"账户的构成如图 6-2 所示。

借方(由以下科目转入)	本年利润	贷方(由以下科目转入)
主营业务成本		主营业务收入
其他业务成本		其他业务收入
税金及附加		营业外收入
销售费用		投资收益(亏损在借方)
管理费用		
财务费用		
营业外支出		
所得税费用		

图 6-2　"本年利润"账户结构图

【例 6-30】贝壳公司 12 月 31 日结账前各收入费用类账户余额如表 6-1 所示，为将收入费用类账户金额结转入本年利润账户中，做了以下会计处理。

表 6-1 贝壳公司收入费用类账户结账前余额

单位：元

收入类账户		费用类账户	
主营业务收入	4 000 000	主营业务成本	1 800 000
其他业务收入	45 000	其他业务成本	25 000
营业外收入	5 000	销售费用	60 000
投资收益	3 000	税金及附加	60 000
		管理费用	38 000
		财务费用	13 000
		营业外支出	5 000

(1) 收入类账户转入本年利润的贷方。

借：主营业务收入 4 000 000
　　其他业务收入 45 000
　　营业外收入 5 000
　　投资收益 3 000
　　贷：本年利润 4 053 000

(2) 费用类账户转入本年利润的借方。

借：本年利润 2 001 000
　　贷：主营业务成本 1 800 000
　　　　其他业务成本 25 000
　　　　税金及附加 60 000
　　　　销售费用 60 000
　　　　管理费用 38 000
　　　　财务费用 13 000
　　　　营业外支出 5 000

【例 6-31】贝壳公司实现利润总额=4 053 000-2 001 000=2 052 000(元)，简化处理所得税税率按 25%计算，应交所得税为 513 000 元，会计处理如下。

借：所得税费用 513 000
　　贷：应交税费——应交所得税 513 000
借：本年利润 513 000
　　贷：所得税费用 513 000

净利润=利润总额-所得税费用=2 052 000-513 000=1 539 000(元)

借：本年利润 1 539 000
　　贷：利润分配——未分配利润 1 539 000

二、利润分配业务核算

利润分配是指企业根据国家有关规定和企业章程、投资者协议等，对企业当年可供分配利润指定其特定用途和分配给投资者的行为。

企业实现的利润总额按国家规定做出相应调整后，应先依法缴纳所得税，利润总额减去缴纳所得税后的余额即为净利润，也称税后利润。

根据《公司法》等有关法律、法规的规定，企业当年实现的净利润，首先应弥补以前年度尚未弥补的亏损，对于剩余部分应按照下列顺序进行分配：

(1) 提取法定盈余公积。按照《公司法》的有关规定，公司制企业应按净利润的 10%提取法定盈余公积；非公司制企业可以自行确定法定盈余公积提取比例，但不得低于 10%。企业提取的法定盈余公积累计额达到企业注册资本 50%以上的，可以不再提取。

(2) 提取任意盈余公积。企业提取法定盈余公积后，经股东会或者股东大会决议，还可以从净利润中提取任意盈余公积。

(3) 向投资者分配利润或股利。企业实现的净利润在扣除上述项目后，再加上年初未分配利润和其他转入数金额，形成可供投资者分配的利润。企业可采用现金股利、股票股利和财产股利等形式向投资者分配利润或股利。

(一)提取盈余公积的核算

企业设"盈余公积"账户，用来核算企业从税后利润中提取的盈余公积。该账户属于所有者权益类账户，贷方登记提取的盈余公积(盈余公积的增加额)，借方登记盈余公积的减少额。期末余额在贷方，反映企业结余的盈余公积。该账户设置"法定盈余公积"和"任意盈余公积"明细账，进行明细分类核算。

企业提取法定盈余公积时，借记"利润分配——提取法定盈余公积"，贷记"盈余公积——法定盈余公积"；提取任意盈余公积时，借记"利润分配——提取任意盈余公积"，贷记"盈余公积——任意盈余公积"。

【例 6-32】12 月 31 日，贝壳公司按全年净利润金额的 10%提取法定盈余公积，假定贝壳公司以前年度没有亏损。会计处理如下。

计算法定盈余公积=1 539 000×10%=153 900

借：利润分配——提取法定盈余公积   153 900

    贷：盈余公积——法定盈余公积   153 900

【例 6-33】12 月 31 日，贝壳公司按全年净利润金额的 5%提取任意盈余公积。会计处理如下。

计算任意盈余公积=1 539 000×5%=76 950

借：利润分配——提取任意盈余公积   76 950

    贷：盈余公积——任意盈余公积   76 950

【例 6-34】12 月 31 日，贝壳公司经股东大会批准将法定盈余公积的 5 000 元转增为资本。会计处理如下。

借：盈余公积——法定盈余公积   5 000

    贷：实收资本   5 000

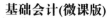
(二)向投资者分配利润的核算

企业的利润，在缴纳所得税、提取盈余公积之后，才能向投资者分配利润。这里的投资者应包括向企业投资的国家、其他单位和个人。企业当年无利润时，不得向投资者分配利润，但股份有限公司在用盈余公积金弥补亏损后，经股东大会特别决议，可按不超过股票面值 6% 的比率以盈余公积金分配股利。分配股利后，企业法定盈余公积金不得低于注册资金的 25%。

企业根据股东会决议批准的利润分配方案，按应支付的现金利润，借记"利润分配——应付利润"账户，贷记"应付利润"账户。

【例 6-35】 12 月 31 日，贝壳公司决定向股东分配利润共计 10 000 元。会计处理如下。

借：利润分配——应付利润　　　　　　　　　　　　　　　　　10 000
　　贷：应付利润　　　　　　　　　　　　　　　　　　　　　　　　10 000

【例 6-36】 贝壳公司 20×4 年年度 1 月 12 日，以银行存款向股东分配利润共计 10 000 元。贝壳公司做了以下会计处理。

借：应付利润　　　　　　　　　　　　　　　　　　　　　　　　10 000
　　贷：银行存款　　　　　　　　　　　　　　　　　　　　　　　　10 000

(三)结转未分配利润的核算

资产负债表日，利润分配明细账户中只保留未分配利润一个明细账，其余的利润分配明细账户按相反方向冲销后，全部清零。

"未分配利润"明细账的贷方余额表示累积未分配的利润。该账户如果出现借方余额，则表示累积未弥补的亏损。

【例 6-37】 贝壳公司 12 月 31 日，结转利润分配明细。会计处理如下。

借：利润分配——未分配利润　　　　　　　　　　　　　　　240 850
　　贷：利润分配——提取法定盈余公积　　　　　　　　　　　153 900
　　　　　　　　——提取任意盈余公积　　　　　　　　　　　 76 950
　　　　　　　　——应付股利　　　　　　　　　　　　　　　 10 000

📚 本章小结

企业的生产经营活动过程是以产品生产为中心的生产准备、产品生产和产品销售过程的统一。可以将工业企业的财务活动分为三大过程，即资金的筹集、资金的使用(采购、生产、日常管理使用)、资金的分配。工业企业是以产品的加工制造和销售为主要生产经营活动的营利性组织，其生产经营过程包括供应、生产和销售三个阶段。随着生产经营活动的进行，企业资金以货币资金—储备资金—生产资金—成品资金—货币资金的形式不断运动。

在供应过程中，企业需要外购原材料，支付货款及相应的税费。在途物资业务和与供应企业之间的结算业务是供应过程的主要业务。在生产过程中，企业为生产社会需要的商品，需要消耗料、工、费等成本，同时为生产所持有的资产也将逐渐耗费。这就需要将这些成本费用进行分类、归集并分配，以确定产品的生产成本。在销售过程中，企业销售产品收回资金，并根据国家规定，还要缴纳一定的税费，同时还会产生由此而来的与其他企业之间的结算业务。企业在销售业务完成后，就需要将一定时期内的收入与费用进行比较，计算出利润，根据财务成果，进行利润分配。

 练习与思考

一、单选题

1. 企业购入需安装的固定资产，其价值应先计入(　　)科目，待安装完毕后再转入"固定资产"科目。

　　A. 材料采购　　　B. 在途物资　　　C. 周转材料　　　D. 在建工程

2. 下列不属于外购材料的采购成本的有(　　)。

　　A. 买价　　　　　B. 运杂费　　　　C. 保险费　　　　D. 采购人员的差旅费

3. 企业购入原材料，买价2 000元，增值税进项税额为260元，发生包装费230元，保险费90元，该批原材料的实际成本为(　　)元。

　　A. 2 580　　　　B. 2 490　　　　C. 2 320　　　　D. 2 230

4. 制造费用是指企业制造部门为生产产品和提供劳务而发生的(　　)。

　　A. 直接费用　　　B. 间接费用　　　C. 期间费用　　　D. 管理费用

5. 下列关于"生产成本"账户的表述中，正确的是(　　)。

　　A. "生产成本"账户期末若有余额，一定在贷方

　　B. "生产成本"账户的余额表示在产品的成本

　　C. "生产成本"账户的余额表示本期发生的生产费用总额

　　D. "生产成本"账户期末无余额

6. 企业销售不需用的材料，通过(　　)科目核算。

　　A. 主营业务收入　B. 其他业务收入　C. 营业外收入　　D. 资产处置收益

7. 企业确认的销售商品、提供劳务等业务的收入计入(　　)科目。

　　A. 主营业务收入　B. 其他业务收入　C. 营业外收入　　D. 其他收益

8. 行政管理部门人员的职工薪酬，借记(　　)科目，贷记"应付职工薪酬"科目。

　　A. 生产成本　　　B. 制造费用　　　C. 管理费用　　　D. 销售费用

二、多选题

1. 企业购入材料6 000元，以银行存款支付3 000元，剩余款项未付，材料已入库。这一经济业务涉及的账户有(　　)。

　　A. 原材料　　　　B. 应收账款　　　C. 应付账款　　　D. 银行存款

2. 核算车间管理人员的工资涉及的科目有(　　)。

　　A. 管理费用　　　B. 制造费用　　　C. 应付职工薪酬　D. 生产成本

3. 应收账款的入账价值包括(　　)。

　　A. 销售商品的价款　　　　　　B. 销售商品的增值税

　　C. 代购买方垫付的包装费　　　D. 代购买方垫付的运杂费

4. 企业销售产品业务中，收到下列(　　)时，应该通过"应收票据"账户进行核算。

　　A. 企业债券　　　　　　　　　B. 银行承兑汇票

C. 商业承兑汇票　　　　　　　　　D. 银行汇票

三、判断题

1. 企业收到投资者投入的资本，按其在注册资本或股本中所占份额，贷记"实收资本"或"股本"，按其差额，贷记"资本公积"。　　　　　　　　　　　　　　（　　）

2. "累计折旧"是资产类账户，所以当折旧增加时应记入"累计折旧"账户的借方。（　　）

3. "应付职工薪酬"账户核算企业按规定支付给职工的各种薪酬，不包括住房公积金和工会经费。　　　　　　　　　　　　　　　　　　　　　　　　　　　　　（　　）

4. 企业销售产品时应缴纳的增值税通过"应交税费"账户核算。　　　　　　（　　）

5. 企业在销售商品过程中发生的广告费，借记"销售费用"科目。　　　　　（　　）

四、思考题

1. 企业主要的经济业务活动包括哪些？

2. 股权筹资和债务筹资有什么不同？

3. 材料采购成本包括哪些内容？如何理解"在途物资"账户在材料采购业务中的作用？

4. 销售过程中形成的收入与已销售成本为什么要分别进行核算？

5. 利润的形成主要通过什么账户来进行核算？如何理解该账户的性质？

五、业务题

请根据 A 工业企业 20×3 年 1 月份发生下列经济业务编制会计分录。

(1) 收到某公司投入的营业用房一栋，价值 5 000 000 元。

(2) 从银行取得两年期的借款 500 000 元，存入银行。

(3) 由于临时需要，从银行取得三个月期的借款 40 000 元，存入银行。

(4) 收到某公司投入的货币资金 200 000 元，存入银行。

(5) 从 B 公司购入材料，价款 250 000 元，增值税税率 13%，运费由对方支付，材料已验收入库，货款尚未支付。

(6) 领用原材料 36 000 元，其中：A 产品耗用 18 000 元，B 产品耗用 12 000 元，车间一般耗用 4 000 元，管理部门耗用 2 000 元。

(7) 计算本月工资共 26 000 元，其中：A 产品生产工人工资 12 000 元，B 产品生产工人工资 8 000 元，车间管理人员工资 2 000 元，企业管理人员工资 4 000 元。

(8) 计提本月的固定资产折旧费 20 000 元，其中：车间固定资产折旧 14 000 元，管理部门固定资产折旧 6 000 元。

(9) 向晨光公司销售 A 产品一批，价款 250 000 元，增值税税率 13%，货款尚未收回。

微课视频

扫一扫，获取本章相关微课视频。

6-1 债务筹资业务核算.mp4　　　6-2 材料采购业务核算.mp4

第七章 会计账簿

本章主要介绍会计账簿的概念、作用、分类，会计账簿的启用与登记，错账的查找与更正方法，对账与结账以及会计账簿的更换与保管等内容。

 学习目标

1. 掌握会计账簿的概念与分类。
2. 掌握会计账簿的启用与登记工作。
3. 掌握错账的更正方法。
4. 掌握对账的方法与内容。
5. 熟悉期末结账工作的内容。
6. 熟悉会计账簿的更换与保管。

【课前思考】

1. 企业为什么要设置并登记会计账簿？
2. 会计账簿有哪些分类？

第一节　会计账簿概述

会计账簿简称为账簿，通常由具有一定格式、相互联系的账页所组成，是用来序时、分门别类地全面记录一个企业、单位经济业务事项的会计簿记。设置和登记会计账簿是重要的会计核算基础工作，是连接会计凭证和会计报表的中间环节，做好这项工作，对于加强经济管理具有十分重要的意义。

一、会计账簿的概念及作用

会计账簿是指由一定格式的账页组成的，以经过审核的会计凭证为依据，全面、系统、连续地记录各项经济业务的工具。从形式上看，会计账簿是若干账页的组合。从实质上看，登记会计账簿是形成会计信息的重要环节，会计账簿是会计资料的主要载体之一，也是会计资料的重要组成部分。

将会计凭证所记录的经济业务记入相关账簿，可以全面地反映会计主体在一定时期内所发生的各项资金运动，储存所需要的各项会计信息。账簿由不同但相互关联的账户所构成，通过账簿记录，一方面可以分门别类地反映各项会计信息，提供一定时期内经济活动的详细情况；另一方面可以通过发生额、余额计算，提供各方面所需要的总括会计信息，反映财务状况及经营成果。此外，通过账簿的设置和登记，还可以进一步检查、校正和整理会计凭证信息。因此，设置和登记账簿对企业的经营管理具有极其重要意义。

【小提示】

账户存在于账簿之中，账簿中的每一账页就是账户的存在形式和载体，若没有账簿，账户就无法存在。账簿序时、分类地记载经济业务，是在个别账户中完成的。因此，账簿只是一个外在形式，账户才是它的真实内容。账簿与账户的关系是形式和内容的关系。

二、设置账簿的原则

我国《会计法》规定，"各单位必须依法设置会计账簿，并保证其真实、完整"。同时，《会计基础工作规范》规定，"各单位应当按照国家统一会计制度的规定和会计业务的需要设置会计账簿。会计账簿包括总账、明细账、日记账和其他辅助性账簿"。一般来说，设置账簿时应遵循的原则如下。

(1) 要以国家统一的会计法规为依据进行账簿的设置，不得违反相关规定私设账簿，即"账外账"。

(2) 遵循成本效益原则，在满足实际需求的前提下，尽量节约人力、物力和财力。根据企业核算与管理的需要设置账簿，企业不涉及的项目不需要设置账簿。

(3) 设置会计账簿需能够全面、系统地核算会计主体的经济活动，为经营管理提供系统、分类的会计信息，为编制会计报表提供数据资料。

【小提示】

"账外账"是指违反我国《会计法》和国家有关规定，在法定会计账册之外设立的账册。一些经济犯罪案例中提到的"小金库"是指违反国家财经法规及其他有关规定，侵占、截留国家和单位收入，未列入本单位财务会计部门账内或未纳入预算管理、私存私放的各项资金。"小金库"只是"账外账"表现形式中的其中一种。

第二节　会计账簿的分类

会计账簿根据其用途、账页格式、外形特征的不同可以有不同的分类。

一、会计账簿按其用途分类

会计账簿按其用途不同分类，可分为序时账簿、分类账簿和备查账簿三种。

1. 序时账簿

序时账簿又称为日记账，是按经济业务发生或完成的先后顺序逐日逐笔进行登记的账簿。序时账簿是会计部门按照收到会计凭证号码的先后顺序进行登记的。在会计工作发展的早期，就要求必须将每天发生的经济业务逐日逐笔登记，以便记录当天业务发生的金额。因而习惯地称序时账簿为日记账。按记录的内容不同，序时日记账又分为普通日记账和特种日记账。

(1) 普通日记账是将企业每天发生的所有经济业务，不论其性质如何，按其先后顺序，编成会计分录记入账簿。普通日记账的主要内容就是会计分录，因此普通日记账也称为分录簿。

(2) 特种日记账是按经济业务性质单独设置的账簿，它只把特定项目按经济业务顺序记入账簿，反映其详细情况，如库存现金日记账和银行存款日记账。账页的一般格式如图 7-1、图 7-2 所示。

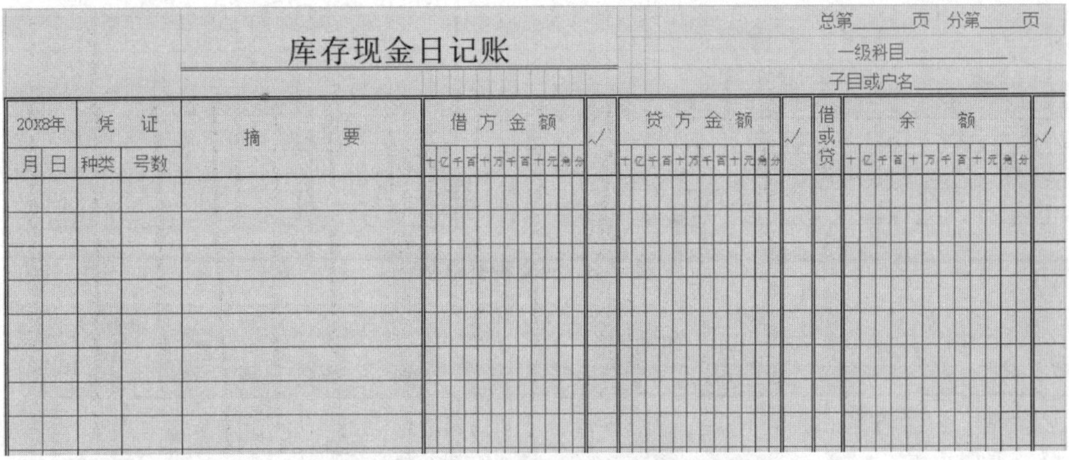

图 7-1　库存现金日记账

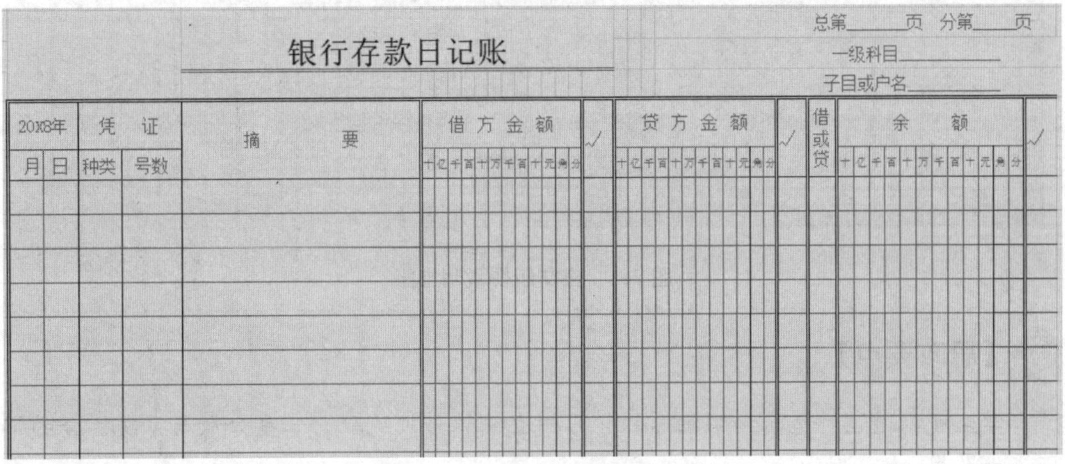

图 7-2　银行存款日记账

2. 分类账簿

分类账簿是对全部经济业务按照分类账户进行分类登记的账簿。分类账簿提供的会计核算信息是编制会计报表的主要依据。账簿按照核算记录项目的详细程度分为总分类账簿和明细分类账簿。

(1) 总分类账簿是根据总分类科目开设账户,用来登记全部经济业务,进行总分类核算,提供总括核算资料的分类账簿,简称总账,如图7-3所示。

(2) 明细分类账簿是根据明细分类科目开设账户,用来登记某一类经济业务,进行明细分类核算,提供明细核算资料的分类账簿,简称明细账,如图7-4所示。

图 7-3　应交税费总账

图 7-4　应交所得税明细账

【思政要点】

学生可以通过对总账和明细账的学习树立统驭与被统驭,零星分散与系统综合的辩证统一思想。

3. 备查账簿

备查账簿简称备查账，是对某些在序时账簿和分类账簿等主要账簿中不进行登记或者登记不够详细的经济业务事项进行补充登记时使用的账簿，属于辅助性账簿。这些账簿可以对某些经济业务的内容提供必需的参考资料。备查账簿没有固定统一的格式，企业可以根据管理的实际需要进行设置与设计。常见的备查账簿有租入固定资产登记簿、应收票据备查簿、应付票据备查簿、出租出借包装物备查簿以及受托加工来料登记簿等。

【小提示】

并非每个企业都要设置备查账簿。此外，备查账簿与序时账簿和分类账簿相比，存在不同：一是登记依据不同，备查账簿的登记可能不需要记账凭证，甚至不需要一般意义上的原始凭证；二是账簿的格式和登记方法不同，备查账簿主要不是记录金额，而是用文字来表述某项经济业务的具体发生情况，或者某些项目的详细信息。

二、会计账簿按其账页格式分类

按账页格式不同分类，会计账簿一般可分为两栏式、三栏式、多栏式和数量金额式等四种。

(1) 两栏式账簿就是只有借方和贷方两个基本金额栏的账簿。这种格式的账页实际工作中很少用。两栏式普通日记账格式如图 7-5 所示。

图 7-5　两栏式普通日记账

(2) 三栏式账簿是设置借方、贷方和余额三个基本栏目的账簿。各种日记账、总分类账以及资本、债权、债务明细账等只需要进行金额核算的项目都可以采用三栏式账簿，如图 7-6 所示。

明细账

总第____页 分第____页
一级科目____________
子目或户名__________

年		凭证		摘要	借方金额	√	贷方金额	√	借或贷	余额	√
月	日	种类	号数		十亿千百十万千百十元角分		十亿千百十万千百十元角分			十亿千百十万千百十元角分	

图 7-6　三栏式明细账

(3) 多栏式账簿是根据实际分类核算以及管理的需要，在设立借方、贷方、余额三栏的基础上，将账簿的借方或贷方按需要分设若干专栏以集中反映有关明细项目核算资料的账簿。“管理费用”“销售费用”“主营业务收入”“生产成本”“制造费用”“应交税费”等明细账一般采用这种格式的账簿。多栏式账簿专栏设置在借方、还是设在贷方，或是两方同时设专栏，设多少栏，需根据需要确定。费用类明细账通常采用借方多栏式账页，为“借方分析”，此栏费用项目的填制一般按发生频繁程度从左至右填列，如图 7-7 所示。收入类明细账一般采用贷方多栏式账页，若有冲减收入的情况，则用红字登记，表示从贷方发生额中冲减，如图 7-8 所示。

明细账

总第　页 分第　页
一级科目__________
子目或户名________

年		凭证		摘要	借方金额	贷方金额	余额	借方分析			
月	日	种类	号数		十亿千百十万千百十元角分	十亿千百十万千百十元角分	十亿千百十万千百十元角分	十亿千百十万千百十元角分	十亿千百十万千百十元角分	十亿千百十万千百十元角分	十亿千百十万千百十元角分

图 7-7　借方多栏式明细账

(4) 数量金额式账簿的借方(收入)、贷方(支出)和余额(结存)三个栏目，分别都设有数量、单价、金额三个小栏目，借以反映财产物资的实物数量和价值，一般适用于既需要进行价值核算又需要进行实物数量核算的各类财产物资明细账户，“原材料”“库存商品”“产成品”“自制半成品”“工程物资”等明细账一般都采用数量金额式账簿，如图 7-9 所示。

明细账

总第　页 分第　页
一级科目________
子目或户名________

年		凭证		摘要	借方金额	贷方金额	余额	贷方分析			
月	日	种类	号数		十亿千百十万千百十元角分	十亿千百十万千百十元角分	十亿千百十万千百十元角分	十亿千百十万千百十元角分	十亿千百十万千百十元角分	十亿千百十万千百十元角分	十亿千百十万千百十元角分

图 7-8　贷方多栏式明细账

明细账

总第____页 分第____页
一级科目________
子目或户名________

计量单位：　品名：　存储地点：

年		凭证		摘要	借方金额			贷方金额			余额		
月	日	种类	号数		数量	单价	十亿千百十万千百十元角分	数量	单价	十亿千百十万千百十元角分	数量	单价	十亿千百十万千百十元角分

图 7-9　数量金额式明细账

三、会计账簿按其外形特征分类

会计账簿按其外形特征的不同分类，可分为订本式账簿、活页式账簿和卡片式账簿三种。

1. 订本式账簿

订本式账簿简称订本账，是在启用前将编有顺序页码的一定数量账页装订成册的账簿。订本账的优点是能避免账页散失和防止抽换账页；缺点是不能准确为各账户预留账页。订本式账簿一般适用于重要的和具有统驭性的总分类账、库存现金日记账和银行存款日记账。

2. 活页式账簿

活页式账簿简称活页账，是将一定数量的账页置于活页夹内，可根据记账内容的变化随时增加或减少部分账页的账簿。活页式账簿的优点是记账时可以根据实际需要，随时将空白账页装入账簿，或抽去不需要的账页，便于分工记账；缺点是如果管理不善，可能会造成账页散失或故意抽换账页。活页式账簿一般适用于明细分类账。

3. 卡片式账簿

卡片式账簿简称卡片账，是将一定数量的卡片式账页存放于专设的卡片箱中，可以根据

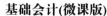

需要随时增添账页的账簿。在我国，企业一般只对固定资产的核算采用卡片账形式，但也有少数企业在材料核算中使用材料卡片。

第三节　会计账簿的内容、启用与登记

一、会计账簿的内容

各种账簿所记录的经济业务内容不同，账簿的格式又多种多样，不同账簿的格式所包括的具体内容也不尽一致，但各种主要账簿都应具备以下基本内容。

(1) 封面。封面主要用于标明账簿名称，如库存现金日记账、库存商品明细账、总分类账等。

(2) 扉页。扉页主要用于标明经管人员一览表，其应填列的内容主要有经管人员、移交人员和移交日期；接管人员和接管日期。

(3) 账页。账页是用来记录具体经济业务的载体，如前所述，账页的格式因记录经济业务的内容及特点的不同而有所不同，但每张账页上都应标明的主要内容包括：①账户的名称以及科目、二级或明细科目；②登记账簿的日期栏；③记账凭证的种类和号数栏；④摘要栏，经济业务内容的简要说明；⑤金额栏，借方、贷方金额、余额以及余额的方向；⑥总页次和分页次等。

二、会计账簿的启用

企业应根据其所处的行业、规模、特点等选择适用于企业实际需要的会计账簿。除订本账不另设封面以外，各种活页账都应设置封面(见图 7-10)和封底。启用会计账簿时，应当在账簿封面上写明单位名称、账簿名称和所属会计年度，并在账簿扉页填写经管人员一览表(又称为账簿启用登记表，简称启用表)和账户目录。

会　计　账　簿

单位名称	
账簿名称	
启用日期	年　　月　　日至　　年　　月　　日
账簿页数	
记账人员	

图 7-10　会计账簿封面

(1) 经管人员一览表。对于活页账、卡片账，经管人员一览表应在装订成册时填列，其内容主要包括账簿名称、启用日期、账簿页数、记账人员和会计机构负责人、会计主管人员姓名，并加盖人名章和单位公章。当记账人员或者会计机构负责人、会计主管人员发生工作调动时，应当注明交接日期、交接人员或者监交人员姓名，并由交接双方签名或者盖章。这样做是为了明确有关人员的责任，加强有关人员的责任感，维护会计账簿记录的严肃性。经管人员一览表的一般格式如表 7-1 所示。

表 7-1　经管人员一览表

单位名称										单位公章
账簿名称										
账簿册数	第　　册，共　　册									
账簿页数	本账簿共计　　页									
启用日期	年　　　　月　　　　日									
经营人员		接管			移交			会计负责人		印花税票粘贴处
姓名	盖章	年	月	日	年	月	日	姓名	盖章	

(2) 账户目录。启用根据总分类账户设置的订本式账簿时，首先应从第一页到最后一页连续编排页码，不得跳页、缺号。然后按照资产、负债、所有者权益、收入、费用的会计科目编号和科目名称填列账户目录，并写明各个账户的起讫页数。目录表的一般格式如表 7-2 所示。

启用活页式明细分类账时，应按照所属会计科目填写科目名称和页码，在年度结账后，撤去空白账页，填写使用页码。

表 7-2　账户目录

页　　次	会计科目	页　　次	会计科目	页　　次	会计科目

(3) 粘贴印花税票。印花税票应粘贴在账簿扉页的专属位置，并且画线注销。在使用缴款书缴纳印花税时，应注明"印花税已缴"及缴款金额。

三、会计账簿登记规则

根据《会计基础工作规范》第五十九条规定，启用、登记会计账簿应遵守以下规则。

(1) 封面及账簿启用和经管人员一览表要认真填写完整。启用会计账簿时应在账簿封面上写明单位名称和账簿名称，并在扉页附上账簿启用表和经管人员一览表(简称启用表)。

(2) 要严格交接手续。记账人员或者会计机构负责人、会计主管人员等会计人员工作调动时，必须办理账簿交接手续，在账簿启用和经管人员一览表中注明交接日期、接管人员和移交人员姓名，并由交接人员双方签名或者盖章，以明确有关人员的责任，增强有关人员的责任感，便于加强监督。

(3) 年末要及时结转旧账。每年年初更换新账时，应将旧账的各账户余额转入新账的余额栏，并在摘要栏中注明"上年结转"字样。

四、会计账簿登记要求

为了保证账簿记录的正确性，必须根据审核无误的会计凭证登记会计账簿，并符合有关法律、行政法规和国家统一的会计制度的规定。账簿登记的主要要求如下。

(1) 准确完整。登记会计账簿时，应当将会计凭证日期、编号、业务内容摘要、金额和其他有关资料逐项登记入账，并做到数字准确、摘要清楚、登记及时、字迹工整。每一项会计业务，既要记入有关的总账，也要记入该总账所属的明细账。

账簿记录中的日期，应该填写记账凭证上的日期；以自制的原始凭证，如材料入库单、产品出库单等，作为记账依据的，账簿记录中的日期应按有关自制凭证上的日期填列。

登记账簿要及时，但对各种账簿的登记间隔的长短，一般根据本单位所采用的具体会计核算形式而定。

(2) 注明记账符号。登记完毕后，要在记账凭证上签名或者盖章，并注明已经登记入账的符号(如"√")，表示已经登记入账。

(3) 文字和数字必须整洁清晰，准确无误。在登记书写时，不要滥造简化字，不得使用同音异义字，不得写怪字体；摘要文字紧靠左线；数字要写在金额栏内，不得越格错位、参差不齐；文字、数字字体大小适中，紧靠下线书写，上面要留有适当空距，一般应占格宽的1/2，以备按规定的方法改错。记录金额时，若是没有角分的整数，应分别在角分栏内写上"0"，不得省略不写，或以"—"号代替。阿拉伯数字一般可自左向右适当倾斜，以使账簿记录整齐、清晰。为防止字迹模糊，墨迹未干时不要翻动账页；夏天记账时，可在手臂下垫一块软质布或纸板等书写，以防汗浸。

(4) 正常记账使用蓝黑墨水。登记账簿要用蓝黑墨水或者碳素墨水书写，不得使用圆珠笔(银行的复写账簿除外)或者铅笔书写。在会计的记账书写中，数字的颜色是重要的要素之一，它同数字和文字一起传达出会计信息。如同数字和文字错误会表达错误的信息，书写墨水的颜色用错了，其导致的概念混乱也不亚于数字和文字错误。

(5) 特殊记账使用红墨水。下列情况，可以用红色墨水记账：①按照红字冲账的记账凭证，冲销错误记录；②在不设借贷等栏的多栏式账页中，登记减少数；③在三栏式账户的余额栏前，如未印明余额方向的，在余额栏内登记负数余额；④根据国家统一会计制度的规定可以用红字登记的其他会计记录。

(6) 各种账簿需要按页次顺序连续登记，严禁跳行或隔页。如果发生跳行、隔页，绝不能随便更换账页和撤出账页，作废的账页也要留在账簿中，应当将空行、空页画线注销，或者注明"此行空白""此页空白"等字样，并由记账人员签名并盖章。

(7) 结出余额。凡需要结出余额的账户，结出余额后，应当在"借或贷"等栏内写明"借"或者"贷"等字样。没有余额的账户，应当在"借或贷"等栏内写"平"字，并在余额栏内用"θ"表示。库存现金日记账和银行存款日记账必须逐日结出余额。一般说来，对于没有余额的账户，在余额栏内标注的"θ"应当放在"元"位。

(8) 过次承前。每一账页登记完毕结转下页时，应当结出本页合计数及余额，写在本页最后一行和下页第一行有关栏内，并在摘要栏内注明"过次页"和"承前页"字样；也可以将本页合计数及金额只写在下页第一行有关栏内，并在摘要栏内注明"承前页"字样。

对需要结计本月发生额的账户，结计"过次页"的本页合计数应当为自本月初起至本页末止的发生额合计数；对需要结计本年累计发生额的账户，结计"过次页"的本页合计数应当为自年初起至本页末止的累计数；对既不需要结计本月发生额也不需要结计本年累计发生额的账户，可以仅将每页末的余额结转次页。

(9) 登记发生错误时，必须按规定方法更正，严禁刮、擦、挖、补，或使用化学药物清除字迹。发现差错必须根据差错的具体情况采用画线更正、红字更正、补充登记等方法更正。

五、会计账簿的登记方法

1. 总账的登记方法

总账是按照会计科目的编码顺序分设账户，总括性地核算会计信息的账簿，只是登记金额的增减变动及余额。因此，总账最常采用的格式为三栏式，设置借方、贷方和余额三个基本金额栏目。

因为总账既可以全面地概括反映企业经济业务活动的情况，为编制财务报表提供数据资料，又可以与其所属明细账进行核对起到检查监督作用，所以任何单位都要设置总账。为了避免账页散乱丢失或被随意抽换，总账采用订本式账簿。

企业登记总账的依据和步骤取决于所选用的账务处理程序，可以直接根据记账凭证逐笔登记总账，也可以定期将各类记账凭证进行分类汇总编制汇总记账凭证，进而根据汇总记账凭证登记总账，或者定期将所有记账凭证进行汇总编制科目汇总表，以科目汇总表为依据登记总账。本部分举例说明直接根据记账凭证逐笔登记总账的登记方法。

【例7-1】贝壳公司20×3年10月31日部分账户余额如表7-3所示。

表7-3　贝壳公司10月31日部分总账账户余额表

账户名称	借方余额	账户名称	贷方余额
库存现金	100	短期借款	230 000
银行存款	250 000	应付账款	126 000
库存商品	120 000	应交税费	1 600
应收账款	87 500	实收资本	700 000
固定资产	600 000		

其中，应收账款——B公司1 000元，应收账款——C公司86 500元；应付账款——A公司100 000元，应付账款——D公司26 000元；应交税费——应交增值税1 000元；实收

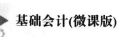

资本——E公司100 000元。

11月1日至8日发生以下业务，该企业选用通用单一格式记账凭证，并且直接根据记账凭证逐笔登记总账。

(1) 11月1日，从银行提取现金1 000元备用。会计分录如下。

| 借：库存现金 | 1 000 |
| 贷：银行存款 | 1 000 |

(2) 11月2日，用银行存款购买M材料100千克，单价10元，价款1 000元，增值税130元，材料已验收入库。会计分录如下。

借：原材料——M材料	1 000
应交税费——应交增值税(进项税额)	130
贷：银行存款	1 130

(3) 11月3日，从A公司购入N材料100千克，单价50元，价款5 000元，增值税650元，材料已验收入库，货款尚未支付。会计分录如下。

借：原材料——N材料	5 000
应交税费——应交增值税(进项税额)	650
贷：应付账款——A公司	5 650

(4) 11月4日，收回B公司前期欠付的购货款1 000元存入银行。会计分录如下。

| 借：银行存款 | 1 000 |
| 贷：应收账款——B公司 | 1 000 |

(5) 11月5日，采购员任静向企业预借差旅费1 000元，企业以现金支付。会计分录如下。

| 借：其他应收款——任静 | 1 000 |
| 贷：库存现金 | 1 000 |

(6) 11月6日，从银行取得6个月期的借款5 000元，存入银行以备使用。会计分录如下。

| 借：银行存款 | 5 000 |
| 贷：短期借款 | 5 000 |

(7) 11月7日，以银行存款5 650元偿还前欠A公司购料款。会计分录如下。

| 借：应付账款——A公司 | 5 650 |
| 贷：银行存款 | 5 650 |

(8) 11月8日，收到E公司投入的货币资金5 000元，存入银行。会计分录如下。

| 借：银行存款 | 5 000 |
| 贷：实收资本——E公司 | 5 000 |

首先，根据反映经济业务发生和完成情况的原始凭证填制记账凭证，分别如表7-4至表7-20所示。

随后，根据记账凭证记载的信息直接登记相关总账，依次登记日期、凭证种类和号数、摘要、借方或者贷方发生额，并据此确定余额方向和金额，填入相应栏目内，分别如表7-12至表7-30所示。

资本——E 公司 100 000 元。

11 月 1 日至 8 日发生以下业务，该企业选用通用单一格式记账凭证，并且直接根据记账凭证逐笔登记总账。

(1) 11 月 1 日，从银行提取现金 1 000 元备用。会计分录如下。

借：库存现金　　　　　　　　　　　　　　　　　1 000

　　贷：银行存款　　　　　　　　　　　　　　　　　　1 000

(2) 11 月 2 日，用银行存款购买 M 材料 100 千克，单价 10 元，价款 1 000 元，增值税 130 元，材料已验收入库。会计分录如下。

借：原材料——M材料　　　　　　　　　　　　　　1 000

　　应交税费——应交增值税(进项税额)　　　　　　　130

　　贷：银行存款　　　　　　　　　　　　　　　　　　1 130

(3) 11 月 3 日，从 A 公司购入 N 材料 100 千克，单价 50 元，价款 5 000 元，增值税 650 元，材料已验收入库，货款尚未支付。会计分录如下。

借：原材料——N材料　　　　　　　　　　　　　　5 000

　　应交税费——应交增值税(进项税额)　　　　　　　650

　　贷：应付账款——A公司　　　　　　　　　　　　　5 650

(4) 11 月 4 日，收回 B 公司前期欠付的购货款 1 000 元存入银行。会计分录如下。

借：银行存款　　　　　　　　　　　　　　　　　1 000

　　贷：应收账款——B公司　　　　　　　　　　　　　1 000

(5) 11 月 5 日，采购员任静向企业预借差旅费 1 000 元，企业以现金支付。会计分录如下。

借：其他应收款——任静　　　　　　　　　　　　1 000

　　贷：库存现金　　　　　　　　　　　　　　　　　　1 000

(6) 11 月 6 日，从银行取得 6 个月期的借款 5 000 元，存入银行以备使用。会计分录如下。

借：银行存款　　　　　　　　　　　　　　　　　5 000

　　贷：短期借款　　　　　　　　　　　　　　　　　　5 000

(7) 11 月 7 日，以银行存款 5 650 元偿还前欠 A 公司购料款。会计分录如下。

借：应付账款——A公司　　　　　　　　　　　　5 650

　　贷：银行存款　　　　　　　　　　　　　　　　　　5 650

(8) 11 月 8 日，收到 E 公司投入的货币资金 5 000 元，存入银行。会计分录如下。

借：银行存款　　　　　　　　　　　　　　　　　5 000

　　贷：实收资本——E公司　　　　　　　　　　　　　5 000

首先，根据反映经济业务发生和完成情况的原始凭证填制记账凭证，分别如表 7-4 至表 7-20 所示。

随后，根据记账凭证记载的信息直接登记相关总账，依次登记日期、凭证种类和号数、摘要、借方或者贷方发生额，并据此确定余额方向和金额，填入相应栏目内，分别如表 7-12 至表 7-30 所示。

表7-7 记账凭证

20×3 年 11 月 04 日 　　　　　　　　记字第 04 号

摘要	总账科目	明细科目	记账	借方金额							贷方金额						
				万	千	百	十	元	角	分	万	千	百	十	元	角	分
收回货款	银行存款			1	0	0	0	0	0								
	应收账款	B 公司									1	0	0	0	0	0	
合计金额				¥	1	0	0	0	0	0	¥	1	0	0	0	0	0

会计主管　　　　　记账　　　　　　复核　　　　　出纳　　　　　制单

附单据　张

表7-8 记账凭证

20×3 年 11 月 05 日 　　　　　　　　记字第 05 号

摘要	总账科目	明细科目	记账	借方金额							贷方金额						
				万	千	百	十	元	角	分	万	千	百	十	元	角	分
预借差旅费	其他应收款	任静		1	0	0	0	0	0								
	库存现金										1	0	0	0	0	0	
合计金额				¥	1	0	0	0	0	0	¥	1	0	0	0	0	0

会计主管　　　　　记账　　　　　　复核　　　　　出纳　　　　　制单

附单据　张

表7-9 记账凭证

20×3 年 11 月 06 日 　　　　　　　　记字第 06 号

摘要	总账科目	明细科目	记账	借方金额							贷方金额						
				万	千	百	十	元	角	分	万	千	百	十	元	角	分
从银行借款	银行存款			5	0	0	0	0	0								
	短期借款										5	0	0	0	0	0	
合计金额				¥	5	0	0	0	0	0	¥	5	0	0	0	0	0

会计主管　　　　　记账　　　　　　复核　　　　　出纳　　　　　制单

附单据　张

表 7-10 记账凭证

20×3 年 11 月 07 日   记字第 07 号

摘要	总账科目	明细科目	记账	借方金额							贷方金额							
				万	千	百	十	元	角	分	万	千	百	十	元	角	分
偿还欠款	应付账款	A 公司			5	6	5	0	0	0							
	银行存款											5	6	5	0	0	0
合计金额				¥	5	6	5	0	0	0	¥	5	6	5	0	0	0

附单据　张

会计主管　　　　记账　　　　　复核　　　　出纳　　　　制单

表 7-11 记账凭证

20×3 年 11 月 08 日   记字第 08 号

摘要	总账科目	明细科目	记账	借方金额							贷方金额							
				万	千	百	十	元	角	分	万	千	百	十	元	角	分
收到投资	银行存款				5	0	0	0	0	0							
	实收资本	E 公司										5	0	0	0	0	0
合计金额				¥	5	0	0	0	0	0	¥	5	0	0	0	0	0

附单据　张

会计主管　　　　记账　　　　　复核　　　　出纳　　　　制单

表 7-12 库存现金总账

会计科目：库存现金

20×3 年		凭证		摘要	借方	贷方	借或贷	余额
月	日	种类	号码					
11	01			期初余额			借	100.00
11	01	记	01	提取现金备用	1 000.00		借	1 100.00
11	05	记	05	预借差旅费		1 000.00	借	100.00

表 7-13　银行存款总账

会计科目：银行存款

20×3 年		凭证		摘要	借方	贷方	借或贷	余额
月	日	种类	号码					
11	01			期初余额			借	250 000.00
11	01	记	01	提取现金		1 000.00	借	249 000.00
11	02	记	02	购买原材料		1 130.00	借	247 870.00
11	04	记	04	收回欠款	1 000.00		借	248 870.00
11	06	记	06	从银行借款	5 000.00		借	253 870.00
11	07	记	07	偿还欠款		5 650.00	借	248 220.00
11	08	记	08	收到投资	5 000.00		借	253 220.00

表 7-14　应收账款总账

会计科目：应收账款

20×3 年		凭证		摘要	借方	贷方	借或贷	余额
月	日	种类	号码					
11	01			期初余额			借	87 500.00
11	04	记	04	收回欠款		1 000.00	借	86 500.00

表 7-15　其他应收款总账

会计科目：其他应收款

20×3 年		凭证		摘要	借方	贷方	借或贷	余额
月	日	种类	号码					
11	01			期初余额			平	0.00
11	05	记	05	预借差旅费	1 000.00		借	1 000.00

表 7-16　原材料总账

会计科目：原材料

20×3 年		凭证		摘要	借方	贷方	借或贷	余额
月	日	种类	号码					
11	01			期初余额			平	0.00
11	02	记	02	购买原材料	1 000.00		借	1 000.00
11	03	记	03	购买原材料	5 000.00		借	6 000.00

表 7-17　短期借款总账

会计科目：短期借款

20×3 年		凭证		摘要	借方	贷方	借或贷	余额
月	日	种类	号码					
11	01			期初余额			贷	230 000.00
11	06	记	06	从银行借款		5 000.00	贷	235 000.00

表 7-18　应付账款总账

会计科目：应付账款

20×3 年		凭证		摘要	借方	贷方	借或贷	余额
月	日	种类	号码					
11	01			期初余额			贷	126 000.00
11	03	记	03	购买原材料		5 650.00	贷	131 650.00
11	07	记	07	偿还欠款	5 650.00		贷	126 000.00

表 7-19　应交税费总账

会计科目：应交税费

20×3 年		凭证		摘要	借方	贷方	借或贷	余额
月	日	种类	号码					
11	01			期初余额			贷	1 600.00
11	02	记	02	购买原材料	130.00		贷	1 470.00
11	03	记	03	购买原材料	650.00		贷	820.00

表 7-20　实收资本总账

会计科目：实收资本

20×3 年		凭证		摘要	借方	贷方	借或贷	余额
月	日	种类	号码					
11	01			期初余额			贷	700 000.00
11	08	记	08	收到投资		5 000.00	贷	70 5000.00

2. 日记账的登记方法

(1) 普通日记账的登记方法。普通日记账一般只设借方和贷方两个金额栏，以便分别记入各项经济业务所确定的账户名称及借方和贷方的金额，也称为两栏式日记账，或叫分录簿。

(2) 特种日记账的登记方法。特种日记账一般是指库存现金日记账和银行存款日记账。

① 库存现金日记账的登记方法。库存现金日记账是用来核算和监督库存现金日常收、付和结存情况的序时账簿。库存现金日记账的格式主要有三栏式和多栏式两种，库存现金日记账必须使用订本账。三栏式库存现金日记账由出纳人员根据与现金收付有关的记账凭证，按时间顺序逐日逐笔进行登记，并根据"上日余额+本日收入-本日支出=本日余额"的公式，逐日结出现金余额，与库存现金实存数核对，以检查每日现金收付是否有误。借、贷方分设的多栏式库存现金日记账的登记方法是：先根据有关现金收入业务的记账凭证登记现金收入日记账，根据有关现金支出业务的记账凭证登记现金支出日记账，每日营业终了，根据现金支出日记账结计的支出合计数，一笔转入现金收入日记账的"支出合计"栏中，并结出当日余额。

  ② 银行存款日记账的登记方法。银行存款日记账是用来核算和监督银行存款每日的收入、支出和结余情况的账簿。银行存款日记账应按企业在银行开立的账户和币种分别设置，每个银行账户设置一本日记账。

  银行存款日记账的格式和登记方法与库存现金日记账相同。

  这里沿用例 7-1 的资料，以特种日记账的登记方法为例，根据记账凭证登记三栏式库存现金日记账和银行存款日记账，分别如表 7-21、表 7-22 所示。

表 7-21   库存现金日记账

会计科目：库存现金

20×3 年		凭证		摘要	借方	贷方	借或贷	余额
月	日	种类	号码					
11	01			期初余额			借	100.00
11	01	记	01	提取现金备用	1 000.00		借	1 100.00
11	05	记	05	预借差旅费		1 000.00	借	100.00

表 7-22   银行存款日记账

会计科目：银行存款

20×3 年		凭证		摘要	借方	贷方	借或贷	余额
月	日	种类	号码					
11	01			期初余额			借	250 000.00
11	01	记	01	提取现金备用		1 000.00	借	249 000.00
11	02	记	02	购买原材料		1 130.00	借	247 870.00
11	04	记	04	收回欠款	1 000.00		借	248 870.00
11	06	记	06	从银行借款	5 000.00		借	253 870.00
11	07	记	07	偿还欠款		5 650.00	借	248 220.00
11	08	记	08	收到投资	5 000.00		借	253 220.00

【小提示】

在企业选用记账凭证账务处理程序时，登记库存现金日记账和银行存款日记账的过程与登记库存现金总账和银行存款总账的依据与方法相同。

3. 明细账的登记方法

明细分类账是根据企业进行经济管理的实际需要，对经济业务的详细内容进行核算，按照明细分类账户进行分类登记的账簿，是对总分类账进行的补充说明。根据明细账核算项目的不同性质特点，明细账采用的账页格式也有所不同。只需要核算金额，不需要核算数量的债权债务类账户，采用借贷余三栏式的账页，如"应收账款""其他应收款""应付账款"等。既需要核算金额，又需要核算实物数量的财产物资类账户，采用数量金额式的账页，如"原材料""库存商品""周转材料"等。不需要核算数量，只需要核算金额，同时又要为管理提供构成内容详细信息的成本、收入、费用等类别的账户，则采用多栏式的账页，如"主营业务收入""管理费用""生产成本"以及"应交税费"所属的应交增值税的明细科目等。登记明细账的依据有记账凭证、原始凭证和汇总原始凭证。固定资产、债权债务类明细账需要逐日登记，库存商品、原材料、产成品、收入、费用类明细账可逐日登记也可定期汇总登记。

这里沿用例 7-1 的资料，随着相关业务的发生，需要登记的明细账有"应收账款——B 公司""其他应收款——任静""原材料——M""原材料——N""应付账款——A 公司"，以及"实收资本——E 公司"，分别如表 7-23 至表 7-28 所示。

表 7-23　应收账款明细账

一级科目：应收账款
明细科目：B 公司

20×3 年		凭证		摘要	借方	贷方	借或贷	余额
月	日	种类	号码					
11	01			期初余额			借	1 000.00
11	04	记	04	收回欠款		1 000.00	平	0.00

表 7-24　其他应收款明细账

会计科目：其他应收款
明细科目：任静

20×3 年		凭证		摘要	借方	贷方	借或贷	余额
月	日	种类	号码					
11	01			期初余额			平	0.00
11	05	记	05	预借差旅费	1 000.00		借	1 000.00

表 7-25　原材料明细分类账

品名：M　规格：*　计量单位：千克　最高存量：10 000　最低存量：　　存放地点：仓库一

20×3年		凭证		摘要	入库			出库			结存(余额)		
月	日	种类	号码		数量	单价	金额	数量	单价	金额	数量	单价	金额
11	01			期初余额							0	0.00	0.00
11	02	记	02	购买原材料	100	10.00	1 000.00				100	10.00	1 000.00

表 7-26　原材料明细分类账

品名：N　规格：*　计量单位：千克　最高存量：10 000　最低存量：　　存放地点：仓库一

20×3年		凭证		摘要	入库			出库			结存(余额)		
月	日	种类	号码		数量	单价	金额	数量	单价	金额	数量	单价	金额
11	01			期初余额							0	0.00	0.00
11	03	记	03	购买原材料	100	50.00	5 000.00				100	50.00	5 000.00

表 7-27　应付账款明细账

会计科目：应付账款

明细科目：A 公司

20×3年		凭证		摘要	借方	贷方	借或贷	余额
月	日	种类	号码					
11	01			期初余额			贷	100 000.00
11	03	记	03	购买原材料		5 650.00	贷	105 650.00
11	07	记	07	偿还欠款	5 650.00		贷	100 000.00

表 7-28　实收资本明细账

会计科目：实收资本

明细科目：E 公司

20×3年		凭证		摘要	借方	贷方	借或贷	余额
月	日	种类	号码					
11	01			期初余额			贷	100 000.00
11	08	记	08	收到投资		5 000.00	贷	105 000.00

4. 总账与明细账的平行登记

总账是按照总分类科目设置，用来提供总括的核算资料，因而对明细账具有统驭控制作用。明细账用来对经济业务的详细内容进行核算，对总账具有补充说明作用。这就决定了总账与所属的明细账登记时在总金额上应该相等。总账与其所属明细账所反映的会计事项是相同的，因此在总账和明细账之间登记时就要遵循平行登记的原则。平行登记是指经济业务发生之后，要以原始凭证和记账凭证为依据，在同一会计期间，一方面登记反映会计事项总括情况的总账；另一方面登记对总账记录内容有补充说明作用的各个明细账。

总账账户与明细账账户的平行登记要求做到以下四个方面。

(1) 依据相同。经济业务发生之后，登记总账及其所属的明细账时，所依据的会计凭证尤其是原始凭证相同。

 【小提示】

由于企业选择的账务处理程序不同，登记总分类账的直接依据会有差别：记账凭证、汇总记账凭证或科目汇总表，但是登记账簿的原始凭证是相同的。

(2) 方向相同(借贷方向)。经济业务发生之后，登记总账及所属的明细账时，记账的借贷方向应当一致。企业采用记账凭证账务处理程序时，登记总账的借方则在登记其所属的明细账时，也应登记其借方，反之亦然。

(3) 期间相同。经济业务发生之后，既要登记有关的总账，又要在同一会计期间登记其所属的明细账，即总账和明细账的登记应登记在同一个会计期间的账簿上。

 【小提示】

尽管企业选择的账务处理程序不同，登记总账的具体日期可能会有差别，但是总账和明细账的登记应该在同一个会计期间。

(4) 金额相同。在同一会计期间，登记记入总账的金额应该与记入其所属明细账的金额合计数相等。两者在金额上存在以下关系。

总账账户本期借方发生额=所属的各个明细账账户的本期借方发生额合计

总账账户本期贷方发生额=所属的各个明细账账户的本期贷方发生额合计

总分类账账户期末余额=所属的各个明细账账户的期末余额合计

这里沿用例 7-1 部分业务说明"原材料"及其所属明细账的平行登记过程。"原材料"总账及其所属明细账"原材料——M""原材料——N"分别如表 7-29 至表 7-31 所示。

根据表 7-30 与表 7-31 计算出原材料明细账本期的发生额及余额合计，如表 7-32 所示。

将原材料明细账的发生额合计、余额合计与总账发生额和余额进行核对，金额相等，方向相同，表明记账基本正确。

表 7-29　原材料总账

会计科目：原材料

20×3 年		凭证		摘要	借方	贷方	借或贷	余额
月	日	种类	号码					
11	01			期初余额			平	0.00
11	02	记	02	购买原材料	1 000.00		借	1 000.00
11	03	记	03	购买原材料	5 000.00		借	6 000.00

表 7-30　原材料明细分类账

品名：M　　规格：*　　计量单位：千克　　最高存量：10 000　　最低存量：　　　　存放地点：仓库一

20×3 年		凭证		摘要	入库			出库			结存(余额)		
月	日	种类	号码		数量	单价	金额	数量	单价	金额	数量	单价	金额
11	01			期初余额							0	0.00	0.00
11	02	记	02	购买原材料	100	10.00	1 000.00				100	10.00	1 000.00

表 7-31　原材料明细分类账

品名：N　　规格：*　　计量单位：千克　　最高存量：10 000　　最低存量：　　　　存放地点：仓库一

20×3 年		凭证		摘要	入库			出库			结存(余额)		
月	日	种类	号码		数量	单价	金额	数量	单价	金额	数量	单价	金额
11	01			期初余额							0	0.00	0.00
11	03	记	03	购买原材料	100	50.00	5 000.00				100	50.00	5 000.00

表 7-32　原材料明细账本期的发生额及余额表

明细账名称	期初余额		本期发生额		期末余额	
	借方	贷方	借方	贷方	借方	贷方
M	0.00		1 000.00		1 000.00	
N	0.00		5 000.00		5 000.00	
合计	0.00		6 000.00		6 000.00	

第四节　错账的查找与更正

一、错账的查找方法

在会计账务处理过程中，可能会发生各种各样的差错。如果通过试算平衡或者对账等方法发现存在账账、账证或账实不符的情况，则表明账簿记录存在错误。这种情况下，需要确定发生错误的金额、错误的方向，根据产生差错的具体情况，分析差错产生的原因，进而采取有针对性的查找方法，确定产生错误的具体事项。通常产生差错的原因可能是重复登记、漏记、数字颠倒、数字错位、数字记错、科目记错以及借贷方向记反等。根据不同类型的差错原因，可以采用不同的方法进行错账的查找。这样可以提高查错的效率。

1. 差数法

差数法是按照错账的差数查找错账的方法，主要适用于重复登记(或漏记)借方或贷方某一方的金额而导致的错误。进行试算平衡时，若借方漏记，则贷方合计数会大于借方合计数；若贷方漏记，则借方合计数会大于贷方合计数；当借方重记，则借方合计数会大于贷方合计数；当贷方重记，则贷方合计数会大于借方合计数。因此，当试算平衡中出现借贷方合计数不一致的情况时，可以首先根据差额数回忆是否有对应金额的业务，并检查是否有重记、漏记的情况。比如，通过试算平衡发现借方合计数比贷方合计数少 10 000 元，则可以回忆是否有 10 000 元金额的业务，进而检查是否存在借方漏记或者贷方重记的情况。

2. 尾数法

尾数法是指对于发生的角、分有差错的情况，可以只查找小数部分，以提高查错的效率。如只差 0.02 元，只需查找一下是否存在金额尾数为"0.02"的业务，看是否已将其登记入账或登记有误。

3. 除 2 法

当通过试算平衡对账发现账账、账证或账实不符，且差数为偶数时，应首先检查记账方向是否发生错误。在记账时，难免由于会计人员疏忽，会将金额方向记反，如将借方金额误计入贷方或将贷方金额误计入借方。这必然会出现一方合计数增多，而另一方合计数减少的情况，其差额恰是记错方向金额的两倍，差数即为偶数。对于这种错误的检查，可用差错数除以 2，得出的商数就是将方向记反的金额，然后再去查找对应差错数字的账目。这样就可以使差错的查找更有针对性，减少工作量，如以下业务。

借：其他应收款——张某   1 000
　　贷：库存现金   1 000

假设会计人员在登记明细账时，错把其他应收款的发生额登记入贷方，那将总账与明细账进行核对时，就会出现总账借方余额比所属各明细账借方余额合计数多 2 000 元。此时，将 2 000 元除以 2，商数正好是误计入贷方的 1 000 元。然后，查找金额为 1 000 元的业务，就能很容易发现差错产生原因。

4. 除 9 法

除 9 法是指用对账差额除以 9 来查找差错的方法，主要适用于下列两种错误的查找。

(1) 数字错位，把数写大(数字金额多写一个"0")或者写小(数字金额少写一个"0")。在查找错误时，如果差错的数额较大，就应该检查一下是否在记账时发生了数字错位。在登记账目时，会计人员可能会把小数看大了，把十位数看成百位数，如把 10 看作 100，把百位数看成了千位数，如把 100 看成 1 000；也有可能会把大数看小了，把百位数看成十位数，千位数看成百位数。这些情况下，差错数额一般比较大，并且为 9 的倍数，可以用除 9 法进行检查。如将 100 元看成了 1 000 元并登记入账，此时在对账时就会出现余额差 1 000-100=9 00(元)，用 900 元除以 9，商为 100 元。这里的 100 元就是应该记录的正确的数额。100 乘以 10 之后得到的 1 000 即为实际登记了的错误的金额数字。又如收入现金 100 元，误记为 10 元，对账结果会出现差值 100-10=90(元)，用 90 元除以 9，商为 10 元，商数即为实际登记了的错误的金额数字。商数 10 乘以 10 得到的 100 即为应该记录的正确数额。

(2) 相邻数字颠倒错误的查找。在记账时，会计人员有时将金额中相邻的两个数字登记颠倒了，此时数字颠倒产生的差额为 9 的倍数，将差额除以 9，得到的商数即为颠倒的两个数字的差额，然后将得出的商连续加 11，直到找出颠倒的数字为止。如将 95 记成 59，其差值为 36，36 除以 9 得 4，表明记颠倒的两个数字之差为 4，将得出的商连续加 11，和依次为 15、26、37、49、62、73、84……直到找出颠倒的数字 95 为止。

5. 其他方法

如果用上述方法检查均未发现错误，而对账结果又确实不符，还可以采用顺查、逆查、抽查等方法检查是否有漏记和重记等现象。

顺查法又称正查法，是指按会计核算程序，从检查会计凭证开始，按顺序核对记账凭证、账簿、报表的一种检查方法。顺查法的优点是可以比较系统地了解核算的全过程，漏查的可能性较小。

逆查法又称"倒查法""溯源法"，与顺查法的顺序正好相反，即从出现差错的总账科目入手，逆向地审查总账、明细账、记账凭证和原始凭证。

抽查法又称选查法，是对被查企业的会计凭证和账簿，有针对性地选择出现差错的相关凭证、账簿进行检查的一种方法。

二、错账的更正方法

通过上述几种方法，查找出记账等处理中的错误后，需要采用正确的方法予以更正。

《会计基础工作规范》第六十一条规定：账簿记录发生错误，不准涂改、挖补、刮擦或者用药水消除字迹，不准重新抄写，必须按照规定的方法进行更正。更正错账的方法有：划线更正法、红字更正法、补充登记法等三种。

1. 划线更正法

划线更正法适用于记账凭证本身填制正确，在记账或结账过程中发现账簿记录中文字或数字有错误的情况。具体更正方法是：先在错误的文字或数字上画一条红线，表示注销，画线时必须使原有字迹仍可辨认；然后将正确的文字或数字用蓝字写在画线处的上方，并由记账人员在更正处盖章，以明确责任。对于文字的错误，可以只画去错误的部分，并更正错误的部分，对于错误的数字，应当全部画红线更正，不能只更正其中的个别错误数字。例如，把"1 234"元误记为"5 234"元时，不能只对一个"5"字画红线，而应将错误数字"5 234"全部画红线注销后，再在其上边写上正确的数字"1 234"，并由记账人员在更正处盖章。

2. 红字更正法

红字更正法适用于更正两种情形的错误。

(1) 在记账以后，如果发现记账凭证中应借、应贷科目选用错误或者科目写反时，可以用红字更正法进行更正。具体做法是：先用红字金额，填写一张与错误记账凭证内容完全相同的记账凭证，且在摘要栏注明"冲销某月某日第×号凭证"，并据以用红字金额登记入账，以冲销账簿中原有的错误记录，然后再用蓝字重新填制一张正确的记账凭证，且在摘要栏注明"更正某月某日第×号凭证"，登记入账。这样，原来的错误记录便得以更正。

【例7-2】管理部门领用甲材料1 000元用于一般消耗。

填制记账凭证时，误将借方科目写成"生产成本"，并已登记入账。原错误记账凭证如下。

借：生产成本   1 000

  贷：原材料   1 000

发现错误后，用红字填制一张与原错误记账凭证内容完全相同的记账凭证，并据以用红字金额登记对应账簿。

借：生产成本   1 000

  贷：原材料   1 000

用蓝字填制一张正确的记账凭证，并据以用黑字金额登记对应账簿。

借：管理费用   1 000

  贷：原材料   1 000

(2) 记账后，发现记账凭证和账簿记录中应借、应贷科目选用没有错误，只是所记金额大于应记金额。对于这种账簿记录的错误，更正的方法是：将多记的金额用红字填制一张与原错误记账凭证会计科目相同的记账凭证，并在摘要栏注明"冲减某月某日第×号凭证"，并据以登记入账，以冲销多记的金额，使错账得以更正。

【例7-3】管理部门领用甲材料1 000元用于一般消耗。假设在编制记账凭证时应借、应贷科目没有错误，只是将金额由1 000元写成了10 000元，并且已登记入账。

该笔业务需用红字更正法编制一张记账凭证，将多记的金额9 000元用红字冲销。编制的记账凭证如下。

借：管理费用   9 000

  贷：原材料   9 000

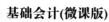

然后根据红字金额的凭证分别登记管理费用、原材料账簿,冲减多记金额。

3. 补充登记法

补充登记法又称为蓝字更正法。在记账之后,如果发现记账凭证中应借、应贷的科目没有错误,但所记金额小于应记金额,造成账簿中所记金额也小于应记金额,这种错账应采用补充登记法进行更正。更正的方法是:将少记金额用蓝笔填制一张与原错误记账凭证会计科目方向均相同的记账凭证,并在摘要栏内注明"补记某月某日第×号凭证"并予以登记入账,补足原少记金额,使错账得以更正。

【例7-4】管理部门领用甲材料 1 000 元用于一般消耗。假设在编制记账凭证时应借、应贷账户没有错误,只是金额由 1 000 元写成了 100 元,并且已登记入账。

该笔业务只需用补充登记法编制一张记账凭证将少记的金额 900 元补足便可,其记账凭证如下。

借:管理费用   900
  贷:原材料   900

错账更正的三种方法中,红字更正法和补充登记法都是用来更正因记账凭证错误而产生的记账错误。如果不是因记账凭证的差错而产生的记账错误,则用划线更正法更正。

以上三种方法适用于当年内发现填写记账凭证或者登账错误而采用的更正方法。如果发现以前年度记账凭证中有错误(会计科目、金额有误等)并导致账簿登记出现差错,应当用蓝字或黑字填制一张更正的记账凭证。因错误的账簿记录已经在以前会计年度终了进行结账或决算,不能将已经决算的数字进行红字冲销,只能用蓝字或黑字凭证对除文字外的一切错误进行更正,并在更正凭证上特别注明"更正××年度错账"的字样。

第五节 期末对账与结账

一、期末对账

对账指的是在本期内对账簿记录进行的核对。企业在期末编制财务报表之前需要保证各项财务数据的正确性,而编制报表的数据来源主要是账簿的记录,为了保证账簿记录的真实、正确、可靠进而为编制报表提供准确的数据,就需要对账簿和账户所记录的有关数据加以检查和核对。确保会计记录正确的方法之一是进行试算平衡,但是如前所述,通过试算平衡并不能发现所有的错误,为了能系统、全面地发现会计记录中可能存在的所有错误,在保证试算平衡的基础上,还需要进行对账工作。《会计基础工作规范》第六十二条规定:"各单位应当定期对会计账簿记录的有关数字与库存实物、货币资金、有价证券、往来单位或者个人等进行相互核对,保证账证相符、账账相符、账实相符。对账工作每年至少进行一次。"对账包括账证核对、账账核对、账实核对。

1. 账证核对

账是指账簿,包括总账、明细账、库存现金日记账、银行存款日记账等。证指的是会计凭证,即记账凭证及其所附的原始凭证。进行账证核对,主要就是将账簿与相关凭证之间进行核对,核对内容包括日期、凭证号数、内容、数量、金额、选用账户是否正确、记账方向是否正确等。

2. 账账核对

账账核对是对各种账簿之间有关数据的核对。具体包括三个方面的核对。

(1) 通过核对总账各账户本月借方发生额合计数与贷方发生额合计数是否相等，期末借方余额合计数与贷方余额合计数是否相等，以检查总账账户的登记是否正确。

(2) 通过核对总账账户借贷双方的发生额合计数、期末余额与所属各明细账账户发生额及期末余额合计数是否相等，以检查明细账账户的登记是否正确。

(3) 通过核对库存现金、银行存款总账账户的发生额、期末余额与库存现金日记账、银行存款日记账发生额、期末余额是否相等，以检查库存现金日记账、银行存款日记账账户的登记是否正确。

(4) 通过核对会计部门有关财产物资明细账发生额、期末余额与财产物资保管、使用部门有关财产物资明细账或保管账目的发生额、期末余额是否相等，以检查双方记录是否正确。

3. 账实核对

账实核对是指财产物资的账面余额与实存数额进行核对，进而保证账实相符。具体核对内容包括以下四个方面。

(1) 库存现金日记账账面余额与实地盘点的库存现金数的逐日核对。

(2) 银行存款日记账账面余额与开户银行对账单的核对。

(3) 各种实物资产明细账账面结存数量与实物资产的实存数的核对。

(4) 应收、应付、预收、预付款等各类债权债务明细账账面余额与有关债权、债务单位或者个人的相关记录进行核对。

 【小提示】

进行账实核对时，对于库存现金、实物资产可以采用实地盘点法，用企业内部的账簿记录与实存数核对；核对银行存款可以通过编制银行存款余额调节表；核对债权债务类明细账的记录是否正确可以通过函证的方式来进行。

二、期末结账

为了总结一定会计期间的财务状况和经营成果，以便于根据账簿记录编制会计报表，会计人员必须定期地做好结账工作。结账是指为总括一定时期内的全部经济业务，计算并结转各种账簿的本期发生额和期末余额，在会计期末进行的汇总、整理、总结工作。

结账通常包括两个方面的内容：一是结清各损益类账户，并据此计算本期利润；二是结清各资产、负债和所有者权益类账户，分别结出本期发生额和期末余额，并结转至下一会计期间。

1. 结账的程序

(1) 结账前要查明本期发生的经济业务是否已经全部正确地登记入账，有无漏记、错记等需要补记、更正的情况。

(2) 实行权责发生制的单位，根据权责发生制原则进行账项调整，编制调整收入、费用的会计分录并登记入账。在此基础上进行损益类科目的结转，将损益类账户的发生额转入"本年利润"账户。

(3) 在确保本期所有经济业务登记入账的基础上，计算出各种账户的本期发生额合计和期末余额并结转下期。

2. 结账的内容与方法

《会计基础工作规范》第六十三条规定："各单位应当按照规定定期结账。"计算登记各种账簿本期发生额和期末余额的工作，一般按月进行，称为月结；有的账目还应按季结算，称为季结；年度终了，还应进行年终结账，称为年结。期末结账主要采用划线结账法。也就是期末结出各账户的本期发生额和期末余额后，加以画线标记，最终将期末余额结转下期。

(1) 月结。每月结账时，应在各账户本月份最后一笔记录下面画一条通栏红线，表示本月结束；然后，在红线下面结出本月发生额和月末余额，如果没有余额，在余额栏内写上"平"或"θ"符号。同时，在摘要栏内注明"本月合计"或"×月份发生额及余额"字样，最后，再在下面画一条通栏红线，表示完成月结工作。

(2) 季结。季结的结账方法与月结基本相同，但在摘要栏内须注明"本季合计"或"第×季度发生额及余额"字样。

(3) 年结。办理年结时，应在 12 月份月结下面(需办理季结的，应在第四季度的季结下面)结算填列全年 12 个月的月结发生额和年末余额，如果没有余额，在余额栏内写上"平"或"θ"符号，并在摘要栏内注明"本年合计"或"年度发生额及余额"字样；然后，将年初借(贷)方余额抄列于下一行的借(贷)方栏内，并在摘要栏内注明"年初余额"字样，同时将年末借(贷)方余额再列入下一行的贷(借)方栏内，在摘要栏内注明"结转下年"字样；最后，分别加计借贷方合计数，并在合计数下面画通栏双红线表示封账，完成年结工作。需要更换新账的，应在新账有关账户的第一行摘要栏内注明"上年结转"或"年初余额"字样，并将上年的年末余额以相同方向记入新账中的余额栏内。

不同的账户具体结账方法有所不同如下。

(1) 不需要按月结计本期发生额的账户。如各项应收款明细账和各项财产物资明细账等，每次记账之后，都要随时结出余额，每月最后一笔余额即为月末余额。这时，月末余额就是本月最后一笔经济业务记录的同一行内的余额。月末结账时，只需要在最后一笔经济业务记录之下画一通栏单红线，不需要再结计一次余额。

(2) 需要按月结计发生额的库存现金、银行存款日记账及收入、费用等明细账。每月结账时，需要在最后一笔经济业务记录下面画一通栏单红线，结出本月发生额和余额，在摘要栏内注明"本月合计"字样，在下面再画一条单红线。如果本月只发生了一笔经济业务，结账时只需要在此行记录下画一条单红线，不需要另外结出"本月合计"数额。

(3) 需要结计本年累计发生额的明细账。如主营业务收入、成本和费用明细账等，在每月结账时，应在"本月合计"行下结计自年初起至本月末止的累计发生额，登记在月份发生额下面，在摘要栏内注明"本年累计"字样，并在下面再画一条单红线。12 月末的"本年累计"就是全年累计发生额，全年累计发生额下画通栏双红线。

(4) 平时只需要结计月末余额的总账账户。在年终结账时，为了反映全年各项资产、负债及所有者权益增减变动的全貌，需要将所有总账账户结计全年发生额和年末余额，在摘要栏内注明"本年合计"，并在合计数下画一条双红线，以示封账。

(5) 年终结账时，对于有余额的账户，要将其余额结转下年，并在摘要栏注明"结转下年"；在下一年度新建有关会计账户的第一行余额栏内填写上年结转的余额，并在摘要栏内写明"上年结转"。如果账页的"结转下年"行以下还有空行，应当自余额栏的右上角至日期栏的左下角用红笔画对角线注销。

第六节 会计账簿的更换与保管

一、会计账簿的更换

会计账簿的更换通常在一个新会计年度建账时进行。一般来说，总账、日记账和多数明细账应每年更换一次。但有些财产物资明细账和债权债务明细账的材料品种、规格和往来单位较多，更换新账，重抄一遍工作量较大，因此，可以跨年度使用，不必每年更换。各种备查簿也可以连续使用。对于变动较小的明细账，如固定资产明细账，也可以连续使用。

二、会计账簿的保管

会计账簿是各单位重要的经济资料，必须建立管理制度，妥善保管。账簿管理分为平时管理和归档保管两部分。

1. 账簿的平时管理

各种账簿要分工明确，指定专人管理，账簿经管人员既要负责记账、对账、结账等工作，又要负责保证账簿安全。会计账簿未经领导和会计负责人或者有关人员批准，非经管人员不能随意翻阅查看会计账簿。会计账簿除需要与外单位核对外，一般不能携带外出，对携带外出的账簿，一般应由经管人员或会计主管人员指定专人负责。会计账簿不能随意交与其他人员管理，以保证账簿安全和防止任意涂改账簿等问题发生。

2. 旧账归档保管

年度终了，各种账户在结转下年、建立新账后，一般都要把旧账送交总账会计集中统一管理。会计账簿暂由本单位财务会计部门保管一年，保管期满之后，由财务会计部门编制移交清册移交本单位的档案部门保管。

(1) 会计账簿的装订整理。除了跨年使用的账簿外，本年度使用过的各种账簿都要按时装订整理立卷。装订前，要按照账簿启用和经管人员一览表的使用页数核对各个账户是否相符、页数是否齐全、序号排列是否连续。然后，依次按照账簿封面、账簿启用表、账户目录、按页数顺序排列的账页、账簿封底的顺序进行账簿的装订。对于采用活页式账页的账簿，要将已使用过的账页按账页数填写齐全，除去空白账页并去掉账页夹，用质地好的硬纸(如牛皮纸)做封面和封底，装订成册。通常三栏式、多栏式、数量金额式账页格式不同不得混装，应该按照同类业务、同类账页装订在一起。装订好之后应在封面填明账目的种类，编好卷号，并由会计主管人员和装订人员签章。装订好之后，会计账簿的封口要密实，封口处要加盖有关印章。封面应做到齐全、平整，并注明所属年度和账簿名称及编号。会计账簿要按照保管期限分别编制卷号。

(2) 会计账簿的移交及归档。年度终了结账后，会计账簿可以暂由本单位财务会计部门保管一年，保管期满之后，由财务会计部门编制移交清册移交本单位的档案部门保管。移交时要编制移交清册一式三份，并填写交接清单，交接人员按照移交清单进行检查，核对无误后签章，并要在账簿使用日期栏填写移交日期。

实行会计电算化的单位，满足《会计档案管理办法》第八条有关规定的，可仅以电子形式保存会计账簿，无须定期打印会计账簿；确需打印的，打印的会计账簿必须连续编号，经审核无误后装订成册，并由记账人员和会计机构负责人、会计主管人员签字或盖章。

已归档的会计账簿作为单位重要的会计档案，原件不得外借，如有特殊需要，须经本单位负责人批准，在不拆解原卷册的前提下，可以供查阅或者复印，但是要办理登记手续。

【小提示】

　　会计账簿是重要的会计档案之一，必须严格遵守《会计档案管理办法》的保管年限等相关规定妥善保管，不得丢失或者任意销毁。

本章小结

会计账簿是指由一定格式的账页组成的，以经过审核的会计凭证为依据，全面、系统、连续地记录各项经济业务的工具。本章主要介绍会计账簿的概念、内容、启用、登记以及错账的查找与更正、期末的对账与结账、账簿的更换与保管等内容。

会计账簿按照不同的分类标准可以进行不同的分类。会计账簿按其用途不同分类，可分为序时账簿、分类账簿和备查账簿；按账页格式不同分类，账簿一般可分为两栏式、三栏式、多栏式和数量金额式四种；按其外形特征不同分类，可分为订本账、活页账和卡片账。

总账和明细账登记时，要遵循平行登记的原则。总账账户与明细账账户的平行登记要求做到：依据相同、方向相同(借贷方向)、期间相同和金额相同。

为了保证账簿记录的真实、正确、可靠进而为编制报表提供准确的数据，就需要对账簿和账户所记录的有关数据加以检查和核对。会计期末对账的主要内容包括账证核对、账账核对和账实核对。会计期末的结账通常包括两个方面的内容：一是结清各损益类账户，并据此计算本期利润；二是结清各资产、负债和所有者权益类账户，分别结出本期发生额和期末余额，并结转至下一会计期间。

练习与思考

一、单选题

1. 三栏式账页适用的明细账户是(　　)。

　　A. 原材料　　　　B. 应收账款　　　　C. 应交税费　　　　D. 管理费用

2. 多栏式账页适用的明细账户是(　　)。

    A. 原材料   B. 应收账款   C. 应交税费   D. 应付账款

3. 数量金额式账页适用的明细账户是( )。

    A. 原材料   B. 应收账款   C. 应交税费   D. 应付账款

4. 库存现金日记账通常采用( )账簿。

    A. 活页式   B. 订本式   C. 卡片式   D. 两栏式

5. 固定资产明细账通常采用( )账簿。

    A. 活页式   B. 订本式   C. 卡片式   D. 两栏式

6. 记账后发现某项经济业务的记账凭证中应借、应贷会计科目无误，只是将金额 1 000 元误写成 2 000 元，在更正该项错账时，应采用的方式是( )。

    A. 划线更正法   B. 补充登记法   C. 红字更正法   D. 尾数法

7. 记账后发现某项经济业务的记账凭证中应借、应贷会计科目无误，只是将金额 1 000 元写成 100 元，在更正该项错账时，应采用的方式是( )。

    A. 划线更正法   B. 补充登记法   C. 红字更正法   D. 尾数法

8. 下列账簿记录情况中，可以用划线更正法更正错误的是( )。

    A. 在结账前发现账簿记录有文字或数字错误，而记账凭证没有错

    B. 登账后发现记账凭证中会计科目发生错误

    C. 登账后发现记账凭证中科目正确但所记金额小于应记金额

    D. 登账后发现记账凭证中应借、应贷方向发生错误

9. 对于库存现金及银行存款日记账，月末结账时应在"本月合计"栏划( )。

    A. 上下通栏单红线   B. 下面通栏单红线

    C. 下面画双红线   D. 金额栏内画单红线

10. 下列不属于账账核对的内容的是( )。

    A. 总账有关账户的余额核对   B. 总账与明细账核对

    C. 总账与日记账核对   D. 会计账簿记录与原始凭证核对

11. ( )提供的核算信息是编制会计报表的主要依据。

    A. 分类账簿   B. 日记账簿   C. 备查账簿   D. 序时账簿

12. 三栏式账簿是设置有( )三个基本栏目的账簿。

    A. 日期、摘要、余额   B. 日期、借方、贷方

    C. 摘要、借方、贷方   D. 借方、贷方、余额

二、多选题

1. 下列各项中，可以作为登记明细分类账依据的是( )。

    A. 汇总记账凭证   B. 汇总原始凭证   C. 原始凭证   D. 记账凭证

2. 在发现错账时，可以采用的错账更正方法有( )。

    A. 划线更正法   B. 查询核对法   C. 红字更正法   D. 补充登记法

3. 错账的查找方法有( )等多种。

    A. 差数法   B. 尾数法   C. 除2法   D. 除9法

4. 关于总分类账与明细分类账户平行登记，下列说法正确的是( )。

    A. 所依据的会计凭证相同

B. 借贷方向相同

    C. 所属会计期间不相同

    D. 记入总分类账户的金额与记入其所属明细分类账户的合计金额相等

5. 下列情况，可以使用红色墨水记账的有(　　)。

    A. 按照红字冲账的记账凭证冲销错误记录

    B. 在不设借贷的多栏式账页中，登记减少数

    C. 在三栏式账户的余额前，如未印明余额方向的，在余额栏内登记负数余额

    D. 进行年结、月结时画线

三、判断题

1. 财产物资明细账和债权债务明细账材料品种、规格和往来单位较多，更换新账，重抄一遍工作量较大，因此，可以跨年度使用，不必每年更换。　　　　　　　　　　(　)

2. 错账更正的三种方法中，红字更正法和补充登记法都是用来更正因账簿登记错误而产生的记账错误。　　　　　　　　　　　　　　　　　　　　　　　　　　(　)

3. 企业为了及时地编制会计报表，可以提前进行结账。　　　　　　　　(　)

4. 如果总分类账户与明细账户的记录不相一致，就说明账户平行登记中出现错误。(　)

5. 在记账时如发生跳行或隔页，应将空行、空页画线注销，或者注明"此行空白""此页空白"字样即可。　　　　　　　　　　　　　　　　　　　　　　　　(　)

6. 复式记账法是指所发生的每项经济业务事项，都是以会计凭证为依据，一方面记入有关总分类账户，另一方面记入总账所属明细分类账户。　　　　　　　　　(　)

7. 银行存款日记账账面余额与银行对账单的余额核对是账账核对。　　　(　)

四、思考题

1. 登记会计账簿时应注意哪些事项？

2. 明细账的账页有哪些格式类型，各类格式分别适用哪些账户？

3. 期末对账的内容是什么？

4. 常见的错账类型有哪些？分别适用哪种错账更正方法？

5. 账簿的更换、保管有哪些注意事项？

6. 如何理解总账与明细账的平行登记？

🎬 微课视频

扫一扫，获取本章相关微课视频。

7-1 会计账簿概述.mp4　　　　　7-2 会计账簿的内容、启用与登记.mp4　　　　7-3 错账的查找与更正.mp4

第八章 成本计算

本章主要介绍成本的概述、计入资产的成本核算以及发出存货的成本核算等内容。其中计入资产的成本主要介绍存货在采购环节、生产环节和销售环节的成本核算问题，以及固定资产的建造成本核算。而存货的发出成本部分在介绍存货盘存制度的基础上，对存货的个别计价法、先进先出法、月末一次加权平均法、移动加权平均法进行详细阐述。

 学习目标

1. 了解成本的概述。
2. 掌握采购环节、生产环节和销售环节存货成本的核算方式。
3. 掌握固定资产的建造成本核算。
4. 掌握发出存货的成本核算。

【课前思考】

1. 什么是成本？
2. 存货的生产成本都包括哪些内容？
3. 发出的存货应该怎样计价？

第一节 成本概述

成本是一个普遍的经济范畴，凡是有经济活动的地方都必然发生一定的耗费，从而形成成本。成本是商品经济的价值范畴，是商品价值的组成部分。人们要进行生产经营活动或达到一定的目的，就必须耗费一定的资源，其所费资源的货币表现及其对象化称之为成本。并且随着商品经济的不断发展，成本概念的内涵和外延都处于不断地变化发展之中。一般来说，它是为取得物质资源所需付出的经济价值。企业为进行生产经营活动，购置各种生产资料或采购商品，而支付的价款和费用，就是购置成本或采购成本。随着生产经营活动的不断进行，这些成本就转化为生产成本和销售成本。

会计学使用的成本概念与俗称的"代价"含义相同。结合现行会计法规，成本可分为计入资产的成本(即构成资产入账价值的代价)和计入费用的成本(即企业为了取得营业收入而付出的代价，在利润表中列示为"营业成本")。为了取得当期营业收入而付出的代价为营业成本(即营业收入和营业成本之间具有因果关系)，除此以外的代价为计入资产的成本。

企业付出的成本(代价)，究竟属于计入资产的成本，还是属于计入费用的成本，其判断依据根本上取决于税法的规定，因为这两种做法直接影响到当期利润以及应纳税所得额的计算。根据《中华人民共和国企业所得税法》第八条的规定，企业实际发生的与取得收入有关的、合理的支出，准予在计算应纳税所得额时扣除。《中华人民共和国企业所得税法实施条例》第二十八条进一步规定企业发生的支出应当区分收益性支出和资本性支出。收益性支出在发生当期直接扣除；资本性支出应当分期扣除或者计入有关资产成本，不得在发生当期直接扣除。

【思政要点】

通过学习成本分为计入资产的成本和计入费用的成本，理解成本的归属问题，关系到利润的计算和税费的缴纳，培养树立正确的会计核算观念和依法纳税意识。

第二节 计入资产的成本

企业取得存货、固定资产及无形资产等资产的方式有很多，包括采购以及自行生产、建造和研究开发等方式。

对于采购的存货、固定资产或无形资产等，企业应把资产达到预定可使用状态前所发生的全部开支(但不包含增值税进项税额)计入资产的入账价值。

对于企业自行生产的存货、建造的固定资产或研究开发的无形资产，则需要进行进一步的成本计算以核算存货的生产成本、固定资产的建造成本以及无形资产的研发支出等。对于存货，企业通过"生产成本""制造费用"科目来核算其生产成本。对于固定资产，企业采用"在建工程"科目来核算其建造成本。对于无形资产，企业采用"研发支出"科目来核算其研究开发活动所付出的成本。

这些会计科目都是资产类科目，由于它们所反映的是为形成资产所付出的代价，因此，有的教材把它们称作"资产成本类科目"，或者简称为"成本类科目"。本教材把其简称为"成本类科目"

一、存货的生产成本

存货是指企业在日常活动中持有以备出售的产品或商品、处在生产过程中的在产品、在生产过程或提供劳务过程中耗用的材料或物料等，包括各类材料、在产品、半成品、产成品、商品以及包装物、低值易耗品、委托代销商品等。

存货的生产成本是指企业在生产产品过程中所发生的材料费用、职工薪酬等，以及不能直接计入成本而是按一定标准分配计入的各项间接费用。

(一)采购环节

在采购环节，资产是按照不包含增值税的采购代价入账的，包括不含增值税的采购金额，以及发生的运输费、搬运费等。

企业采用实际成本(或进价)进行材料(或商品)日常核算时，尚未验收入库的购入材料或商品的采购成本计入"在途物资"科目。企业购入材料、商品，按应计入材料、商品采购成本的金额，借记"在途物资"科目；按可抵扣的增值税金额，借记"应交税费——应交增值税(进项税额)"科目；按实际支付或应付的款项，贷记"银行存款""应付账款"等科目。所购材料、商品送达且验收入库，借记"原材料""库存商品"等科目，贷记"在途物资"科目。"在途物资"科目期末有借方余额时，反映企业已付款或已开出、承兑商业汇票，但尚未到达或尚未验收入库的在途材料、商品的采购成本。

企业购入并已验收入库的原材料，按计划成本或实际成本，借记"原材料"科目；按实际成本贷记"材料采购"或"在途物资"科目；按计划成本与实际成本的差异，借记或贷记"材料成本差异"科目。

【例8-1】贝壳公司购入A材料一批，货款10 000元，增值税1 300元，发票账单已收到，全部款项以银行存款支付，材料已验收入库。应编制的会计分录如下。

```
借：原材料——A材料                         10 000
    应交税费——应交增值税(进项税额)           1 300
  贷：银行存款                                        11 300
```

【例8-2】贝壳公司购入B材料一批，货款2 000元，增值税260元，全部货款以银行存款支付，材料尚未到达。应编制的会计分录如下。

```
借：在途物资——B材料                        2 000
    应交税费——应交增值税(进项税额)            260
  贷：银行存款                                         2 260
```

【例8-3】贝壳公司购入的B材料验收入库。应编制的会计分录如下。

```
借：原材料——B材料                          2 000
  贷：在途物资——B材料                                 2 000
```

(二)生产环节

在生产环节，企业需要通过成本计算来确定产品的制造成本。

生产成本是指产品制造环节发生的全部成本，包括直接材料、直接人工、制造费用。制造费用是生产车间发生的间接费用，如生产车间的固定资产折旧，以及多个产品共同负担的水费、电费、蒸汽费等开支。

工业(制造业)企业采用"生产成本"科目核算生产产品的全部成本。凡直接用于产品生产的原材料(称为直接材料)和直接从事产品生产的工人工资(称为直接人工)在发生时应直接记入"生产成本"账户。其他各种为生产产品而发生的间接费用，在发生时先计入"制造费用"，期末，企业要将生产期间发生的间接费用即制造费用按照一定的分配标准分配到不同产品的生产成本中去。"生产成本"科目记录了直接材料、直接人工等直接成本，以及从"制造费用"科目分配过来的间接费用。因此，该账户可以全面反映产品的全部成本。"生产成本"科目的借方登记增加额，贷方登记减少额。该科目期末余额在借方，反映企业尚未完成全部工序的在产品的成本。

工业(制造业)企业设"制造费用"科目核算其生产车间、部门为生产产品和提供劳务而发生的各项间接代价，如车间发生的难以直接对应某种产品而是由多种产品共同分担的水、电、气开支和车间管理人员的工资等。期末，企业要将生产期间发生的间接费用即制造费用按照一定的分配标准分配到不同产品的生产成本中去。根据不同情况，企业可以采用的分配标准有产品生产耗费机器工时比例、产品生产耗费人工工时比例、产品生产耗用材料量的比例、产品生产耗用材料价值的比例、产品产量比例、产品生产工人工资比例等。

工业(制造业)企业设"库存商品"科目核算企业库存的产成品的成本。该科目借方登记增加额，贷方登记减少额。生产完成验收入库的产成品，按其实际成本，借记"库存商品"科目，贷记"生产成本"等科目。该科目期末余额在借方，反映企业库存商品的成本。

【例8-4】20×3年1月5日，贝壳公司为生产甲产品领用A材料成本5 000元，领用B材料成本3 000元。应做如下会计分录。

借：生产成本——甲产品　　　　　　　　　　　　　　8 000
　　贷：原材料——A材料　　　　　　　　　　　　　　　5 000
　　　　　　——B材料　　　　　　　　　　　　　　　　3 000

【例8-5】20×3年1月7日贝壳公司为生产乙产品领用A材料成本6 000元，领用C材料成本8 000元。应做如下会计分录。

借：生产成本——乙产品　　　　　　　　　　　　　　14 000
　　贷：原材料——A材料　　　　　　　　　　　　　　　6 000
　　　　　　——C材料　　　　　　　　　　　　　　　　8 000

【例8-6】20×3年1月9日贝壳公司车间一般性耗用A材料成本1 000元，B材料成本1 200元，C材料成本2 000元。应做如下会计分录。

借：制造费用　　　　　　　　　　　　　　　　　　　4 200
　　贷：原材料——A材料　　　　　　　　　　　　　　　1 000
　　　　　　——B材料　　　　　　　　　　　　　　　　1 200
　　　　　　——C材料　　　　　　　　　　　　　　　　2 000

【例8-7】20×3年1月31日经计算，贝壳公司应付本月生产甲产品人员工资20 000元，应付本月生产乙产品人员工资40 000元，应付车间管理人员工资10 000元，应付行政管理部门人员工资5 000元，应付销售部门人员工资15 000元。应做如下会计分录。

借：生产成本——甲产品　　　　　　　　　　　　　　20 000
　　　　　　——乙产品　　　　　　　　　　　　　　　40 000
　　制造费用　　　　　　　　　　　　　　　　　　　10 000
　　管理费用　　　　　　　　　　　　　　　　　　　5 000
　　销售费用　　　　　　　　　　　　　　　　　　　15 000
　　贷：应付职工薪酬——工资　　　　　　　　　　　　90 000

【例8-8】20×3年1月31日经计算，贝壳公司生产车间共发生水电费2 500元，以银行存款支付。应做如下会计分录。

借：制造费用　　　　　　　　　　　　　　　　　　　2 500
　　贷：银行存款　　　　　　　　　　　　　　　　　　2 500

【例8-9】20×3年1月31日经计算，贝壳公司本月行政部门办公用固定资产需计提折旧2 500元，生产用设备应计提折旧10 000元。应做如下会计分录。

借：管理费用   2 500

     制造费用   10 000

  贷：累计折旧   12 500

【例8-10】20×3年1月31日贝壳公司将本月发生的制造费用按照产品生产工人工资比例在甲、乙两种产品之间进行分配。

本月应分配的制造费用共计：4 200+10 000+2 500+10 000=26 700(元)

甲产品应分配的制造费用：26 700÷(20 000+40 000)×20 000=8 900(元)

乙产品应分配的制造费用：26 700÷(20 000+40 000)×40 000=17 800(元)

借：生产成本——甲产品   8 900

        ——乙产品   17 800

  贷：制造费用   26 700

(三)销售环节

出售库存商品时，企业应根据收到的货款或者应收的货款，借记"银行存款"或"应收账款""应收票据"等科目，按库存商品的不含税价格，贷记"主营业务收入"科目，按增值税税额，贷记"应交税费——应交增值税(销项税额)"科目。同时，按库存商品的实际成本，借记"主营业务成本"科目，贷记"库存商品"科目。

【例8-11】20×3年1月15日贝壳公司向田园公司销售甲产品开出增值税专用发票，注明价款10 000元，增值税税额为1 300元，收到田园公司开出的三个月到期的银行承兑汇票。

借：应收票据——田园公司   11 300

  贷：主营业务收入——甲产品   10 000

     应交税费——应交增值税(销项税额)   1 300

【例8-12】20×3年1月31日，经计算贝壳公司本月销售甲产品的成本为5 500元，销售乙产品的成本为10 500元。

借：主营业务成本——甲产品   5 500

        ——乙产品   10 500

  贷：库存商品——甲产品   5 500

        ——乙产品   10 500

二、固定资产的建造成本

对于自行建造的固定资产或者外购的需要安装的固定资产，企业需要通过"在建工程"科目来归集其入账成本。在建工程反映企业正在进行基建、更新改造的工程以及需要安装尚未安装完毕的设备的价值。企业自营的在建工程领用工程物资、本企业原材料或库存商品时，借记本科目，贷记"工程物资""原材料""库存商品"等科目。在建工程发生应负担的职工薪酬时，借记本科目，贷记"应付职工薪酬"科目。本科目的期末借方余额，反映企业尚未达到预定可使用状态的在建工程的成本。

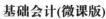

核算企业为在建工程准备的各种物资时，则需要用到"工程物资"科目。购入为工程准备的物资时，借记本科目，贷记"银行存款""其他应付款"等科目。领用工程物资时，借记"在建工程"科目，贷记本科目。本科目期末借方余额，反映企业为在建工程准备的各种物资的成本。

【例8-13】欧达股份公司自行建造仓库，用银行存款购入建筑工程所需材料一批，增值税专用发票上注明的金额为80 000元，税额为10 400元，价税合计90 400元。应做如下会计分录。

借：工程物资   80 000
    应交税费——应交增值税(进项税额)   10 400
      贷：银行存款   90 400

【例8-14】欧达股份公司建造仓库领用材料80 000元。应做如下会计分录。

借：在建工程   80 000
      贷：工程物资   80 000

【例8-15】建造仓库应负担的职工工资30 000元。应做如下会计分录。

借：在建工程   30 000
      贷：应付职工薪酬   30 000

【例8-16】建造仓库应负担的专用借款利息开支5 000元。应做如下会计分录。

借：在建工程   5 000
      货：银行存款   5 000

【例8-17】仓库建造完工，经验收合格并投入使用。应做如下会计分录。

借：固定资产   115 000
      贷：在建工程   115 000

对于自行研究开发的无形资产，企业需要通过"研发支出"科目来归集其在研究开发活动中所付出的代价。具体内容将在中级财务会计中进行学习。

第三节　发出存货成本的计算

一、存货盘存制度

发出存货成本的确定取决于资产的数量和单价，数量乘以单价即可得出资产的成本，因此确定资产的数量是非常重要的内容。当数量确定后，选择何种单价也是很重要的，如本月第一次购进材料的单价为每件280元，第二次购进材料的单价为每件275元，第三次购进材料的单价为每件290元，那么发出材料时应选择哪个单价？选择不同的单价，就会形成不同的计价。确定各项存货账存数量的方法有两种：永续盘存制和实地盘存制。

(一)永续盘存制

永续盘存制亦称账面盘存制，根据会计凭证在账簿中连续记录存货的增加和减少，并随时根据账簿记录结出账面结存数量。永续盘存制对存货的日常记录既登记收入数，又登记发出数，通过结账，是能随时反映账面结存数的一种存货核算方法。由于财产物资是通过账面的收、发、存进行连续登记、计算反映的，因此称永续盘存制。又因是在账上盘算的库存数，所以又称"账面盘存制"。其计算的基本公式如下。

期初存货余额+本期增加的存货-本期减少的存货=期末存货余额

永续盘存制以收发存报表作为核算期末存货成本和本期销售成本的依据，从账簿上可及时了解企业各项财产物资的收发和结存状况，有利于对财产物资的流量和存量进行动态管理，有利于财产物资保管。采用永续盘存制时，会计核算的工作量不仅较大，而且如果财产物资的实际库存发生问题，还不易察觉。因此，即使采用永续盘存制，仍需定期或不定期地进行实地盘点，以便落实账面的财产物资数。现代企业借助于电子信息科技的发展，依靠企业 ERP 系统可以大幅度减少永续盘存制的工作量，实时反映企业的存货现状，为永续盘存制的实施提供了便利条件。

【例 8-18】贝壳公司 20×3 年 3 月 A 材料的期初结存、本期购进和发出的情况如下：

(1) 3 月 1 日，期初结存 400 件，单价 10 元/件，金额 4 000 元。

(2) 3 月 5 日，发出 200 件。

(3) 3 月 12 日，购进 800 件，单价 10 元/件，金额 8 000 元。

(4) 3 月 18 日，购进 600 件，单价 10 元/件，金额 6 000 元。

(5) 3 月 22 日，发出 1 100 件。

根据上述资料，贝壳公司财产清查方法采用永续盘存制，A 原材料明细账如表 8-1 所示。

表 8-1　A 材料明细账

材料名称：A 材料　　　　　　　　　　数量单位：件　　　　　　　　　　金额单位：元

20×3年		凭证号	摘要	借方			贷方			余额		
月	日			数量	单价	金额	数量	单价	金额	数量	单价	金额
3	1	略	月初余额							400	10	4 000
	5		本月发出				200	10	2 000	200	10	2 000
	12		本月购入	800	10	8 000				1 000	10	10 000
	18		本月购入	600	10	6 000				1 600	10	16 000
	22		本月发出				1 100	10	11 000	500	10	500
	31		本期发生额及余额	1 400	10	14 000	1 300	10	13 000	500	10	5 000

通过上例可以看出，采用永续盘存制，可以在账簿中反映存货的收入、发出和结存情况，并从数量和金额两方面进行存货的管理和控制。账簿上的期末结存数量可以通过盘点加以核对。如果账簿上的结存数量与实存数量不符，可以及时查明原因。但是，由于这种盘存制度要求对每一品种的存货都要开设一个明细账，因此存货的明细分类核算工作量较大。

(二)实地盘存制

实地盘存制又称定期盘存制，是指通过对期末库存存货的实物盘点，确定期末存货和当期销货成本的方法。日常登记财产物资明细账时，只需登记收入数，月末根据实地盘点数，倒挤出本月发出数，并据以入账。实地盘存制的特点是平时不记录发出数，而是通过实地盘存数来倒挤确认发出数的，其计算的基本公式如下。

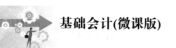

$$期末账面结存金额=期末盘点数量×单价$$
$$本期资产减少金额=期初结存金额+本期增加金额-期末账面结存金额$$

【例 8-19】沿用例 8-18，假设期末盘点 A 材料的结存数量为 400 件。采用实地盘存制，登记原材料明细账如表 8-2 所示。

表 8-2　A 材料明细账

材料名称：A 材料　　　　　　　　　数量单位：件　　　　　　　　金额单位：元

20×3 年		凭证号	摘要	借方			贷方			余额		
月	日			数量	单价	金额	数量	单价	金额	数量	单价	金额
3	1	略	月初余额							400	10	4 000
	12		本月购入	800	10	8 000						
	18		本月购入	600	10	6 000						
	31		本期发生额及余额	1 400	10	14 000	1 300	10	13 000	500	10	5 000

注：①实地盘存制平时只登记存货增加数，不登记存货减少数；

②月末时，先通过实地盘点确定实际结存的数量；

③月末利用倒推法计算确定本月存货发出数量。

实地盘存制是通过实地盘点存货的数量来确定期末的存货进而确定本期的销售成本，平时对财产物资的发出和结存数不进行记录，日常核算工作比较简单，但不能随时反映财产物资的变动和结存情况，容易掩盖管理中存在的问题。所以，实地盘存制一般只能对品种庞杂、收发频繁的物资，如零售商店和超市的非贵重商品、鲜活商品等，在日常不便使用永续盘存制的情况下采用实地盘存制。

二、发出存货的计价方法

企业发出的存货，可以按实际成本核算，也可以按计划成本核算。如采用计划成本核算，会计期末应调整为实际成本。在实际成本核算方式下，企业可以采用的发出存货成本的计价方法包括个别计价法、先进先出法、月末一次加权平均法、移动加权平均法等。

(一)个别计价法

个别计价法也称个别认定法、具体辨认法，其假设存货具体项目的实物流转与成本流转相一致，按照各种存货逐一辨认各批发出存货和期末存货所属的购进批别或生产批别，分别按其购入或生产时所确定的单位成本计算各批发出存货和期末存货成本的方法。此种方法是把每一种存货的实际成本作为计算发出存货成本和期末存货成本的基础。

(二)先进先出法

先进先出法是指以先购入的存货应先发出(销售或耗用)这样一种存货实物流转假设为前提，对发出存货进行计价的一种方法。采用这种方法，先购入的存货成本在后购入存货成本之前转出，据此确定发出存货和期末存货的成本，具体方法是：收入存货时，逐笔登记收入存货的数量、单价和金额；发出存货时，按照先进先出的原则逐笔登记存货的发出成本和结存金额。

先进先出法可以随时结转存货发出成本，但比较烦琐。如果存货收发业务较多且存货单价不稳定时，该方法的工作量较大。在物价持续上升时，期末存货成本接近于市价，而发出成本偏低，则会高估企业当期利润和库存存货价值；反之，则会低估企业存货价值和当期利润。

【例 8-20】贝壳公司采用先进先出法计算发出原材料的成本。20×3 年 9 月 1 日，甲材料结存 200 千克，每千克实际成本为 300 元；9 月 7 日购入甲材料 350 千克，每千克实际成本为 320 元；9 月 21 日购入甲材料 400 千克，每千克实际成本为 290 元；9 月 28 日发出甲材料 500 千克。经计算，9 月甲材料发出成本为 156 000 元。甲材料明细账如表 8-3 所示。

表 8-3 甲材料明细账(先进先出法)

日期		摘要	收入			发出			结存		
月	日		数量	单价	金额	数量	单价	金额	数量	单价	金额
9	1	期初结存							200	300	60 000
9	7	购入	350	320	112 000				200	300	60 000
									350	320	112 000
9	21	购入	400	290	116 000				200	300	60 000
									350	320	112 000
									400	290	116 000
9	28	发出				200	300	60 000	50	320	16 000
						300	320	96 000	400	290	116 000
9	30	本月合计及结存	750		228 000	500		156 000	50	320	16 000
									400	290	116 000

(三)月末一次加权平均法

月末一次加权平均法是指以月初库存存货的数量与本月各批进货数量之和作为权数，去除本月全部进货成本加上月初库存存货成本，计算出存货的加权平均单位成本，以此为基础计算本月发出存货的成本和期末存货的成本的一种方法。计算公式如下。

存货单位成本=[月初库存存货成本+∑(本月各批进货的实际单位成本×
本月各批进货的数量)]÷(月初库存存货的数量+本月各批进货数量之和)

本月发出存货的成本=本月发出存货的数量×存货单位成本

本月月末库存存货的成本=月末库存存货的数量×存货单位成本

或

本月月末库存存货的成本=月初库存存货的实际成本+本月收入存货的实际成本-
本月发出存货的实际成本

【例 8-21】接例 8-20，贝壳公司采用月末一次加权平均法计算发出原材料的成本。经计算，9 月份甲材料发出成本为 151 580 元，计算结果如表 8-4 所示。

表 8-4　甲材料明细账(月末一次加权平均法)

日期		摘要	收入			发出			结存		
月	日		数量	单价	金额	数量	单价	金额	数量	单价	金额
9	1	期初结存							200	300	60 000
9	7	购入	350	320	112 000				550		
9	21	购入	400	290	116 000				950		
9	28	发出				500			450		
9	30	本月合计及结存	750		228 000	500	303.16	151 580	450	303.16	136 420

存货单位成本=(60 000+228 000)÷(200+750)=303.16(元/千克)
本月发出存货的成本=500×303.16=151 580(元)
本月月末库存存货的成本=60 000+228 000-151 580=136 420(元)

【小提示】

　　对于本月月末库存存货的成本也可以采用本月月末库存存货成本=450×303.16=136 422 元。因为存货单位成本计算的值保留两位小数存在误差,所以结存栏的金额采用倒挤方法计算,得到金额为 136 420 元。

(四)移动加权平均法

　　移动加权平均法是指以每次进货的成本加上原有库存存货的成本,除以每次进货数量加上原有库存存货的数量,据以计算移动加权平均单位成本,作为在下次进货前计算各次发出存货成本依据的一种方法。计算公式如下。

　　存货移动加权平均单位成本=(库存原有存货的实际成本+本次进货的实际成本)/(库存原有存货数量+本次进货数量)

　　本次发出存货的成本=本次发出存货数量×本次发货前存货的单位成本

　　【例 8-22】企业采用移动加权平均法计算发出原材料的成本。接例 8-20,假设企业 9 月 10 日领用甲材料 260 千克,其他条件不变,经计算,计算结果如表 8-5 所示。

　　9 月 7 日,企业购入材料后:

　　存货移动加权平均单位成本=(200×300+350×320)÷(200+350)=312.73(元/千克)

　　9 月 10 日,发出存货:

　　发出存货的成本=260×312.73=81 309.8(元)

　　发出后库存存货成本=172 000-81 309.8=90 690.2(元)

　　9 月 21 日,企业购入材料后:

　　存货移动加权平均单位成本=(90 690.2+400×290)÷(290+400)=299.55(元/千克)

　　9 月 28 日,发出材料后:

　　发出存货的成本=500×299.55=149 775(元)

发出后库存存货成本=206 690.2-149 775=56 915.2(元)

表8-5　甲材料明细账(移动加权平均法)

| 日期 | | 摘要 | 收入 | | | 发出 | | | 结存 | | |
月	日		数量	单价	金额	数量	单价	金额	数量	单价	金额
9	1	期初结存							200	300	60 000
9	7	购入	350	320	112 000				550	312.73	172 000
9	10	发出				260	312.73	81 309.82	290	312.73	90 690.2
9	21	购入	400	290	116 000				690	299.55	206 690.2
9	28	发出				500	299.55	149 775	190	299.55	56 915.2
9	30	本月合计及结存	750		228 000	760		231 084.82	190	299.55	56 915.2

【思政要点】

通过学习发出存货的成本计价方法，了解存货盘存制度以及各种具体的计价方式，培养学生树立正确的存货核算观念，准确地根据实际情况进行存货的计价核算，避免因存货盘存和计价的问题引起账实不符的情况发生。

本章小结

本章主要介绍成本的概述、计入资产的成本核算及发出存货的成本核算等内容。成本是一个普遍的经济范畴，凡是有经济活动的地方都必然发生一定的耗费，从而形成成本。会计学使用的成本概念与俗称的"代价"含义相同。

企业取得存货、固定资产及无形资产等资产的方式有很多，包括采购以及自行生产、建造和研究开发等方式。对于采购的存货、固定资产或无形资产等，企业应把资产达到预定可使用状态前所发生的全部开支(但不包含增值税进项税额)计入资产的入账价值。对于企业自行生产的存货、建造的固定资产或研究开发的无形资产，则需要进行进一步的成本计算以核算存货的生产成本、固定资产的建造成本以及无形资产的研发支出等。对于存货，企业通过"生产成本""制造费用"科目来核算其生产成本。对于固定资产，企业采用"在建工程"科目来核算其建造成本。对于无形资产，企业采用"研发支出"科目来核算其研究开发活动所付出的成本。

对于存货来说，本章主要针对存货的采购环节、生产环节和销售环节的成本核算进行讲解。在采购环节，资产是按照不包含增值税的采购代价入账的，包括不含增值税的采购金额，以及发生的运输费、搬运费等。在生产环节，企业需要通过成本计算来确定产品的制造成本。生产成本是指产品制造环节发生的全部成本，包括直接材料、直接人工、制造费用。制造费用是生产车间发生的间接费用，如生产车间的固定资产折旧，以及多个产品共同负担的水费、电费、蒸汽费等开支。在销售环节，出售库存商品时，企业应根据收到的货款或者应收的货款，借记"银行存款"或"应收账款""应收票据"等科目，按库存商品的不含税价格，贷记"主营业务收入"科目，按增值税税额，贷记"应交税费——应交增值税(销项税额)"科目。

对于发出存货的成本，本章先介绍了存货的盘存制度，包括永续盘存制和实地盘存制两种。永续盘存制亦称账面盘存制，根据会计凭证在账簿中连续记录存货的增加和减少，并随时根据账簿记录结出账面结存数量。永续盘存制对存货的日常记录既登记收入数，又登记发出数，通过结账，是能随时反映账面结存数的一种存货核算方法。实地盘存制又称定期盘存制，是指通过对期末库存存货的实物盘点，确定期末存货和当期销货成本的方法。日常登记财产物资明细账时，只登记收入数，月末根据实地盘点数，倒挤出本月发出数，并据以入账。之后，介绍企业发出的存货成本。成本可以按实际成本核算，也可以按计划成本核算。如采用计划成本核算，会计期末应调整为实际成本。在实际成本核算方式下，企业可以采用的发出存货成本的计价方法包括个别计价法、先进先出法、月末一次加权平均法、移动加权平均法等。

 练习与思考

一、单选题

1. 下列各项中，在"在途物资"账户的贷方核算的是(　　)。
   A. 已验收入库物资应结转的实际采购成本
   B. 登记购入材料的买价
   C. 登记购入材料的采购费用
   D. 在途材料的采购成本

2. 贝壳公司对发出的存货采用月末一次加权平均法计价，本月初乙材料的数量为 40 吨，单价为 3 100 元/吨，本月一次购入乙材料 60 吨，单价为 3 000 元/吨，则本月发出存货的单价为(　　)元/吨。
   A. 3 060　　　　　B. 3 040　　　　　C. 3 100　　　　　D. 3 050

3. 贝壳公司购入 C 材料一批，增值税专用发票上记载的货款为 100 000 元，增值税税额为 13 000 元，另外对方代垫包装费 500 元，全部款项已用转账支票付讫，材料已验收入库，贝壳公司会计处理正确的是(　　)。

   A. 借：原材料——C 材料 100 500
   　　应交税费——应交增值税(进项税额) 13 000
   　　　贷：银行存款 113 500

   B. 借：原材料——C 材料 100 000
   　　应交税费——应交增值税(进项税额) 13 000
   　　其他应收款 500
   　　　贷：银行存款 113 500

   C. 借：原材料——C 材料 100 500
   　　　贷：银行存款 100 500

    D. 借: 原材料——C 材料　　　　　　　　　　　113 500

        贷: 银行存款　　　　　　　　　　　　　　100 500

        应交税费——应交增值税(销项税额)　　　13 000

4. 贝壳商贸公司购进商品一批,其中商品价款250 000 元,发生的运输费用5 000 元,增值税额32 500 元,则该批商品的采购成本为(　　　)。

    A. 5 000 元　　　　　　B. 255 000 元　　　　　　C. 282 500 元　　　D. 175 500 元

5. 贝壳公司为增值税一般纳税人,适用的增值税率为 13%,采用先进先出法计量 A 原材料的发出成本。20×3 年年初,贝壳公司库存 250 件 A 原材料的账面余额为 2 500 万元,未计提跌价准备。6 月 1 日购入 A 原材料 200 件,成本 2 400 万元(不含增值税),运杂费 50 万元,保险费用 2 万元。1 月 31 日、6 月 6 日、11 月 12 日分别发出 A 原材料 200 件、150 件和 80 件。公司 20×3 年 12 月 31 日库存 A 原材料成本是(　　　)。

    A. 245.20 万元　　　　B. 240 万元　　　　　　C. 200 万元　　　　D. 240.20 万元

6. 贝壳公司库存 A 产品的月初数量为 2 000 台,单位成本为每台 2 万元;A 在产品账面余额为 8 850 万元。当月为生产 A 产品发生直接材料、直接人工和制造费用共计 11 250 万元,其中包括可修复的废品损失 10 万元。当月贝壳公司完成生产并入库 A 产成品 8 000 台,月末在产品成本为 2 500 万元。当月甲公司销售 A 产成品 7 000 台。当月末贝壳公司库存 A 产成品数量为 3 000 台,贝壳公司采用月末一次加权平均法按月计算发出 A 产成品的成本。贝壳公司有关存货会计处理表述正确的是(　　　)。

    A. 可修复的废品损失 10 万元计入产品成本

    B. 完工入库产品成本为 17 610 万元

    C. 销售产品成本为 15 100 万元

    D. 库存商品期末成本为 6 490 万元

7. 贝壳公司月初甲产品结存金额为 1 000 元,结存数量 20 件,采用移动加权平均法计价;本月 10 日和 20 日甲产品分别完工入库 400 件和 500 件,单位成本分别为 52 元和 53 元;本月 15 日和 25 日分别销售该产品 380 件和 400 件。该甲产品月末结存余额为(　　　)。

    A. 7 000 元　　　　　　B. 7 410 元　　　　　　　C. 7 350 元　　　　　　　D. 7 500 元

8. 贝壳公司 20×3 年 8 月 1 日乙材料结存 150 千克,单价 15 元;6 日购买乙材料 1 800 千克,单价 11 元;18 日购买乙材料 1 350 千克,单价 11.5 元;20 日发出乙材料 1 350 千克。采用先进先出法计价时,则乙材料月末结存金额为(　　　)。

    A. 22 125 元　　　　　　B. 22 050 元　　　　　　C. 22 950 元　　　　　　D. 22 725 元

9. 企业购进存货尚未入库时,应将其成本计入(　　　)。

    A. "在途物资"账户　　　　　　　　　　B. "原材料"账户

    C. "存货"账户　　　　　　　　　　　　D. "应交税费"账户

二、多选题

1. 按照新的会计准则规定,下列属于企业发出存货计量方法的有(　　　)。

    A. 后进先出法　　　　　　　　　　　　B. 先进先出法

    C. 移动加权平均法　　　　　　　　　　D. 个别计价法

2. 在下列各种物资中,应该作为企业存货核算的有(　　　)。

    A. 原材料　　　　　　　　　　　　　　B. 发出商品

　　C. 库存商品　　　　　　　　　　　D. 工程物资

3. 企业存货数量的确定方法有(　　)。

　　A. 实地盘存制　　　　　　　　　　B. 永续盘存制

　　C. 先进先出法　　　　　　　　　　D. 后进先出法

三、判断题

1. 在永续盘存制下，不需要对存货进行盘点。　　　　　　　　　　　　　(　　)

2. 制造费用属于费用类科目。　　　　　　　　　　　　　　　　　　　　(　　)

3. 购买工程物资所对应的增值税应记入在建工程的价值当中。　　　　　　(　　)

4. 库存商品科目借方表示减少，贷方表示增加。　　　　　　　　　　　　(　　)

5. 主营业务成本属于成本类科目。　　　　　　　　　　　　　　　　　　(　　)

四、思考题

1. 成本计算的意义是什么？

2. 存货的盘存制度有哪些？它们之间有什么样的区别？

3. 哪些成本计入资产的入账价值？哪些成本用于计算当期利润？判断依据是什么？

4. 发出存货的计价方法有哪些？它们的特点各是什么？

五、业务题

贝壳公司原材料按实际成本核算，20×3年8月份公司发生下列材料物资采购业务：

(1) 公司购入甲材料7 000千克，单价16元，增值税进项税额14 560元，款项尚未支付，材料未到。

(2) 用银行存款3 500元支付上述甲材料外地运杂费。

(3) 购入乙材料240吨，单价840元，增值税进项税额为26 208元，款项均通过银行付清，材料尚未入库。

(4) 用银行存款10 000元预付订购材料款。

(5) 以前已预付款的丁材料本月到货并验收入库，价款 144 000元，增值税进项税额为18 720元，以前预付款 200 000元，剩余款项供货单位尚未退回。

要求：编制本月业务的会计分录。

 微课视频

扫一扫，获取本章相关微课视频。

8-1 存货成本核算.mp4　　　　8-2 固定资产建造成本核算.mp4

第九章 财 产 清 查

本章主要介绍财产清查的概念与意义、财产清查的种类、财产清查的一般程序、财产清查的方法及会计处理等内容。关于财产清查的方法主要介绍了货币资金的清查、实物资产的清查以及往来款项的清查。

 学习目标

1. 了解财产清查的概念、种类。
2. 掌握财产清查的方法。
3. 熟练掌握银行存款余额调节表的编制方法。
4. 熟练掌握库存现金、存货、固定资产清查结果的账务处理。

【课前思考】

1. 为什么企业财产实际数与账面数会产生不一致的情况?
2. 作为企业财务人员,如何尽可能减少企业财产实际数与账面数不一致的情况?
3. 企业财产实际数与账面数产生差异后要如何处理?

第一节 财产清查概述

一、财产清查的概念与意义

(一)财产清查的概念

财产清查是指通过对货币资金、实物资产和往来款项等财产物资进行盘点或核对,确定其实存数,查明账存数与实存数是否相符的一种专门方法。财产清查工作一般是在年末决算前进行,也可以进行不定期的财产清查。

财产清查的目的是保证账实相符。导致账实不符的常见原因有:①收发计量工具、衡器误差;②会计程序遗漏登记、重复登记、错误登记,或者计算错误;③实物资产的物理属性所导致的误差，如糖的称重会受到空气湿度的影响；④未达账项，即票据传递时差会导致暂时性的账实不符；⑤管理人员的过失或营私舞弊、贪污失职；⑥不可抗力因素导致的实物资产灭失或毁损。

(二)财产清查的意义

加强财产清查工作，对于加强企业管理具有重要意义。

首先，通过财产清查，做到账实相符，保证会计信息的真实可靠，保护各项财产的安全完整。通过财产清查，可以查明各项实物资产的保管情况，有无因管理不善或内部控制缺陷等原因造成的短缺、霉烂变质、损失浪费以及贪污、盗窃等情况，以便堵塞漏洞、改进内控、建立和健全有关经济责任制度，进而确保财产的安全与完整。

其次，通过财产清查，可以保证内部控制制度实施。查明财产物资盘盈盘亏的原因，落实经济责任，从而完善公司管理制度。对往来款项、有价票据和银行存款等进行核对，可以查明各单位是否遵守财经纪律和结算制度，有无不合理的债权、债务关系，如发现问题，应及时上报研究处理，促使企业自觉遵守财经纪律和有关规章制度。

最后，通过财产清查，可以挖掘潜能，提高资产使用效率。通过财产清查，可以查明资产的储备和利用情况，对储备不足的，应及时加以补充，保证生产的需要；对库存积压、超储、不配套的应及时进行处理，避免损失浪费，充分挖掘资产的潜能，加速资金周转，提高经济效益。

> **【思政要点】**
>
> 会计人员应当要秉承廉洁自律的职业道德，树立正确的人生观、价值观，在日常业务的处理中，不能利用自己的职务之便挪用公司财产，应当做到遵纪守法，自觉遵守财经纪律和职业道德守则，坚决抵制诱惑。

二、财产清查的种类

企业的财产清查工作可以按照不同的视角进行。在会计实务中，财产清查的种类很多，可以按不同的标准进行分类，通常主要有以下三种分类。

(一)按照清查范围分类

财产清查工作按照清查范围的不同分类，可以分为全面清查和局部清查。

(1) 全面清查。全面清查就是对属于本单位或存放在本单位的所有实物资产、货币资金、有价票据和债权债务进行全面盘点和核对。对资产负债表所列项目，要逐一盘点、核对。全面清查的内容多，范围广，投入人力多，花费时间长，因此，一般有以下情况才必须进行全面清查：每年年终决算之前，要进行全面清查或者在一个会计年度内轮番地全面清查一次以达到全面清查的目的，以便真实反映财产状况；企业重组、合并或撤销，要求对全部财产进行清查，以便落实财产评估公司价值，明确权利和责任，避免经济纠纷；进行资产评估、清产核资工作，要对全部财产进行清查，以便摸清家底，有利于资金安排。

(2) 局部清查。局部清查就是根据企业管理的需要或依据有关规定，对部分财产物资、债权债务进行盘点和核对。局部清查一般在以下情况发生时实施：对于提出问题的个别财产进行深入的查询；对于贵金属等物资，每月至少清查盘点一次；对于现金，应由出纳人员当日清点核对；对于银行存款，每月至少要与银行核对一次；对于各种债权债务，每年至少应核对一次。

(二)按照清查时间分类

财产清查工作按照清查时间的不同分类，可以分为定期清查和不定期清查。

(1) 定期清查。定期清查就是按事先规定的时间对财产物资、债权债务进行的清查。定期清查一般是在年度、季度或月末结账前进行。定期清查可以是全面清查，也可以是局部清查。定期清查的目的在于核实财产的账实是否相符，以保证会计信息的真实可靠。

(2) 不定期清查。不定期清查是事先并无计划安排，而是根据实际需要所进行的临时性清查。不定期清查一般在以下情况发生时才需要进行：更换物资和现金的保管人员，要对有关人员所保管的物资和现金进行清查后才能办理交接，以分清责任；发生自然灾害等非常损失，要对受灾损失的有关财产进行清查，以查明损失情况；企业撤销、合并或重组，应对全部财产进行清查。不定期清查可以是局部清查，也可以是全面清查，应根据实际需要来确定清查的对象和范围。

(三)按照清查的执行系统分类

财产清查工作按照清查执行系统的不同分类，可以分为内部清查和外部清查。

(1) 内部清查。内部清查是指由本单位内部自行组织清查工作小组所进行的财产清查工作。大多数财产清查都是内部清查。

(2) 外部清查。外部清查是指由上级主管部门、审计机关、司法部门、注册会计师等根据国家有关规定或情况需要对本单位进行的财产清查。一般来讲，进行外部清查时应有本单位相关人员参加。

三、财产清查的一般程序

财产清查既是会计核算的一种专门方法，又是财产物资管理的一项重要制度。企业必须有计划、有组织地进行财产清查。财产清查一般包括以下程序。

(1) 建立财产清查组织。

(2) 组织清查人员学习有关政策规定，掌握有关法律、法规和相关专业知识，以提高财产清查工作的质量。

(3) 确定清查对象、范围，明确清查任务。

(4) 制定清查方案，具体安排清查内容、时间、步骤、方法，以及必要的清查前准备。

(5) 清查时本着先清查数量、核对有关账簿记录等，后认定质量的原则进行。

(6) 填制盘存清单。

(7) 根据盘存清单，填制实物、往来款项清查结果报告表。

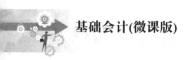

第二节 财产清查的准备工作内容与方法

一、财产清查的准备工作

财产清查涉及面广、工作量大、对生产经营也有较大影响。为保证财产清查的质量和效率，必须在财产清查之前，做好准备工作，制订财产清查的具体实施计划，确定清查的对象、范围、时间和方法步骤，确定参加清查人员的分工、职责。应由单位领导牵头成立财产清查小组，其成员应有各部门主要负责人和经办人员。财产清查的准备工作主要包括清查材料准备工作、清查账务准备工作以及物资管理部门的准备工作。

(1) 清查材料准备工作。财产清查需要的文件，一般有如下内容：明确财产清查的意义、目的和财产清查小组的成立；财产清查的内容、方法和时间安排；财产清查盘存表、库存现金盘点报告表、银行存款未达账项登记表、银行存款余额调节表、往来款项和有价证券清查报告表等。

(2) 清查账务准备工作。财产清查开始前一天的结存数额即为需要清查的数额，因此，该时点前的账目必须处理登记齐全，以便账实口径一致便于核对。财产清查之前，会计人员将发生的经济业务在账簿中全部登记完毕，结出余额，并做到账证相符、账账相符，以保证账面资料的真实可靠。

(3) 物资管理部门的准备工作。财产物资使用和保管部门、人员应对截至清查日期止的所有经济业务，办理好凭证手续，并登入相应的账、卡中，结出余额，做好实物的整理和标识工作。物资管理部门应于财产清查前，将库存物品进行规范置放，在货位卡上标明品种、规格型号和结存数量，并准备好相应的计量器具。

二、财产清查的内容和方法

财产清查的内容包括企业的所有资产，具体分为货币资金的清查、实物资产的清查以及往来款项的清查等。

为了查明财产清查对象的实有数额，完成清查的任务，应结合企业各项财产物资的形态、体积、重量、存放地点、存放方式及数量了解和掌握财产清查的各种具体方法。

(一)货币资金的清查

货币资金是以货币形态存在的资产，是企业流动性最强的资产。依据存放地点以及用途的不同分类，货币资金分为库存现金、银行存款和其他货币资金。其他货币资金是指企业除了银行存款和库存现金以外的其他各种货币资金，包括银行汇票存款、银行本票存款、信用卡存款、信用证保证金存款、存出投资款、外埠存款等其他货币资金。

货币资金的清查具体是指对库存现金、银行存款和其他货币资金的清查。

1. 库存现金的清查

库存现金在清查时，一般通过实地盘点的方法，确定库存现金的实存数，再与库存现金日记账的账面余额核对，以查明盈亏情况。

在进行现金清查时，为了明确经济责任，出纳必须在场。如果发现盘盈或盘亏，清查人员必须会同出纳人员当场进行核实。在清查库存现金时，除了要清查库存现金的实有数额外，还应检查企业有无"坐支"现金、实有数额有无超过库存现金限额、有无将白条和借条抵充库存现金的情况。

现金盘点后，应根据盘点的结果及时与库存现金日记账核对，填制"库存现金盘点报告表"，如表9-1所示。"库存现金盘点报告表"也是重要的原始凭证，不仅起到"盘存单"的作用，还起到"实存账存对比表"的作用。"库存现金盘点报告表"应由盘点人员和出纳共同签章方能生效。

表 9-1　库存现金盘点报告表

单位名称：　　　　　　　　　　　　年　月　日　　　　　　　　　　单位：元

实有金额	账存金额	对比结果		备注
		盘盈	盘亏	

部门负责人：　　　　　　　　　出纳员：　　　　　　　　　盘点人：

【思政要点】

中国现金管理制度规定：单位的一切现金支付必须向开户银行提取，不准从本单位的现金收入中支付。从自己业务收入中直接支付现金的做法称为坐支现金。坐支现金会打乱现金收支的正常渠道，造成统计数字的虚假，使银行无从了解现金收入的来源和数量、现金支出的去向和数量，削弱银行对单位现金收支活动的监督与管理，给挪用、贪污等违法行为留下可乘之机。作为秉承廉洁自律职业道德的财务人员，我们不仅要做到不挪用、贪污企业的资金，还要做到严格按照法律法规、财务规范的要求进行日常核算及资金管理。

2. 银行存款的清查

银行存款的清查是采用与开户银行核对账目的方法进行的，即将本单位的银行存款日记账与开户银行转来的对账单逐笔进行核对。即使双方记账都没有错误，银行存款日记账的余额和银行对账单的余额也有可能不一致。通过核对的双方记录，可以检查双方记录有无错误，有无未达账项，并在此基础上确定银行存款的实有数额。造成双方余额不一致的原因主要有两个方面：一是企业或银行记录错误；二是未达账项的影响。

所谓未达账项是指由于企业与银行取得结算凭证在企业和银行间传递时间上的先后，导致记账时间不一致，而发生的一方已取得结算凭证且已登记入账，而另一方未取得结算凭证尚未入账的款项。任何一种情况的发生，都会使企业与银行的账面余额不相一致。未达账项主要包括以下四种情况。

第一种，企业已收，银行未收。企业存入各种款项，企业已经登记入账，作为存款的增加，而银行尚未入账。

第二种,企业已付,银行未付。企业开出支票和其他付款凭证,企业已经登记入账,作为存款的减少,而银行尚未支付或尚未办理转账手续,所以尚未入账。

第三种,银行已收,企业未收。企业委托银行代收的货款和银行应付的存款利息,银行已于收到日或在计息以后登记入账,作为企业存款的增加,而企业尚未收到通知,尚未入账。

第四种,银行已付,企业未付。委托银行代付的款项,银行已于付款后登记入账,作为企业存款的减少,而企业尚未收到通知,所以尚未入账。

上述任何一种未达账项的存在,都会使企业银行存款日记账的余额与银行开出的对账单的余额不符。在第一种和第四种两种情况下,会使企业账面的存款余额大于银行账面的存款余额;而在第二种和第三种两种情况下,又会使企业账面的存款余额小于银行账面的存款余额。所以,在与银行对账时首先应查明是否存在未达账项,如果存在未达账项,就应当编制"银行存款余额调节表",据以调节双方的账面余额,确定企业银行存款实有数。

银行存款的清查按以下步骤进行。

(1) 根据经济业务、结算凭证的种类、号码和金额等资料,逐日逐笔核对银行存款日记账和银行对账单,凡是双方都有记录的,用铅笔在金额旁打上记号"√"。

(2) 找出未达账项(即银行存款日记账和银行对账单中没有打"√"的款项)。

(3) 将日记账和对账单的月末余额及找出的未达账项填入"银行存款余额调节表",并计算出调整后的余额。

(4) 将调整平衡的"银行存款余额调节表",经主管会计签章后,呈报开户银行。

银行存款余额调节表的编制,是以双方的账面余额为基础,各自加上对方已收自己未收的款额,减去对方已付自己未付的款额。余额调整公式如下。

$$\begin{array}{c}企业银行存款\\日记账余额\end{array} + \begin{array}{c}银行已收\\企业未收\end{array} - \begin{array}{c}银行已付\\企业未付\end{array} = \begin{array}{c}银行对账单\\存款余额\end{array} + \begin{array}{c}企业已收\\银行未收\end{array} - \begin{array}{c}企业已付\\银行未付\end{array}$$

银行存款余额调节表(见表 9-2)主要有以下三个方面的作用。

(1) 银行存款余额调节表仅仅是加强管理的一种手段,是一种对账记录或对账工具,它不是原始凭证,更不是记账凭证,因此,不能根据银行存款余额调节表中的未达账项来调整银行存款账面记录,未达账项只有在收到有关凭证后才能进行有关账务处理。

(2) 调节后的余额如果相等,通常说明企业和银行的账面记录一般没有错误。该余额通常为企业可以动用的银行存款实有数。

(3) 调节后的余额如果不相等,通常说明一方或双方记账有误,需进一步追查,查明原因后予以更正和处理。

表 9-2　银行存款余额调节表

年　　月　　日　　　　　　　　　　　　　　　　单位:元

项　　目	金　额	项　　目	金　额
银行存款日记账余额		银行对账单余额	
加:银行已收企业未收		加:企业已收银行未收	
减:银行已付企业未付		减:企业已付银行未付	
调节后的余额		调节后的余额	

部门负责人:　　　　　　　　　　出纳员:　　　　　　　　　　核对人员:

【例9-1】20×3年12月31日，贝壳公司银行存款日记账余额为3 456 846元，银行对账单余额为3 458 820元，经逐笔核对，发现以下未达账项。

(1) 贝壳公司收到大江公司货款的转账支票一张，金额7 980元已经入账，但尚未填写进账单送存银行。

(2) 贝壳公司开出转账支票一张采购办公用品，金额2 880元已入账，但对方尚未通过开户银行办理转账手续。

(3) 贝壳公司委托银行收取大河公司货款8 112元，银行已收妥入账，但凭证还未送达贝壳公司。

(4) 银行代贝壳公司支付水电费1 038元，凭证还未送达贝壳公司。

要求：根据上述未达账项，编制贝壳公司20×3年12月31日的"银行存款余额调节表"，部门负责人为李强，出纳员为王峰，核对人员为刘伟(见表9-3)。

表9-3　银行存款余额调节表

20×3年12月31日　　　　　　　　　　　　　　　　单位：元

项　目	金　额	项　目	金　额
银行存款日记账余额	3 456 846	银行对账单余额	3 458 820
加：银行已收企业未收	8 112	加：企业已收银行未收	7 980
减：银行已付企业未付	1 038	减：企业已付银行未付	2 880
调节后的余额	3 463 920	调节后的余额	3 463 920

部门负责人：李强　　　　　　　　出纳员：王峰　　　　　　　　核对人员：刘伟

3. 其他货币资金的清查

其他货币资金一般是指银行汇票存款、银行本票存款、信用卡存款、信用证保证金存款、存出投资款、外埠存款等，对其进行清查及采用的清查方法，与银行存款基本相同。因为这些存款一般都是存在银行或其他金融机构。

(二)实物资产的清查

实物资产主要包括固定资产、存货等。实物资产的清查就是对实物资产在数量和质量上进行的清查。盘点仓库物资时，第一步应该查明实物的名称、规格和型号；第二步清点实物数量，避免重复清点或漏点；最后一步检验实物的质量，从中发现有无腐烂、变质、毁损等情况，以确定实物的完好程度。不同品种的财产物资，由于实物形态、体积重量、码放方式不同，采用的清查方法也不同，一般有实地盘点法、抽样盘点法、技术推算盘点法等方法。

1. 实地盘点法

实地盘点法是通过到现场对实物进行逐一点数、过磅、量尺等方式，确定财产物资实有数量。要求清查人员抵达货物保管或者使用现场，采用科学的计量方法以确认货物的实际数量。实地盘点法适用范围广且易于操作，大部分财产物资均可采用。

2. 抽样盘点法

抽样盘点法是采用抽样检查确定各有关财产物资实存数的方法。对量大不便于盘点的物

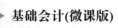

资，如包装完整、规格统一、内装量大的材料和标准件等，可按一定比例抽样盘点，以确定全部物资的数量。抽样盘点法适用于单位价值较低、数量较多的财产，具体可分为随机抽样、分层抽样等。

3. 技术推算盘点法

技术推算盘点法是利用技术方法对财产物资的实存数进行推算，又称估推法。采用这种方法，对于财产物资不是逐一清点计数，而是通过量方、计尺等技术推算财产物资的结存数量。技术推算盘点法只适用于成堆量大而价值不高，难以逐一清点的财产物资的清查。例如煤炭、化工用盐等。技术推算盘点法可通过测量计算，确定其实有数量。

在实物资产清查过程中，实物保管人员和盘点人员必须同时在场。对于盘点结果，应如实登记盘存单，并由盘点人和实物保管人员签字或盖章，以明确经济责任。盘存单既是记录盘点结果的书面证明，也是反映财产物资实存数的原始凭证。盘存单的一般格式。如表 9-4 所示。

表 9-4　盘存单

单位名称：　　　　　　　　　　盘点时间：　　　　　　　　　编号：

财产类别：　　　　　　　　　　存放地点：

编号	名称	计量单位	数量	单价	金额	备注

为了查明实存数与账存数是否一致，确定盘盈或盘亏情况，应根据盘存单和有关账簿记录，编制实存账存对比表。实存账存对比表是用以调整账簿记录的重要原始凭证，也是分析产生差异的原因、明确经济责任的依据。实存账存对比表的一般格式，如表 9-5 所示。

表 9-5　实存账存对比表

单位名称：　　　　　　　　　　年　　月　　日

编号	名称及规格	计量单位	单价	实存		账存		对比结果				备注
				数量	金额	数量	金额	盘盈		盘亏		
								数量	金额	数量	金额	

部门负责人：　　　　　　　　保管人：　　　　　　　　制表人：

(三)往来款项的清查

往来款项主要包括应收、应付款项和预收、预付款项等。往来款项的清查一般采用发函询证的方法进行核对。清查单位应在其各种往来款项记录准确的基础上，按每一个经济往来单位填制"往来款项对账单"一式两联，其中一联交给对方单位核对账目，另一联作为回单联。对方单位经过核对相符后，在回单联上加盖公章退回，表示已核对。如有数字不符，对方单位应在对账单中注明情况退回本单位，本单位进一步查明原因，再进行核对。

往来款项清查以后，将清查结果编制"往来款项清查报告单"(见表 9-6)，填列各项债权、债务的余额。对于有争执的款项以及无法收回的款项，应在报告单上详细列明情况，以便及时采取措施进行处理，避免或减少坏账损失。

表 9-6　往来款项清查报告单

总分类账户：　　　　　　　　　年　　月　　日　　　　　　单位：元

明细账户名称	账面余额	清查结果		核对不符合原因分析			备注
		核对相符金额	核对不符金额	未达账项金额	有争执款项金额	其他	

部门负责人：　　　　　　　会计(记账)：　　　　　　　制表人：

第三节　财产清查结果的处理

一、财产清查结果处理的要求

财产清查结果的处理是指对清查过程中发现的账面结存数和实际结存数不相符合的情况进行有关的会计处理。对于财产清查中发现的问题，如财产物资的盘盈、盘亏、毁损或其他各种损失，应核实情况，调查分析产生的原因，按照国家有关法律法规的规定进行相应的处理。财产清查结果实存数大于账存数，说明资产发生溢余，称之为盘盈；若实存数小于账存数，说明资产发生短缺，称之为盘亏。

财产清查结果处理的具体要求有：①分析产生差异的原因和性质，提出处理建议；②积极处理多余积压财产，清理往来款项；③总结经验教训，建立健全各项管理制度；④及时调整账簿记录，保证账实相符。

二、财产清查结果的处理步骤

企业对财产清查的结果，应当按照国家有关会计准则制度的规定进行，认真处理财产清查中发现的盘盈、盘亏等问题。对于财产清查结果的处理可分为审批之前的处理和审批之后的处理两个步骤。

(一)审批之前的处理

根据清查结果报告表、盘点报告表等已经查实的数据资料，填制记账凭证，记入有关账簿，使账簿记录与实际盘存数相符，同时根据权限将处理建议报股东大会、董事会、经理(厂长)会议或类似机构批准。

(二)审批之后的处理

企业清查的各种财产损溢,应于期末前查明原因,并根据企业的管理权限,经股东大会、董事会、经理(厂长)会议或类似机构批准后,在期末结账前处理完毕。企业应严格按照有关部门对财产清查结果提出的处理意见进行账务处理,填制有关记账凭证,登记有关账簿,并追回应由责任者承担的财产损失。

期末结账前,如果企业清查的各种待处理财产损溢尚未经批准,在对外提供财务报表时,先按上述规定进行处理,并在附注中作出说明;其后批准处理的金额与已处理金额不一致的,调整财务报表相关项目的期初数。

三、财产清查结果的账务处理

(一)账户设置

为了反映和监督企业在财产清查过程中查明的各种财产物资的盘盈、盘亏、毁损及其处理情况,应设置"待处理财产损溢"账户(但固定资产盘盈要通过"以前年度损益调整"账户核算)。

"待处理财产损溢"账户是双重性质的资产类账户,用来核算在财产清查中所发现的各项财产物资的盘盈、盘亏及其处理情况。该账户的借方登记发生的各种财产物资的盘亏金额和批准转销的盘盈金额,贷方登记发生的各种财产物资的盘盈金额和批准转销的盘亏金额。处理前的借方余额为尚未处理的各种财产物资的净损失,处理前的贷方余额为尚未处理的各种财产物资的净溢余(见图9-1)。该账户还应设置"待处理流动资产损溢"和"待处理非流动资产损溢"两个明细账户。

借方	待处理财产损溢	贷方
1.发生待处理财产的盘亏数和毁损数	1.发生待处理财产的盘盈数	
2.结转经批准处理的财产盘盈数	2.结转经批准处理的财产盘亏数和毁损数	

图9-1 待处理财产损溢账户结构图

(二)库存现金清查结果的处理

(1) 库存现金盘盈的账务处理。库存现金盘盈时,应及时办理库存现金的入账手续,调整库存现金账簿记录,即按盘盈的金额借记"库存现金"科目,贷记"待处理财产损溢——待处理流动资产损溢"科目。

对于盘盈的库存现金,应及时查明原因,按管理权限报经批准后,按盘盈的金额借记"待处理财产损溢——待处理流动资产损溢"科目,按需要支付或退还他人的金额贷记"其他应付款"科目,无法查明原因的金额贷记"营业外收入"科目。

(2) 库存现金盘亏的账务处理。库存现金盘亏时,应及时办理盘亏的确认手续,调整库存现金账簿记录,即按盘亏的金额借记"待处理财产损溢——待处理流动资产损溢"科目,贷记"库存现金"科目。

在现金短缺的情形下,对于应由责任人赔偿或保险公司赔偿的部分,应记入"其他应收款"科目。对于无法查明原因的现金短缺,企业会计准则体系并未明确规定其会计处理规则,理论上各单位可在管理制度中予以统一规定。例如,可根据管理所需采取如下三种处理方法:一是视为出纳人员失职,因此,出于加强管理、彻底堵住管理漏洞的考虑,可责令其赔偿,记入"其他应收款"科目;二是视为管理水平欠佳的代价,记入"管理费用"科目,在分析管理质量时可酌情采取针对性措施;三是视为偶然发生的损失,记入"营业外支出"科目。

【例9-2】贝壳公司在20×3年2月5日财产清查中发现现金溢余5 000元。20×3年2月15日,经过调查其中4 000元应支付给客户大江公司,还有1 000元无法查明原因,经领导批准后作为营业外收入处理。贝壳公司应编制会计分录如下。

(1) 批准前,

借:库存现金   5 000

 贷:待处理财产损溢——待处理流动资产损溢   5 000

(2) 批准后,

借:待处理财产损溢——待处理流动资产损溢   5 000

 贷:其他应付款   4 000

   营业外收入   1 000

【例9-3】贝壳公司在20×3年1月5日财产清查中发现出纳王芳保管的现金短缺500元。20×3年1月15日,经过调查属于出纳人员的责任,经领导批准应当由出纳人员赔偿。贝壳公司应编制会计分录如下。

(1) 批准前,

借:待处理财产损溢——待处理流动资产损溢   500

 贷:库存现金   500

(2) 批准后,

借:其他应收款   500

 贷:待处理财产损溢——待处理流动资产损溢   500

(三)存货清查结果的处理

(1) 存货盘盈的账务处理。存货盘盈时,应及时办理存货入账手续,调整存货账簿的实存数。盘盈的存货应按其重置成本作为入账价值,借记"原材料""库存商品"等科目,贷记"待处理财产损溢——待处理流动资产损溢"科目。

对于盘盈的存货,应及时查明原因,按管理权限报经批准后,冲减管理费用,即按其入账价值,借记"待处理财产损溢——待处理流动资产损溢"科目,贷记"管理费用"科目。

(2) 存货盘亏的账务处理。存货盘亏时,应按盘亏的金额借记"待处理财产损溢——待处理流动资产损溢"科目,贷记"原材料""库存商品"等科目。材料、产成品、商品采用计划成本(或售价)核算的,还应同时结转材料成本差异(或商品进销差价)。涉及增值税的,还应进行相应处理。

对于盘亏的存货,应及时查明原因,按管理权限报经批准后,按可收回的保险赔偿和过失人赔偿的金额借记"其他应收款"科目,按管理不善等原因造成净损失的金额借记"管理费用"科目,按自然灾害等原因造成净损失的金额借记"营业外支出"科目,按原记入"待处理财产损溢——待处理流动资产损溢"科目借方的金额贷记本科目。

【例9-4】贝壳公司在财产清查中盘盈A材料100千克，价值1 000元。经查明，A材料的盘盈是由于收发计量差错造成的。贝壳公司应编制会计分录如下。

(1) 批准前，

借：原材料——A材料   1 000

  贷：待处理财产损溢——待处理流动资产损溢   1 000

(2) 批准后，

借：待处理财产损溢——待处理流动资产损溢   1 000

  贷：管理费用   1 000

【例9-5】贝壳公司为增值税一般纳税人，20×3年6月1日因暴风雨造成一批库存A材料毁损。该批材料账面余额为10 000元，未计提存货跌价准备，根据保险合同约定，由黄河保险公司赔偿6 500元。贝壳公司应编制会计分录如下。

(1) 批准前，

借：待处理财产损溢——待处理流动资产损溢   10 000

  贷：原材料——A材料   10 000

(2) 批准后，

借：其他应收款   6 500

  营业外支出   3 500

  贷：待处理财产损溢——待处理流动资产损溢   10 000

(四)固定资产清查结果的处理

企业应当定期或者至少于每年年末对固定资产进行清查盘点，以保证固定资产核算的真实性，充分挖掘企业现有固定资产的潜力。在固定资产清查过程中，如果发现盘盈、盘亏的固定资产，应当填制固定资产盘盈盘亏报告表。清查固定资产的损溢，应当及时查明原因，并按照规定程序报批处理。

(1) 固定资产盘盈的账务处理。为了限制企业利用盘盈固定资产来操纵利润，我国现行企业会计准则及其应用指南要求企业对固定资产盘盈比照会计差错进行账务处理。

企业设"以前年度损益调整"科目核算企业本年度发生的调整以前年度损益的事项，以及本年度发现的重要前期差错更正涉及调整以前年度损益的事项。该科目结转后应无余额。

企业在财产清查过程中盘盈的固定资产，经查明确属企业所有，按管理权限报经批准后，应根据盘存凭证填制固定资产交接凭证，经有关人员签字后送交企业会计部门，填写固定资产卡片账，并作为前期差错处理，通过"以前年度损益调整"科目核算。盘盈的固定资产通常按其重置成本作为入账价值借记"固定资产"科目，贷记"以前年度损益调整"科目。涉及增值税、所得税和盈余公积的，还应按相关规定处理。

(2) 固定资产盘亏的账务处理。固定资产盘亏可比照存货盘亏进行账务处理，通过"待处理财产损溢"科目进行核算。

固定资产盘亏时，按盘亏固定资产的账面价值，借记"待处理财产损溢——待处理非流动资产损溢"科目，按已提折旧额，借记"累计折旧"科目，按其原价，贷记"固定资产"科目。涉及增值税和递延所得税的，还应按相关规定处理。

对于盘亏的固定资产，应及时查明原因，按管理权限报经批准后，按过失人及保险公司应赔偿额，借记"其他应收款"科目，按盘亏固定资产的原价扣除累计折旧和过失人及保险公司赔偿后的差额，借记"营业外支出"科目，按盘亏固定资产的账面价值，贷记"待处理财产损溢——待处理非流动资产损溢"科目。

【例9-6】20×3年12月31日，贝壳公司对固定财产进行清查后，发现盘亏一台设备，该设备原价90 000元，已提折旧27 000元，其原因是自燃烧毁。不考虑相关税费的情况下，贝壳公司应编制会计分录如下。

(1) 批准前：

借：待处理财产损溢——待处理非流动资产损溢   63 000

    累计折旧   27 000

    贷：固定资产   90 000

(2) 批准后：

借：营业外支出   63 000

    贷：待处理财产损溢——待处理非流动资产损溢   63 000

(五)往来款项清查结果的处理

往来款项主要包括应收账款和应付账款等。往来款项清查结果的处理中，对于在清查中发现的坏账损失和企业无法支付的应付账款，只有在经批准后才进行账务处理，批准前不做任何账务处理，这种做法与货币资产和实物资产清查结果的处理方法不同。

1. 应收账款清查结果的处理

当债务人已经破产清算，或因为种种原因没有偿还债务的能力，那么债务人所欠的款项就有可能全部或部分收不回来，因此会给企业造成损失，这种损失在会计上称为坏账损失。应收账款清查结果的处理主要是对坏账损失进行账务处理。

企业对坏账损失应采用备抵法进行处理。在备抵法下，应按期(一般在每年年末)估计可能发生的坏账损失，采用一定方法计提坏账准备，并计入当期信用减值损失；当确认发生坏账时，可根据确认的实际坏账金额转销(冲减)上一年度已经提取的坏账准备。企业估计坏账损失的方法有应收账款余额百分比法和账龄分析法等。

采用备抵法时，企业应当设置"坏账准备"账户。"坏账准备"账户属于资产类账户，用来核算企业坏账准备的提取和转销情况，借方登记根据已经确认的坏账损失金额转销的坏账准备，贷方登记按企业选定的方法提取的坏账准备。

【例9-7】20×3年11月，贝壳公司在财产清查中确认，应收田园公司30 000元货款无法收回。经批准作为坏账损失予以转销。贝壳公司应编制会计分录如下。

借：坏账准备   30 000

    贷：应收账款——田园公司   30 000

2. 应付账款清查结果的处理

由于债权人单位撤销或不存在等原因，企业会发生无法支付给对方的应付款项。对这种确实无法支付的应付款项，经批准后应转作企业的营业外收入，直接借记"应付账款"账户，贷记"营业外收入"账户。

【例9-8】贝壳公司20×3年6月在财产清查中发现，有10 000元应付甲公司货款无法偿还给债权人，经批准后转为企业的营业外收入。贝壳公司应编制会计分录如下。

借：应付账款——甲公司   10 000
    贷：营业外收入   10 000

本章小结

    财产清查，是指通过对货币资金、实物资产和往来款项等财产物资进行盘点或核对，确定其实存数，查明账存数与实存数是否相符的一种专门方法。财产清查对加强企业管理、保证财产的安全完整、保证企业内部控制制度的有效实施、提高资产使用效率及保证会计信息的真实可靠等方面具有重要意义。

    财产清查按照清查对象的范围不同分类，可以分为全面清查和局部清查；按照清查时间的不同分类，可以分为定期清查和不定期清查；按照清查执行系统的不同分类，可以分为内部清查和外部清查。

    财产清查的准备工作主要包括清查材料准备工作、清查账务准备工作以及物资管理部门的准备工作。财产清查的内容包括企业的所有资产，具体分为货币资金的清查、实物资产的清查以及往来款项的清查等。其中，货币资金的清查具体是指对库存现金、银行存款和其他货币资金的清查。实物资产的清查主要是对存货和固定资产等实物资产在数量和质量上进行的清查。往来款项的清查主要是对应收账款和应付账款等的清查。

    在财产清查账务处理时，先要对实物资产盘亏盘盈进行会计调整，然后向上级汇报清查结果，最后根据领导批复的决定做出会计处理。

练习与思考

一、单选题

1. 下列各项中，企业现金清查发现的无法查明原因的短缺，经批准后应计入的会计科目是( )。

    A. 管理费用   B. 财务费用
    C. 其他应收款   D. 营业外支出

2. 现金的清查采用的方法是( )。

    A. 实地盘点法   B. 技术推算盘点法
    C. 发函询证法   D. 核对账目法

3. 下列各项中，企业已记入"待处理财产损溢"科目且无法查明原因的现金盘盈，按管理权限批准后应转入的会计科目是( )。

    A. 其他综合收益   B. 其他业务收入
    C. 其他收益   D. 营业外收入

4. 在记账无误的情况下，造成银行存款日记账与银行对账单不一致的原因是( )。

    A. 应收账款   B. 应付账款   C. 未达账项   D. 短期借款

5. 下列各项中，按管理权限报经批准后计入营业外支出的是( )。

    A. 因管理不善造成的原材料盘亏   B. 固定资产盘亏净损失

C. 无法查明原因的现金短缺　　　　D. 应由过失人赔付的库存商品毁损

6. 下列各项中，企业通过"待处理财产损溢"科目核算的业务是(　　)。

A. 固定资产报废　　　　　　　　B. 固定资产减值

C. 固定资产盘盈　　　　　　　　D. 固定资产盘亏

二、多选题

1. 下列各项中，关于财产清查方法的表述正确的有(　　)。

A. 应收账款的清查一般采用发函询证的方法

B. 库存现金的清查一般采用实地盘点的方法

C. 露天堆放煤炭的清查一般采用技术推算盘点的方法

D. 银行存款的清查一般采用与开户行核对账目的方法

2. 下列各项中，采用发函询证方法进行财产清查的有(　　)。

A. 银行存款　　　　B. 应收账款　　　　C. 预付账款　　　　D. 存货

3. 关于库存现金的清查，下列说法正确的有(　　)。

A. 库存现金应该每日清点一次

B. 库存现金应该采用实地盘点法

C. 在清查过程中可以用借条、收据充抵库存现金

D. 要根据盘点结果编制"库存现金盘点报告表"

4. 编制"银行存款余额调节表"时，应调整银行对账单余额的业务是(　　)。

A. 企业已收，银行未收　　　　　B. 企业已付，银行未付

C. 银行已收，企业未收　　　　　D. 银行已付，企业未付

5. 产生未达账项的情况有(　　)。

A. 企业已收款入账，而银行尚未收款入账

B. 企业已付款入账，而银行尚未付款入账

C. 银行已收款入账，而企业尚未收款入账

D. 银行已付款入账，而企业尚未付款入账

三、判断题

1. 如果不存在未达账项，银行存款日记账账面余额与银行对账单余额之间有差额，说明企业与银行双方或其中一方存在记账错误。　　　　　　　　　　　　　　　　(　　)

2. 银行存款余额调节表中，银行对账单余额应减去企业已收银行未收。　　(　　)

3. 银行存款余额调节表可以作为调整企业银行存款账面记录的记账依据。　(　　)

4. 在进行库存现金和存货清查时，出纳人员和实物保管人员不得在场。　(　　)

四、思考题

1. 什么是财产清查？财产清查对企业来说有什么意义？

2. 财产清查可以按照哪些方法进行分类？

3. 什么是未达账项？未达账项有哪些情况？

4. 库存现金的清查结果有哪几种情况？如何进行账务处理？

5. 存货的清查结果有哪几种情况？如何进行账务处理？

6. 固定资产的清查结果有哪几种情况？如何进行账务处理？

五、业务题

1. 贝壳公司 20×3 年 12 月 31 日银行存款日记账余额 3 040 万元,银行对账单余额 2 974 万元。经逐笔核对,发现有几笔未达账项。

(1) 企业开出转账支票 4 万元购买原材料,企业已登记入账,但银行尚未登记入账。

(2) 企业将销售商品收到的转账支票 100 万元存入银行,企业已登记入账,但银行尚未登记入账。

(3) 银行受托代企业支付水电费 10 万元,银行已经登记入账,但企业尚未收到付款通知单、未登记入账。

(4) 银行已收到外地汇入货款 40 万元登记入账,但企业尚未收到收款通知单、未登记入账。

要求: 编制银行存款余额调节表,如表9-7所示。

表9-7 银行存款余额调节表

年　　月　　日　　　　　　　　　　　　　　单位: 元

项　目	金　额	项　目	金　额
银行存款日记账余额		银行对账单余额	
加:银行已收企业未收		加:企业已收银行未收	
减:银行已付企业未付		减:企业已付银行未付	
调节后的余额		调节后的余额	

部门负责人:　　　　　　　　出纳员:　　　　　　　　核对人员:

2. 贝壳公司 20×3 年 12 月 31 日进行财产清查时发现如下问题。

(1) 现金短缺 500 元,经查明是由于出纳收支错误造成的,经批准由出纳赔偿。

(2) 原材料 A 盘盈 50 千克,单价为 20 元/千克,经查明属收发计量差错。

(3) 盘亏设备一台,固定资产原值为 20 000 元,已经计提折旧 10 000 元,未计提减值准备,经查明属于失窃,可以获得保险公司赔偿 2 000 元。

要求: 根据上述业务描述完成相关会计处理。

 微课视频

扫一扫,获取本章相关微课视频。

9-1 财产清查概述.mp4　　　9-2 财产清查的内容与方法.mp4　　　9-3 财产清查结果的处理.mp4

第十章　财务会计报告

本章主要介绍财务会计报告的概念及构成，资产负债表、利润表及现金流量表的内容结构与编制方法，所有者权益变动表及财务报表附注的结构与内容。

 学习目标

1. 熟悉资产负债表、利润表的概念及其编制基础。
2. 掌握资产负债表、利润表的编制。
3. 了解现金流量表的概念、格式。
4. 了解所有者权益变动表的概念、格式及内容。
5. 了解财务报表附注的内容。

【课前思考】

1. 什么是财务会计报告？财务会计报告由哪些部分构成？
2. 通过阅读财务会计报告，可以获取关于企业的哪些信息？

第一节　财务会计报告概述

一、财务会计报告的含义

财务会计报告是指企业对外提供的反映企业某一特定日期的财务状况和某一会计期间的经营成果、现金流量等会计信息的文件。财务会计报告包括财务报表和其他应当在财务会计报告中披露的相关信息和资料。

根据上述定义可知，财务会计报告有以下三层含义。

(1) 财务会计报告是对外报告，其主要服务于企业外部的利益相关者，如投资者、债权人、供应商、政府管理部门和社会监管部门等。

(2) 财务会计报告应能综合反映企业的生产经营状况，包括某一时点的静态的财务状况和某一段时期的动态的经营成果和现金流量信息。

(3) 财务会计报告应该是一个内容全面完整的系统性文件，是一个有机的整体，不能是零散不完整信息的简单堆砌。

财务会计报告是企业财务会计确认与计量的最终结果的体现。企业外部的利益相关者主要是通过企业对外提供的财务会计报告来了解企业的财务状况、经营成果和现金流量等情况，进而为其做出投资、借贷、交易等决策提供有用的参考。因此，财务会计报告对于企业的外部信息使用者具有重要意义，我国会计法、公司法、证券法等出于保护投资者、债权人等利益的需要，均规定企业应当定期编制财务会计报告。

财务会计报告的目标，是向财务会计报告使用者提供与企业财务状况、经营成果和现金流量等有关的会计信息，反映企业管理层受托责任履行情况，有助于财务会计报告使用者作出经济决策。财务会计报告使用者通常包括投资者、债权人、政府及其有关部门、社会公众等。

二、财务会计报告的构成

财务会计报告包括财务报表及其附注和财务情况说明书等其他应当在财务会计报告中披露的相关信息和资料。一套完整的财务报表至少应当包括四表一注，四表是指资产负债表、利润表、现金流量表和所有者权益变动表；一注是指附注，附注是对财务报表的编制基础、编制依据、编制原则和方法及主要项目等所作的解释，以帮助报表使用者理解报表项目的内容和计量方法。

资产负债表是反映企业在某一特定日期的财务状况的报表。企业通过编制资产负债表，可以将企业的资产、负债、所有者权益的金额及构成情况予以反映，进而帮助信息使用者对企业的资产质量、资本权益结构、偿债能力等进行分析。

利润表是反映企业在一定会计期间的经营成果的报表。企业通过编制利润表，可以将企业在一定会计期间实现的收入、发生的费用、应当计入当期损益的利得和损失以及其他综合收益予以反映，进而可以帮助信息使用者对企业利润的质量、企业的盈利能力等方面进行分析评价。

现金流量表是反映企业在一定会计期间现金和现金等价物的流入和流出情况的报表。企业通过编制现金流量表，可以将企业经营活动、投资活动和筹资活动引起的现金及现金等价物的流入和流出情况予以反映，进而可以帮助信息使用者分析评价企业的现金流和资金周转情况。

所有者权益变动表是反映企业一定会计期间构成所有者权益的各组成部分的增减变动情况的报表。企业通过编制所有者权益变动表，既可以为报表使用者提供所有者权益总量增减变动的信息，也能为其提供所有者权益增减变动的结构性信息，特别是能够让报表使用者理解所有者权益增减变动的根源。

附注是对在财务报表中列示项目所做的进一步说明和对未能在这些报表中列示项目的说明等。企业通过编制附注，可以对财务报表予以补充说明，可以更加全面、系统地反映企业财务状况、经营成果和现金流量的全貌，进而帮助信息使用者做出更加科学合理的决策。

财务情况说明书是对财务报表反映出的经营情况，采用文字或者图表的方式对其做进一步的解释和说明。重点解释财务报表数据背后的市场环境、业务背景、主客观原因以及合理化的建议等。比如，企业亏损的主客观原因分析、收支的详细对比以及扭亏为盈的对策等。

需要指出的是，对外披露的财务报表是统一的标准化格式(特殊企业特殊业务除外)，附注和财务情况说明书是非标准产品，但它们都具有同等的重要性。对外披露财务会计报告时，财务会计报告应当由单位负责人和主管会计工作的负责人、会计机构负责人(会计主管人员)签名并盖章；设置总会计师的单位，还须由总会计师签名并盖章。

单位负责人应当保证财务会计报告真实、完整。单位负责人是指单位法定代表人或者法律、行政法规规定代表单位行使职权的主要负责人。

三、财务会计报告的作用

根据财务会计报告的含义以及财务会计报告各部分所反映的内容，财务会计报告的作用主要表现在以下三个方面。

(1) 财务会计报告可以为企业的投资者、债权人、供应商等会计信息使用者了解企业的财务状况、经营成果和经济效益及为投资者进行投资决策、债权人决定贷款去向、供应商决定销售策略等提供重要依据。

(2) 财务会计报告可以为国家经济管理部门制定宏观经济管理政策、经济决策提供重要的信息来源，更好地发挥各类政府部门的经济监督和调控作用。

(3) 财务会计报告可以为企业内部管理人员了解企业经营状况和经营成果、管理企业日常经济活动提供重要经济信息来源。

四、财务会计报告的分类

财务会计报告的核心是财务报表，而财务报表依据不同的分类标准可以有不同的分类。

1. 按编报期间的不同分类

财务报表按照编报期间的不同分类，可以分为中期财务报表和年度财务报表。广义的中期财务报表包括月份、季度、半年期财务报表。狭义的中期财务报表仅指半年期财务报表。年度财务报表是全面反映企业整个会计年度的经营成果、现金流量情况及年末财务状况的财务报表。企业每年年底必须编制并报送年度财务报表。

2. 按编报会计主体的不同分类

财务报表按编报的会计主体不同分类，分为个别财务报表和合并财务报表。个别财务报表是指在以母公司和子公司组成的具有控股关系的企业集团中，由母公司和子公司各自为主体分别单独编制的报表，用以分别反映母公司和子公司本身各自的财务状况和经营成果。合并财务报表是以母公司和子公司组成的企业集团为会计主体，以母公司和子公司单独编制的个别财务报表为基础，由母公司编制的综合反映企业集团财务状况、经营成果及其资金变动情况的财务报表。

3. 按反映内容的不同分类

财务报表按反映的经济内容的不同分类，可以分为静态报表和动态报表。静态报表是指综合反映企业某一特定日期资产、负债和所有者权益状况的报表，如资产负债表。动态报表是指综合反映企业一定期间的经营成果或现金流量情况的报表，如利润表、现金流量表。

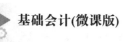
五、财务会计报告的编制要求

财务会计报告中，财务报表的种类、格式、内容和编制方法由财政部统一制定。企业应严格地按照统一规定填制和上报，才能保证会计报表口径一致，便于各有关部门通过财务报表，了解、考核和管理企业的经济活动。

为确保财务会计报告质量，编制财务会计报告表必须符合以下要求。

1. 以持续经营为基础编制

企业应当以持续经营为基础，根据实际发生的交易和事项进行确认和计量，在此基础上编制财务报表。

在编制财务报表的过程中，企业管理层应当利用所有可获得的信息来评价企业自报告期末起至少 12 个月的持续经营能力。评价时需要考虑宏观政策风险、市场经营风险、企业目前或长期的盈利能力、偿债能力、财务弹性以及企业管理层改变经营政策的意向等因素。如果评价结果对持续经营能力产生重大怀疑的，企业应当在附注中披露导致对持续经营能力产生重大怀疑的因素以及企业拟采取的改善措施。

企业如有近期获利经营的历史且有财务资源支持，则通常表明以持续经营为基础编制财务报表是合理的。企业正式决定或被迫在当期或将在下一个会计期间进行清算或停止营业的，则表明以持续经营为基础编制财务报表不再合理。在这种情况下，企业应当采用清算价值或其他基础编制财务报表，比如破产企业的资产采用可变现净值计量、负债按照其预计的结算金额计量等。并在附注中声明财务报表未以持续经营为基础编制的事实、披露未以持续经营为基础编制的原因和财务报表的编制基础。

2. 附注披露与报表列示不可相互代替

企业不应以附注披露代替确认和计量，不恰当的确认和计量也不能通过充分披露相关会计政策而纠正。如果按照各项会计准则规定披露的信息不足以让报表使用者了解特定交易或事项对企业财务状况和经营成果的影响，企业还应当披露其他的必要信息。

3. 采用正确的会计基础

除现金流量表按照收付实现制原则编制外，企业应当按照权责发生制原则编制财务报表。

4. 保持各个会计期间财务报表项目列报的一致性

财务报表项目的列报应当在各个会计期间保持一致，不得随意变更，但下列情况除外：①会计准则要求改变财务报表项目的列报；②企业经营业务的性质发生重大变化或对企业经营影响较大的交易或事项发生后，变更财务报表项目的列报能够提供更可靠、更相关的会计信息。

5. 财务报表列报的重要性原则

根据重要性原则，性质或功能不同的项目，应当在财务报表中单独列报，但不具有重要性的项目除外。性质或功能类似的项目，其所属类别具有重要性的，应当按其类别在财务报表中单独列报。某些项目的重要性程度不足以在资产负债表、利润表、现金流量表或所有者权益变动表中单独列示，但对附注具有重要性，则应当在附注中单独披露。

重要性是指在合理预期下，财务报表某项目的省略或错报会影响使用者据此作出经济决策的，该项目具有重要性。重要性应当根据企业所处的具体环境，从项目的性质和金额两方面予以判断，且对各项目重要性的判断标准一经确定，不得随意变更。判断项目性质的重要性，应当考虑该项目在性质上是否属于企业日常活动，是否显著影响企业的财务状况、经营成果和现金流量等因素；判断项目金额大小的重要性，应当考虑该项目金额占资产总额、负债总额、所有者权益总额、营业收入总额、营业成本总额、净利润、综合收益总额等直接相关项目金额的比重或所属报表单列项目金额的比重。例如，错报金额达到资产总额的 5%，就具有重要性。

6. 各财务报表项目之间原则上不得相互抵销

财务报表中的资产项目和负债项目的金额、收入项目和费用项目的金额、直接计入当期利润的利得和损失项目的金额不得相互抵销。例如，企业欠客户的应付款项不得与其他客户欠本企业的应收款项相抵销，否则就掩盖了交易的实质，但其他会计准则另有规定的除外。

一组类似交易形成的利得和损失应当以净额列示，例如，汇兑损益是按照汇兑收益与汇兑损失之差进行列示，但具有重要性的除外。

资产或负债项目按扣除备抵项目后的净额列示，不属于抵销。例如，存货是按照减去存货跌价准备之后的余额进行列示。

非日常活动产生的利得和损失，以同一交易形成的收益扣减相关费用后的净额列示更能反映交易实质的，不属于抵销。例如，非流动资产处置收益，是按照处置收入扣除该资产的账面金额和相关税费后的净额进行列示。

7. 比较数据的列报

当期财务报表的列报，至少应当提供所有列报项目上一个可比会计期间的比较数据，以及与理解当期财务报表相关的说明，但其他会计准则另有规定的除外。

财务报表的列报项目发生变更的，应当至少对可比期间的数据按照当期的列报要求进行调整，并在附注中披露调整的原因和性质，以及调整的各项目金额。

对可比数据进行调整不切实可行的，应当在附注中披露不能调整的原因。

不切实可行，是指企业在作出所有合理努力后仍然无法采用某项会计准则规定。

8. 关于表头信息的规定

企业应当在财务报表的显著位置至少披露下列各项：①编报企业的名称；②资产负债表日或财务报表涵盖的会计期间；③人民币金额单位；④财务报表是合并财务报表的，应当予以标明。

9. 财务报表的编制期间

企业至少应当按年编制财务报表。年度财务报表涵盖的期间短于一年的，应当披露年度财务报表的涵盖期间、短于一年的原因以及报表数据不具有可比性的事实。

在沪深交易所上市的公司财务报表需要按照一季度、半年、三季度和年度进行披露。

10. 关于单列项目的规定

《企业会计准则第 30 号——财务报表列报》要求单独列报的项目，应当单独列报。其他

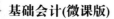

会计准则要求单独列报的项目，应当增加单独列报项目。

六、编制财务会计报告前的准备工作

从会计循环的整个流程看，会计工作的最终成果是财务会计报告。在编制财务会计报告前需要做以下几项工作。

(一)期末账项调整

期末账项调整是指为了准确计量当期收入、费用以及资产和负债，在会计期末，按照权责发生制对有关的会计事项进行调整的过程。通过期末账项调整可以帮助企业正确地反映本期的经营成果以及期末的财务状况。

(二)全面清查财产，核实债务

企业应在编制财务会计报告之前，组织财务和其他相关部门进行财产清查、减值测试和债权债务核实工作，具体包括以下内容。

(1) 清理结算款项，包括应收款项、应付款项、应交税费等是否存在，与债务、债权单位的相应债务、债权金额是否一致。

(2) 清理存货，包括原材料、在产品、自制半成品、库存商品等各项存货的实存数量与账面是否一致，是否有报废损失和积压物资等。

(3) 清理投资，核对各项投资是否存在、投资收益是否按照国家统一的会计制度规定进行确认和计量。

(4) 清理固定资产，核对房屋建筑物、机器设备、运输工具等各项固定资产的实存数量与账面是否一致。

(5) 在建工程的实际发生额与账面记录是否一致。

(6) 需要清查、核实的其他内容。

(三)对账

通过对账保证账证相符、账账相符、账实相符。

(四)结账

结账就是在会计期末计算并结转各账户的本期发生额和期末余额。

(五)编制工作底稿

工作底稿是指将一定会计期间核算所得到的会计资料汇集到一起，为最终取得一定的会计信息而进行调整、试算、分析的表式。工作底稿的编制包括以下步骤。

(1) 试算表的填制。这时需将总分类账各账户的名称填入会计科目栏内，同时将各账户的余额填入试算表的借方栏和贷方栏。

(2) 账项调整的填写。首先，应确定其应借、应贷账户及金额，然后在账户调整栏内填写账项调整分录。

(3) 将"试算表"与"账项调整"两栏相同科目的借、贷金额合并，同方向金额相加，反方向金额相减。合并所得的金额就是"调整后试算表"相应会计科目的金额,将其填入"调整后试算表"栏内。

(4) 账项结转的填写。对于期末应予结转的账项,首先应确定应借、应贷账户及金额。然后在"账项结转"栏内填写结转分录。

编制工作底稿的目的是保证迅速地编制高质量财务会计报告,如果企业能够及时提供准确的报表,也可以不编制工作底稿。因此,在财务会计报告编制时,编制工作底稿不是一项必须进行的会计工作。

第二节 资产负债表

一、资产负债表的概念及作用

资产负债表是反映企业某一特定日期财务状况的报表。该表能提供企业在某一特定日期(会计期末)所掌握的经济资源、应偿付的债务、所有者在企业中所拥有的权益、企业的偿债能力、财务前景等重要资料。资产负债表的编制基础是"资产=负债+所有者权益"这一基本的会计等式。

资产负债表的具体作用包括以下三个方面。

(1) 资产负债表提供了企业所拥有的经济资源及其结构,经营者可以具体分析企业资产分布是否合理,评价企业的资产质量。

(2) 资产负债表总括反映了企业的资金来源渠道和构成情况,投资者和债权人据此可以分析企业资本结构的合理性及其所面临的财务风险。投资者和债权人通过对资产负债表的分析可以了解企业的财务实力、短期偿债能力和支付能力,据此可以做出相应的决策。

(3) 通过对前后期资产负债表的对比分析,可以了解企业最近结构变化情况,经营者、投资者和债权人据此可以掌握企业财务状况的变化情况和变化趋势。

二、资产负债表的结构与内容

资产负债表的结构分为两类,即账户式和报告式。账户式结构下资产负债表分为左右两部分,左方列报企业所拥有的全部资产项目,右方列报企业的负债和所有者权益项目,左右两方项目合计数相等。报告式又被称为垂直式,此结构下资产负债表分为上下两部分,上方列报资产项目,下方列报负债和所有者权益项目,上下两方项目合计数相等。我国会计准则规定企业编制资产负债表时应采用账户式格式。如表 10-1 所示。

资产负债表列报的内容包括资产、负债和所有者权益项目。资产部分是根据资产的流动性由强到弱来列示,一般分为流动资产和非流动资产。流动资产是指企业可以在一年或者越过一年的一个营业周期内变现或者运用的资产,是企业资产中必不可少的组成部分。流动资产主要包括货币资金、应收票据、应收账款、预付款项、其他应收款、存货、一年内到期的非流动资产等。非流动资产是指流动资产以外的资产,主要包括债权投资、其他债权投资、长期应收款、长期股权投资、投资性房地产、固定资产、在建工程、无形资产、长期待摊费用等。

负债部分是根据偿还期限由短到长来进行列示,一般分为流动负债和非流动负债。流动负债是指资产负债表中,一年内或者超过一年的一个营业周期内需要偿还的债务合计。流动负债主要包括短期借款、应付票据、应付账款、预收款项、应付职工薪酬、应交税费、其他应付款、一年内到期的非流动负债等。非流动负债是指偿还期在一年或超过一年的一个经营周期以上的债务,主要包括长期借款、应付债券、长期应付款等。

所有者权益部分包括实收资本(或股本)、资本公积、其他综合收益、盈余公积和未分配利润。

表 10-1　资产负债表

编制单位:　　　　　　　　　　　年　　月　　日　　　　　　　　　　单位:元

资　产	期末余额	上年年末余额	负债和所有者权益(或股东权益)	期末余额	上年年末余额
流动资产:			流动负债:		
货币资金			短期借款		
交易性金融资产			交易性金融负债		
衍生金融资产			衍生金融负债		
应收票据			应付票据		
应收账款			应付账款		
应收款项融资			预收款项		
预付款项			合同负债		
其他应收款			应付职工薪酬		
存货			应交税费		
合同资产			其他应付款		
持有待售资产			持有待售负债		
一年内到期的非流动资产			一年内到期的非流动负债		
其他流动资产			其他流动负债		
流动资产合计			流动负债合计		
非流动资产:			非流动负债:		
债权投资			长期借款		
其他债权投资			应付债券		
长期应收款			其中: 优先股		
长期股权投资			永续债		
其他权益工具投资			租赁负债		
其他非流动金融资产			长期应付款		
投资性房地产			预计负债		

资　产	期末余额	上年年末余额	负债和所有者权益 (或股东权益)	期末余额	上年年末余额
固定资产			递延收益		
在建工程			递延所得税负债		
生产性生物资产			其他非流动负债		
油气资产			非流动负债合计		
使用权资产			负债合计		
无形资产			所有者权益(或股东权益):		
开发支出			实收资本(或股本)		
商誉			其他权益工具		
长期待摊费用			其中：优先股		
递延所得税资产			永续债		
其他非流动资产			资本公积		
非流动资产合计			减：库存股		
			其他综合收益		
			专项储备		
			盈余公积		
			未分配利润		
			所有者权益 (或股东权益)合计		
资产总计			负债和所有者权益 (或股东权益)总计		

三、资产负债表的编制方法

资产负债表中项目填列时分为"期末余额"和"上年年末余额"两栏。"上年年末余额"栏各项的数字，应按上年年末资产负债表中"期末余额"栏中的数字填列。"期末余额"栏内各项数字根据会计期末各总账账户及所属明细账户余额填列。资产负债表各项目的填列方法如下。

(一)资产项目的填列方法

(1) "货币资金"项目，反映企业库存现金、银行结算账户存款、外埠存款、银行汇票存款、银行本票存款、信用卡存款、信用证保证金存款等的合计数。本项目应根据"库存现金""银行存款""其他货币资金"科目期末余额的合计数填列。

(2) "交易性金融资产"项目，反映资产负债表日企业分类为以公允价值计量且其变动计入当期损益的金融资产，以及企业持有的指定为以公允价值计量且其变动计入当期损益的金融资产的期末账面价值。该项目应根据"交易性金融资产"科目的相关明细科目期末余额分析填列。自资产负债表日起超过一年到期且预期持有超过一年的以公允价值计量且其变动计入当期损益的非流动金融资产的期末账面价值，在"其他非流动金融资产"项目反映。

(3) "应收票据"项目，反映资产负债表日以摊余成本计量的，企业因销售商品、提供劳务等收到的商业汇票，包括商业承兑汇票和银行承兑汇票。本项目应根据"应收票据"科目的期末余额，减去"坏账准备"科目中有关应收票据计提的坏账准备期末余额后的金额分析填列。

(4) "应收账款"项目，反映资产负债表日以摊余成本计量的，企业因销售商品、提供服务等经营活动应向购买单位收取的各种款项。本项目应根据"应收账款"科目的期末余额，减去"坏账准备"科目中有关应收账款计提的坏账准备期末余额后的金额分析填列。

(5) "应收款项融资"项目，反映资产负债表日以公允价值计量且其变动计入其他综合收益的应收票据和应收账款等。

(6) "预付款项"项目，反映企业按照购货合同规定预付给供应单位的款项等。本项目应根据"预付账款"和"应付账款"科目所属各明细科目的期末借方余额合计数，减去"坏账准备"科目中有关预付账款计提的坏账准备期末余额后的净额填列。如"预付账款"科目所属明细科目期末为贷方余额的，应在资产负债表"应付账款"项目内填列。

(7) "其他应收款"项目，反映企业除应收票据、应收账款、预付账款等经营活动以外的其他各种应收、暂付的款项。本项目应根据"应收利息""应收股利""其他应收款"科目的期末余额合计数，减去"坏账准备"科目中相关坏账准备期末余额后的金额填列。其中的"应收利息"仅反映相关金融工具已到期可收取但于资产负债表日尚未收到的利息。基于实际利率法计提的金融工具的利息应包含在相应金融工具的账面余额中。

(8) "存货"项目，反映企业期末在库、在途和在加工中的各种存货的可变现净值或成本(成本与可变现净值孰低)，包括各种材料、商品、在产品、半成品、包装物、低值易耗品、发出商品等。本项目应根据"材料采购""原材料""库存商品""周转材料""委托加工物资""发出商品""生产成本""受托代销商品"等科目的期末余额合计数，减去"受托代销商品款""存货跌价准备"科目期末余额后的净额填列。材料采用计划成本核算，以及库存商品采用计划成本核算或售价核算的企业，还应按加或减"材料成本差异""商品进销差价"后的金额填列。

(9) "一年内到期的非流动资产"项目，反映企业预计自资产负债表日起一年内变现的非流动资产。本项目应根据有关科目的期末余额分析填列。

(10) "固定资产"项目，反映资产负债表日企业固定资产的期末账面价值和企业尚未清理完毕的固定资产清理净损益。本项目应根据"固定资产"科目的期末余额，减去"累计折旧"和"固定资产减值准备"科目的期末余额后的金额，以及"固定资产清理"科目的期末余额填列。

(11) "在建工程"项目，反映资产负债表日企业尚未达到预定可使用状态的在建工程的期末账面价值和企业为在建工程准备的各种物资的期末账面价值。本项目应根据"在建工程"科目的期末余额减去"在建工程减值准备"科目的期末余额后的金额，以及"工程物资"科目的期末余额减去"工程物资减值准备"科目的期末余额后的金额填列。

(12) "使用权资产"项目,反映资产负债表日承租人企业持有的使用权资产的期末账面价值。本项目应根据"使用权资产"科目的期末余额,减去"使用权资产累计折旧"和"使用权资产减值准备"科目的期末余额后的金额填列。

(13) "无形资产"项目,反映企业持有的专利权、非专利技术、商标权、著作权、土地使用权等无形资产的成本减去累计摊销和减值准备后的净值。本项目应根据"无形资产"科目的期末余额减去"累计摊销"和"无形资产减值准备"科目期末余额后的净额填列。

(14) "长期待摊费用"项目,反映企业已经发生但应由本期和以后各期负担的分摊期限在一年以上的各项费用。本项目应根据"长期待摊费用"科目的期末余额,减去将于一年内(含一年)摊销的数额后的金额分析填列。但长期待摊费用的摊销年限只剩一年或不足一年的,或预计在一年内(含一年)进行摊销的部分,不得归类为流动资产,仍在该非流动资产项目中填列,不转入"一年内到期的非流动资产"项目。

(15) "其他非流动资产"项目,反映企业除以上非流动资产以外的其他非流动资产。本项目应根据有关科目的期末余额填列。

(二)负债项目的填列方法

(1) "短期借款"项目,反映企业向银行或者其他金融机构等借入的期限在一年以下(含一年)的各种借款。本项目应根据"短期借款"科目的期末余额填列。

(2) "交易性金融负债"项目,反映企业资产负债表日承担的交易性金融负债,以及企业持有的直接指定为以公允价值计量且其变动计入当期损益的金融负债的期末账面价值。本项目应根据"交易性金融负债"科目的相关明细科目期末余额填列。

(3) "应付票据"项目,反映资产负债表日以摊余成本计量的、企业因购买材料、商品和接受服务等开出、承兑的商业汇票,包括银行承兑汇票和商业承兑汇票。本项目应根据"应付票据"科目的期末余额填列。

(4) "应付账款"项目,反映资产负债表日以摊余成本计量的、企业因购买材料、商品和接受服务等经营活动应支付的款项。本项目应根据"应付账款"和"预付账款"科目所属的相关明细科目的期末贷方余额合计数填列。

(5) "预收款项"项目,反映企业按照合同规定预收的款项。本项目应根据"预收账款"和"应收账款"科目所属各明细科目的期末贷方余额合计数填列。如"预收账款"科目所属明细科目期末为借方余额的,应在资产负债表"应收账款"项目内填列。

(6) "应付职工薪酬"项目,反映企业为获得职工提供的服务或解除劳动关系而给予的各种形式的报酬或补偿。本项目应根据"应付职工薪酬"科目所属各明细科目的期末贷方余额分析填列。

(7) "应交税费"项目,反映企业按照税法规定计算应交纳的各种税费,包括增值税、消费税、城市维护建设税、教育费附加、企业所得税、资源税、土地增值税、房产税、城镇土地使用税、车船税、环境保护税等。企业代扣代缴的个人所得税,也通过本项目列示。企业所交纳的税金不需要预计应交数的,如印花税、耕地占用税等,不在本项目列示。本项目应根据"应交税费"科目的期末贷方余额填列。需要说明的是,"应交税费"科目下的"应交增值税""未交增值税""待抵扣进项税额""待认证进项税额""增值税留抵税额"等明细科目期末借方余额应根据情况,在资产负债表中的"其他流动资产"或"其他非流动资产"项目列示;"应交税费——待转销项税额"等科目期末贷方余额应根据情况,在资产负债表中的"其他流动负债"或"其他非流动负债"项目列示;"应交税费"科目下的"未交增值税""简易计税""转让金融商品应交增值税""代扣代交增值税"等科目期末贷方余额应在资产负债表中的"应交税费"项目列示。

(8)"其他应付款"项目,反映企业除应付票据、应付账款、预收账款、应付职工薪酬、应交税费等经营活动以外的其他各项应付、暂收款项。本项目应根据"应付利息""应付股利""其他应付款"科目的期末余额合计数填列。其中,"应付利息"科目仅反映相关金融工具已到期应支付但于资产负债表日尚未支付的利息。基于实际利率法计提的金融工具的利息应包含在相应金融工具的账面余额中。

(9)"一年内到期的非流动负债"项目,反映企业非流动负债中将于资产负债表日后一年内到期部分的金额,如将于一年内偿还的长期借款。本项目应根据有关科目的期末余额分析填列。

(10)"长期借款"项目,反映企业向银行或其他金融机构借入的期限在一年以上(不含一年)的各项借款。本项目应根据"长期借款"科目的期末余额,扣除"长期借款"科目所属的明细科目中将在资产负债表日起一年内到期且企业不能自主地将清偿义务展期的长期借款后的金额计算填列。

(11)"应付债券"项目,反映企业为筹集长期资金而发行的债券本金及应付的利息。本项目应根据"应付债券"科目的期末余额分析填列。对于资产负债表日企业发行的金融工具,分类为金融负债的,应在本项目填列,对于优先股和永续债还应在本项目下的"优先股"项目和"永续债"项目分别填列。

(12)"长期应付款"项目,应根据"长期应付款"科目的期末余额,减去相关的"未确认融资费用"科目的期末余额后的金额,以及"专项应付款"科目的期末余额填列。

(13)"其他非流动负债"项目,反映企业除以上长期借款、应付债券等负债以外的其他非流动负债。本项目应根据有关科目的期末余额,减去将于一年内(含一年)到期偿还数后的余额分析填列。非流动负债各项目中将于一年内(含一年)到期的非流动负债,应在"一年内到期的非流动负债"项目内反映。

(三)所有者权益项目的填列方法

1. 所有者权益的具体项目

(1)"实收资本(或股本)"项目,反映企业各投资者实际投入的资本(或股本)总额。本项目应根据"实收资本(或股本)"科目的期末余额填列。

(2)"资本公积"项目,反映企业收到投资者出资超出其在注册资本或股本中所占的份额以及直接计入所有者权益的利得和损失等。本项目应根据"资本公积"科目的期末余额填列。

(3)"其他综合收益"项目,反映企业其他综合收益的期末余额。本项目应根据"其他综合收益"科目的期末余额填列。

(4)"盈余公积"项目,反映企业盈余公积的期末余额。本项目应根据"盈余公积"科目的期末余额填列。

(5)"未分配利润"项目,反映企业尚未分配的利润。本项目应根据"本年利润"科目和"利润分配"科目的余额计算填列。未弥补的亏损在本项目内以"-"号填列。

2. 资产负债表各项目的填列方法

1) 根据总账科目余额填列

如"短期借款""资本公积"等项目，根据"短期借款""资本公积"各总账科目的余额直接填列；有些项目则需根据几个总账科目的期末余额计算填列，如"货币资金"项目，需根据"库存现金""银行存款""其他货币资金"三个总账科目的期末余额的合计数填列。

2) 根据明细账科目余额计算填列

如"应付账款"项目，需要根据"应付账款"和"预付账款"两个科目所属的相关明细科目的期末贷方余额计算填列；"预付款项"项目，需要根据"应付账款"科目和"预付账款"科目所属的相关明细科目的期末借方余额减去与"预付账款"有关的坏账准备贷方余额计算填列；"预收款项"项目，需要根据"应收账款"科目和"预收账款"科目所属相关明细科目的期末贷方金额合计填列；"开发支出"项目，需要根据"研发支出"科目所属的"资本化支出"明细科目期末余额计算填列；"应付职工薪酬"项目，需要根据"应付职工薪酬"科目的明细科目期末余额计算填列；"一年内到期的非流动资产""一年内到期的非流动负债"项目，需要根据相关非流动资产和非流动负债项目的明细科目余额计算填列。

3) 根据总账科目和明细账科目余额分析计算填列

如"长期借款"项目，需要根据"长期借款"总账科目余额扣除"长期借款"科目所属的明细科目中将在一年内到期且企业不能自主地将清偿义务展期的长期借款后的金额计算填列；"长期待摊费用"项目，应根据"长期待摊费用"科目的期末余额减去将于一年内(含一年)摊销的数额后的金额填列；"其他非流动资产"项目，应根据有关科目的期末余额减去将于一年内(含一年)收回数后的金额计算填列；"其他非流动负债"项目，应根据有关科目的期末余额减去将于一年内(含一年)到期偿还数后的金额计算填列。

4) 根据有关科目余额减去其备抵科目余额后的净额填列

如资产负债表中"应收票据""应收账款""长期股权投资""在建工程"等项目，应当根据"应收票据""应收账款""长期股权投资""在建工程"等科目的期末余额减去"坏账准备""长期股权投资减值准备""在建工程减值准备"等备抵科目余额后的净额填列。"投资性房地产"(采用成本模式计量)、"固定资产"项目，应当根据"投资性房地产""固定资产"科目的期末余额，减去"投资性房地产累计折旧""投资性房地产减值准备""累计折旧""固定资产减值准备"等备抵科目的期末余额，以及"固定资产清理"科目期末余额后的净额填列；"无形资产"项目，应当根据"无形资产"科目的期末余额，减去"累计摊销""无形资产减值准备"等备抵科目余额后的净额填列。

5) 综合运用上述填列方法分析填列

如资产负债表中的"存货"项目，需要根据"原材料""库存商品""委托加工物资""周转材料""材料采购""在途物资""发出商品""材料成本差异"等总账科目期末余额的分析汇总数，减去"存货跌价准备"科目余额后的净额填列。

四、资产负债表编制实例

【例 10-1】贝壳公司 20×3 年 12 月 31 日有关账户的余额资料，如表 10-2 所示。

说明：以下资料中有三个账户，经查明应在列表时按规定予以调整：在"应收账款"账户中有明细账贷方余额 8 000 元；在"应付账款"账户中有明细账借方余额 18 000 元；在"预付账款"账户中有明细账贷方余额 3 000 元。

表 10-2　贝壳公司 20×3 年 12 月 31 日有关账户余额表

账户名称	借方余额	贷方余额	账户名称	借方余额	贷方余额
库存现金	40 000		短期借款		275 000
银行存款	220 000		应付票据		120 000
其他货币资金	215 000		应付账款		530 000
应收票据	43 000		预收账款		30 000
应收股利	25 000		应付职工薪酬		143 000
应收利息	16 000	.	应付股利		110 000
应收账款	358 000		应交税费		46 000
坏账准备		8 000	其他应付款		16 000
预付账款	20 000		长期借款		600 000
其他应收款	12 000		实收资本		1 330 000
原材料	320 000		资本公积		90 000
库存商品	193 000		盈余公积		257 000
生产成本	173 000		未分配利润		115 000
固定资产	2 400 000				
累计折旧		535 000			
在建工程	60 000				
无形资产	110 000				
合　计	4 205 000	543 000			3 662 000

将以上资料归纳分析后填入资产负债表。

(1) 将"库存现金""银行存款""其他货币资金"科目余额合并列入"货币资金"项目(40 000+220 000+215 000=475 000)，共计 475 000 元。

(2) 将"坏账准备"项目 8 000 元从应收账款项目中减去；将"应收账款"明细账中的贷方余额 8 000 元列入"预收款项"项目。计算得出，"应收账款"项目的账面价值为 358 000(358 000-8 000+8 000=358 000)元；"预收款项"项目为 38 000(30 000+8 000=38 000)元。

(3) 将"应付账款"明细账中的借方余额 18 000 元列入"预付款项"项目；将"预付账款"账户明细账中的贷方余额 3 000 元列入"应付账款"项目。计算得出，"预付款项"项目的余额为 41 000(20 000+18 000+3 000=41 000)元，"应付账款"项目的余额为 551 000(530 000+18 000+3 000=551 000)元。

(4) 将"应收利息""应收股利""其他应收款"合并列入"其他应收款"项目，共计 53 000(16 000+25 000+12 000=53 000)元。

(5) 将"原材料""库存商品""生产成本"及其他有关存货账户余额合并为存货项目，共计 686 000(320 000+193 000+173 000=686 000)元。

(6) 将"固定资产"账户借方余额减去"累计折旧"贷方余额得到"固定资产"项目列示金额为 1 865 000(2 400 000-535 000=1 865 000)元。

(7) 将"应付股利""其他应付款"合并列入"其他应付款"项目，共计 126 000(110 000+16 000=126 000)元。

(8) 其余各项目按账户余额表数字直接填入资产负债表。

根据以上资料编制资产负债表，如表 10-3 所示。

表 10-3　资产负债表

编制单位：贝壳公司　　　　　　　　20×3 年 12 月 31 日　　　　　　　　单位：元

资　产	期末余额	上年年末余额	负债和所有者权益(或股东权益)	期末余额	上年年末余额
流动资产：			流动负债：		
货币资金	475 000		短期借款	275 000	
交易性金融资产			交易性金融负债		
衍生金融资产			衍生金融负债		
应收票据	43 000		应付票据	120 000	
应收账款	358 000		应付账款	551 000	
应收款项融资			预收款项	38 000	
预付款项	41 000		合同负债		
其他应收款	53 000		应付职工薪酬	143 000	
存货	686 000		应交税费	46 000	
合同资产			其他应付款	126 000	
持有待售资产			持有待售负债		
一年内到期的非流动资产			一年内到期的非流动负债		
其他流动资产			其他流动负债		
流动资产合计	1 656 000		流动负债合计	1 299 000	
非流动资产：			非流动负债：		
债权投资			长期借款	600 000	
其他债权投资			应付债券		
长期应收款			其中：优先股		
长期股权投资			永续债		
其他权益工具投资			租赁负债		
其他非流动金融资产			长期应付款		

续表

资　产	期末余额	上年年末余额	负债和所有者权益 (或股东权益)	期末余额	上年年末余额
投资性房地产			预计负债		
固定资产	1 865 000		递延收益		
在建工程	60 000		递延所得税负债		
生产性生物资产			其他非流动负债		
油气资产			非流动负债合计	600 000	
使用权资产			负债合计	1 899 000	
无形资产	110 000		所有者权益(或股东权益):		
开发支出			实收资本(或股本)	1 330 000	
商誉			其他权益工具		
长期待摊费用			其中：优先股		
递延所得税资产			永续债		
其他非流动资产			资本公积	90 000	
非流动资产合计	2 035 000		减：库存股		
			其他综合收益		
			专项储备		
			盈余公积	257 000	
			未分配利润	115 000	
			所有者权益 (或股东权益)合计	1 792 000	
资产总计	3 691 000		负债和所有者权益 (或股东权益)总计	3 691 000	

第三节　利　润　表

一、利润表的概念及作用

利润表又称损益表，是反映企业在一定会计期间的经营成果的报表。通过提供利润表，可以反映企业在一定会计期间的收入、费用、利润(或亏损)的数额、形成情况，帮助财务报表使用者全面了解企业的经营成果，分析企业的获利能力及盈利增长趋势，从而为其做出经济决策提供依据。利润表的编报基础是"收入-费用=利润"这一会计恒等式。

利润表的作用是有助于使用者分析判断企业净利润的质量及其风险，评价企业经营管理效率，有助于使用者预测企业净利润的持续性，从而作出正确的决策。通过利润表，可以反映企业在一定会计期间的收入实现情况，如实现的营业收入、取得的投资收益、发生的公允价值变动损益及营业外收入等对利润的贡献大小；可以反映企业一定会计期间的费用耗费情况，如发生的营业成本、税金及附加、销售费用、管理费用、财务费用、营业外支出等对利润的影响程度；可以反映企业一定会计期间的净利润实现情况，分析判断企业受托责任的履行情况，进而还可以反映企业资本的保值增值情况、为企业管理者解脱受托责任提供依据；将利润表资料及信息与资产负债表资料及信息相结合进行综合计算分析，如将营业成本与存货或资产总额的平均余额进行比较，可以反映企业运用其资源的能力和效率，便于分析判断企业资金周转情况及盈利能力和水平，进而判断企业未来的盈利增长和发展趋势，作出相应的经济决策。

二、利润表与资产负债表的区别与联系

利润表与资产负债表的主要区别体现在以下四个方面。

(1) 报表性质。资产负债表是反映企业某个特定日期在某一时间点上的存量信息的静态报表，利润表是反映企业一定会计期间的经济利益流入流出的流量信息的动态报表。

(2) 列示金额。资产负债表反映的是某一特定日期的余额数，利润表反映的是一定会计期间的累计发生数。

(3) 报表内容。资产负债表反映的是企业某一特定日期的财务状况，利润表反映的是一定会计期间的经营成果。

(4) 编报基础。资产负债表的编报基础是"资产＝负债＋所有者权益"，利润表的编报基础是"收入－费用＝利润"。

利润表与资产负债表之间的联系体现在以下两个方面。

(1) 资产负债表反映企业的经济实力，表中的资源是利润表中所有经营活动开展的基础，企业通过发挥所拥有的资产创造利润。

(2) 利润表反映企业的盈利水平，表中的经营成果是资产负债表中所列示的资源的使用效益的综合反映。

三、利润表的结构与内容

利润表的结构有单步式和多步式，而我国企业的利润表采用多步式结构。如表 10-4 所示。

单步式利润表中的利润只通过一个步骤就能够计算利润，它是将当期所有的收入列在一起，所有的费用列在一起，然后将两者相减得出当期净损益。此种格式的利润表特点是简单明了、直观、方便，但是不利于进行分析和比较，适用于经济业务简单的企业。

多步式利润表中利润计算是通过多步骤来完成的，它是通过对当期的收入、费用、支出项目按性质加以归类，按利润形成的主要环节列示一些中间性利润指标，分步计算当期净损益。这样便于对企业的生产经营状况进行分析，利于不同企业之间的比较，利于预测企业的盈利能力，符合我国企业会计准则的规定。

为了使财务报表使用者通过比较不同期间利润的实现情况，判断企业经营成果的未来发展趋势，企业需要提供比较利润表。为此，利润表金额栏分为"本期金额"和"上期金额"两栏分别填列。

表 10-4　利润表

编制单位：　　　　　　　　　　　　年　　月　　　　　　　　　　　单位：元

项　目	本期金额	上期金额
一、营业收入		
减：营业成本		
税金及附加		
销售费用		
管理费用		
研发费用		
财务费用		
其中：利息费用		
利息收入		
加：其他收益		
投资收益(损失以"-"号填列)		
其中：对联营企业和合营企业的投资收益		
以摊余成本计量的金融资产终止确认收益(损失以"-"号填列)		
净敞口套期收益(损失以"-"号填列)		
公允价值变动收益(损失以"-"号填列)		
资产减值损失(损失以"-"号填列)		
信用减值损失(损失以"-"号填列)		
资产处置收益(损失以"-"号填列)		
二、营业利润(亏损以"-"填列)		
加：营业外收入		
减：营业外支出		
其中：非流动资产处置损失		
三、利润总额(亏损总额以"-"填列)		
减：所得税费用		
四、净利润(净亏损以"-"填列)		
(一)持续经营净利润(净亏损以"-"填列)		
(二)终止经营净利润(净亏损以"-"填列)		
五、其他综合收益的税后净额		
(一)不能重分类进损益的其他综合收益		

项 目	本期金额	上期金额
1. 重新计量设定受益计划变动额		
2. 权益法下不能转损益的其他综合收益		
3. 其他权益工具投资公允价值变动		
4. 企业自身信用风险公允价值变动		
(二)将重分类进损益的其他综合收益		
1. 权益法下可转损益的其他综合收益		
2. 其他债权投资公允价值变动		
3. 金融资产重分类计入其他综合收益的金额		
4. 其他债权投资信用减值准备		
5. 现金流量套期储备		
6. 外币财务报表折算差额		
六、综合收益总额		
七、每股收益		
(一)基本每股收益		
(二)稀释每股收益		

四、利润表的编制方法

我国企业利润表的主要编制步骤和内容如下。

(1) 在营业收入的基础上，减去营业成本、税金及附加、销售费用、管理费用、研发费用、财务费用、信用减值损失、资产减值损失，加上公允价值变动收益(减去公允价值变动损失)、投资收益(减去投资损失)和资产处置收益(减去资产处置损失)等，计算出营业利润。

(2) 以营业利润为基础，加上营业外收入，减去营业外支出，计算出利润总额。

(3) 以利润总额为基础，减去所得税费用，计算出净利润(或亏损)。

利润表各项目需填列"本期金额"和"上期金额"两栏。其中"上期金额"栏内各项数字，应根据上年该期利润表的"本期金额"栏内所列数字填列。"本期金额"栏内各期数字，除"基本每股收益"和"稀释每股收益"项目外，应当按照相关科目的发生额分析填列。如"营业收入"项目，根据"主营业务收入""其他业务收入"科目的发生额分析计算填列；"营业成本"项目，根据"主营业务成本""其他业务成本"科目的发生额分析计算填列。

利润表中"本期金额"各项目的填列方法如下。

(1) "营业收入"项目，反映企业经营主要业务和其他业务所确认的收入总额。本项目应根据"主营业务收入"和"其他业务收入"科目的发生额分析填列。

(2) "营业成本"项目，反映企业经营主要业务和其他业务发生的成本总额。本项目应根据"主营业务成本"和"其他业务成本"科目的发生额分析填列。

(3) "税金及附加"项目，反映企业经营业务应负担的消费税、城市维护建设税、教育费附加、资源税、土地增值税、房产税、车船税、城镇土地使用税、印花税、环境保护税等相关税费。本项目应根据"税金及附加"科目的发生额分析填列。

(4) "销售费用"项目，反映企业在销售商品过程中发生的包装费、广告费等费用和为销售本企业商品而专设的销售机构的职工薪酬、业务费等经营费用。本项目应根据"销售费用"科目的发生额分析填列。

(5) "管理费用"项目，反映企业为组织和管理生产经营发生的管理费用。本项目应根据"管理费用"科目的发生额分析填列。

(6) "研发费用"项目，反映企业进行研究与开发过程中发生的费用化支出以及计入管理费用的自行开发无形资产的摊销。本项目应根据"管理费用"科目下的"研发费用"明细科目的发生额以及"管理费用"科目下"无形资产摊销"明细科目的发生额分析填列。

(7) "财务费用"项目，反映企业为筹集生产经营所需资金等而发生的应予费用化的利息支出。本项目应根据"财务费用"科目的相关明细科目发生额分析填列。其中，"利息费用"项目，反映企业为筹集生产经营所需资金等而发生的应予费用化的利息支出，本项目应根据"财务费用"科目的相关明细科目的发生额分析填列。"利息收入"项目，反映企业应冲减财务费用的利息收入，本项目应根据"财务费用"科目的相关明细科目的发生额分析填列。

(8) "其他收益"项目，反映计入其他收益的政府补助，以及其他与日常活动相关且计入其他收益的项目。本项目应根据"其他收益"科目的发生额分析填列。企业作为个人所得税的扣缴义务人，根据《中华人民共和国个人所得税法》收到的扣缴税款手续费，应作为其他与日常活动相关的收益在本项目中填列。

(9) "投资收益"项目，反映企业以各种方式对外投资所取得的收益。本项目应根据"投资收益"科目的发生额分析填列，如为投资损失，本项目以"−"号填列。

(10) "公允价值变动收益"项目，反映企业应计入当期损益的资产或负债的公允价值变动收益。本项目应根据"公允价值变动损益"科目的发生额分析填列，如为净损失，本项目以"−"号填列。

(11) "信用减值损失"项目，反映企业按照《企业会计准则第 22 号——金融工具确认和计量》(2018)的要求计提的各项金融工具信用减值准备所确认的信用损失。本项目应根据"信用减值损失"科目的发生额分析填列。

(12) "资产减值损失"项目，反映企业有关资产发生的减值损失。本项目应根据"资产减值损失"科目的发生额分析填列。

(13) "资产处置收益"项目，反映企业出售划分为持有待售的非流动资产(金融工具、长期股权投资和投资性房地产除外)或处置组(子公司和业务除外)时确认的处置利得或损失，以及处置未划分为持有待售的固定资产、在建工程、生产性生物资产及无形资产而产生的处置利得或损失。债务重组中因处置非流动资产(金融工具、长期股权投资和投资性房地产除外)产生的利得或损失和非货币性资产交换中换出非流动资产(金融工具、长期股权投资和投资性房地产除外)产生的利得或损失也包括在本项目内。本项目应根据"资产处置损益"科目的发生额分析填列。如为处置损失，本项目以"−"号填列。

(14) "营业利润"项目，反映企业实现的营业利润。如为亏损，本项目以"−"号填列。

(15) "营业外收入"项目，反映企业发生的除营业利润以外的收益，主要包括非流动资产毁损报废收益、与企业日常活动无关的政府补助、盘盈利得、捐赠利得(企业接受股东或股东的子公司直接或间接的捐赠，经济实质属于股东对企业的资本性投入的除外)等。本项目应根据"营业外收入"科目的发生额分析填列。

(16) "营业外支出"项目，反映企业发生的除营业利润以外的支出，主要包括公益性捐赠支出、非常损失、盘亏损失、非流动资产毁损报废损失等。本项目应根据"营业外支出"科目的发生额分析填列。

(17) "利润总额"项目，反映企业实现的利润。如为亏损，本项目以"–"号填列。

(18) "所得税费用"项目，反映企业应从当期利润总额中扣除的所得税费用。本项目应根据"所得税费用"科目的发生额分析填列。

(19) "净利润"项目，反映企业实现的净利润。如为亏损，本项目以"–"号填列。

(20) "其他综合收益的税后净额"项目，反映企业根据企业会计准则规定未在损益中确认的各项利得和损失扣除所得税影响后的净额。

(21) "综合收益总额"项目，反映企业净利润与其他综合收益(税后净额)的合计金额。

(22) "每股收益"项目，包括基本每股收益和稀释每股收益两项指标，反映普通股或潜在普通股已公开交易的企业，以及正处在公开发行普通股或潜在普通股过程中的企业的每股收益信息。

五、利润表编制实例

【例 10-2】贝壳公司 20×3 年度各个损益类科目的累计发生额如表 10-5 所示，要求根据资料编制贝壳公司 20×3 年度的利润表，如表 10-6 所示。

表 10-5　损益类科目累计发生额统计表

单位：元

科目名称	借方发生额	科目名称	贷方发生额
主营业务成本	400 000	主营业务收入	500 000
其他业务成本	120 000	其他业务收入	160 000
税金及附加	1 600	营业外收入	6 900
销售费用	5 000	投资收益	13 000
管理费用	62 360		
财务费用	11 470		
营业外支出	4 800		
所得税费用	16 108		

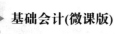

表 10-6 利润表

编制单位：贝壳公司　　　　　　　　　　20×3 年 12 月　　　　　　　　　　单位：元

项　目	本期金额	上期金额
一、营业收入	660 000	(略)
减：营业成本	520 000	
税金及附加	1 600	
销售费用	5 000	
管理费用	62 360	
研发费用		
财务费用	11 470	
其中：利息费用	11 470	
利息收入		
加：其他收益		
投资收益(损失以"-"号填列)	13 000	
其中：对联营企业和合营企业的投资收益		
以摊余成本计量的金融资产终止确认收益 　　　　　　　(损失以"-"号填列)		
净敞口套期收益(损失以"-"号填列)		
公允价值变动收益(损失以"-"号填列)		
资产减值损失(损失以"-"号填列)		
信用减值损失(损失以"-"号填列)		
资产处置收益(损失以"-"号填列)		
二、营业利润(亏损以"-"填列)	72 570	
加：营业外收入	6 900	
减：营业外支出	4 800	
其中：非流动资产处置损失		
三、利润总额(亏损总额以"-"填列)	74 670	
减：所得税费用	16 108	
四、净利润(净亏损以"-"填列)	58 562	
(一)持续经营净利润(净亏损以"-"填列)		
(二)终止经营净利润(净亏损以"-"填列)		
五、其他综合收益的税后净额	(略)	
(一)不能重分类进损益的其他综合收益		
5. 重新计量设定受益计划变动额		
6. 权益法下不能转损益的其他综合收益		
7. 其他权益工具投资公允价值变动		
8. 企业自身信用风险公允价值变动		

续表

项　目	本期金额	上期金额
(二)将重分类进损益的其他综合收益		
7. 权益法下可转损益的其他综合收益		
8. 其他债权投资公允价值变动		
9. 金融资产重分类计入其他综合收益的金额		
10. 其他债权投资信用减值准备		
11. 现金流量套期储备		
12. 外币财务报表折算差额		
六、综合收益总额	(略)	
七、每股收益	(略)	
(一)基本每股收益		
(二)稀释每股收益		

利润表各个项目填写方法如下。

(1) 将"主营业务收入"和"其他业务收入"本期发生额合并列入"营业收入"项目，共计 660 000(500 000+160 000=660 000)元。

(2) 将"主营业务成本"和"其他业务成本"本期发生额合并列入"营业成本"项目，共计 520 000(400 000+120 000=520 000)元。

(3) 其余各项目按账户本期发生额统计表中的数字直接填入利润表。

第四节　现金流量表

一、现金流量表的概念及作用

现金流量表是反映企业在一定会计期间现金和现金等价物流入和流出的报表。现金流量表的编制基础是收付实现制。现金等价物是指企业持有的期限短、流动性强、易于转化为已知金额的现金、价值变动风险很小的投资。一般是指从购买之日起，3 个月或更短时间内到期的债券投资。

现金流量表的作用有：帮助报表使用者了解企业获取现金和现金等价物的能力；利于评价企业支付能力、偿债能力和周转能力；利于预测企业未来的现金流量；利于分析企业的收益质量和现金净流量的影响因素；便于报表使用者分析本期净利润与经营活动现金流量之间差异的原因；便于报表使用者对报告期内与现金有关或无关的投资及筹资活动进行恰当的评估。

资产负债表可以反映企业所拥有的资产、承担的债务和所有者享有的权益，但是无法反映筹资、投资活动提供的现金流量。利润表可以反映企业一定期间的经营成果，但是不能反映从营业活动中获得了多少可供周转使用的现金。现金流量表所列示的内容则弥补了资产负债和利润表的这些不足。

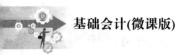

二、现金流量的分类

根据企业业务活动的性质和现金流量的来源,现金流量表在结构上将企业一定期间产生现金流量分为以下三类。每类活动又分为各具体项目,这些项目从不同角度反映企业业务活动的现金流入与流出。

(1) 经营活动产生的现金流量。企业产生现金流的经营活动主要包括销售商品、提供劳务、税费返还、购买商品、支付工资、缴纳税费等。

(2) 投资活动产生的现金流量。企业产生现金流的投资活动是指企业长期资产的购建和不包括在现金等价物范围内的投资及其处置活动。长期资产是指固定资产、无形资产、在建工程、其他资产等持有期限在一年或一个营业周期以上的资产。

(3) 筹资活动产生的现金流量。企业产生现金流的筹资活动是指导致企业资本及债务规模和构成发生变化的活动,主要包括吸收投资、取得借款、发行债券、分配利润、偿还债务、支付借款利息等。

三、现金流量表的结构与内容

现金流量表中区分经营活动、投资活动和筹资活动的现金流入总额和现金流出总额,分别列报了这三类活动所产生的现金流量净额,最后汇总列示了企业的现金及现金等价物的净增加额,具体如表 10-7 所示。

表 10-7　现金流量表

编制单位:　　　　　　　　　　　××年　　　　　　　　　　　单位:元

项　目	行　次	本期金额	上期金额
一、经营活动产生的现金流量			
销售商品、提供劳务收到的现金			
收到的税费返还			
收到的其他与经营活动有关的现金			
经营活动现金流入小计			
购买商品、接受劳务支付的现金			
支付给职工以及为职工支付的现金			
支付的各项税费			
支付的其他与经营活动有关的现金			
经营活动现金流出小计			
经营活动产生的现金流量净额			
二、投资活动产生的现金流量			
收回投资收到的现金			
取得投资收益所收到的现金			
处置固定资产、无形资产和其他长期资产收回的现金净额			

续表

项　目	行　次	本期金额	上期金额
处置子公司及其他营业单位收到的现金净额			
收到其他与投资活动有关的现金			
投资活动现金流入小计			
购建固定资产、无形资产和其他长期资产支付的现金			
投资支付的现金			
取得子公司及其他营业单位支付的现金净额			
支付的其他与投资活动有关的现金			
投资活动现金流出小计			
投资活动产生的现金流量净额			
三、筹资活动产生的现金流量			
吸收投资所收到的现金			
取得借款所收到的现金			
收到其他与筹资活动有关的现金			
筹资活动现金流入小计			
偿还债务所支付的现金			
分配股利、利润或偿付利息支付的现金			
支付其他与筹资活动有关的现金			
筹资活动现金流出小计			
筹资活动产生的现金流量净额			
四、汇率变动对现金及现金等价物的影响			
五、现金及现金等价物净增加额			
加：期初现金及现金等价物余额			
六、期末现金及现金等价物余额			

四、现金流量表的编制方法

现金流量表的编制方法有直接法和间接法两种。国际会计准则鼓励企业采用直接法编制现金流量表。在我国，现金流量表也以直接法编制，但在现金流量表的附注补充资料中还要按照间接法反映经营活动现金流量的情况。

直接法直接确定每笔涉及现金收支业务的属性，归入按现金流动属性分类形成经营、投资、筹资三部分的现金收支项目。二者的现金流入流出净额合计就可以得到一个企业整个会计期间的现金净流量。

间接法，将净利润调整为现金净流入，并剔除投资活动对现金流量的影响。便于将净利润与经营活动产生的现金流量净额进行比较，了解净利润与经营活动产生差异的原因，从现金流量的角度分析净利润的质量。间接法下可以从另外一个会计职业角度(直接法下现金流量项目是从收支业务本身划分的)看出企业整个会计期间内的经营现金流量来源。

第五节　所有者权益变动表

一、所有者权益变动表的概念及作用

所有者权益变动表是指反映构成所有者权益各组成部分当期增减变动情况的报表。所有者权益变动表应当全面反映一定时期所有者权益变动的情况。

所有者权益变动表既可以为报表使用者提供所有者权益总量增减变动的信息，也能提供所有者权益增减变动的结构性信息，特别是能够让报表使用者理解所有者权益增减变动的根源。

二、所有者权益变动表的结构

在所有者权益变动表上，企业至少应当单独列示反映下列信息的项目：①综合收益总额；②会计政策变更和前期差错更正的累积影响金额；③所有者投入资本和向所有者分配利润等；④按照规定提取的盈余公积；⑤实收资本、其他权益工具、资本公积、盈余公积、未分配利润等的期初和期末余额及其调节情况。

所有者权益变动表以矩阵的形式列示：一方面，列示导致所有者权益变动的交易或事项，即所有者权益变动的来源，对一定时期内所有者权益的变动情况进行全面反映；另一方面，按照所有者权益各组成部分(即实收资本、其他权益工具、资本公积、库存股、其他综合收益、盈余公积、未分配利润等)列示交易或事项对所有者权益各部分的影响。

第六节　财务报表附注

一、财务报表附注的概念及作用

财务报表附注是财务报表的重要组成部分，是对财务报表本身无法或难以充分表达的内容和项目所做的补充说明和详细解释。

财务报表附注的作用主要有：突出了财务报表信息的重要性；一定程度上提高了财务报表内信息的可靠性；增加了报表内信息的可理解性。

二、财务报表附注的内容

附注一般应当按照下列顺序进行披露。

(1) 企业的基本情况：①企业注册地、组织形式和总部地址；②企业的业务性质和主要经营活动；③母公司以及集团最终母公司的名称；④财务报告的批准报出者和财务报告批准报出日，以签字人及其签字日期为准；⑤营业期限有限的企业，还应当披露关于营业期限的信息。

(2) 财务报表的编制基础。

(3) 遵循企业会计准则的声明。企业应当声明编制的财务报表符合企业会计准则的要求，真实、完整地反映了企业的财务状况、经营成果和现金流量等有关信息。

(4) 重要会计政策和会计估计。重要会计政策的说明，包括财务报表项目的计量基础和在运用会计政策过程中所做的重要判断等。重要会计估计的说明，包括可能导致下一个会计期间内资产、负债账面价值重大调整的会计估计的确定依据等。企业应当披露采用的重要会计政策和会计估计，并结合企业的具体实际披露其重要会计政策的确定依据和财务报表项目的计量基础，及其会计估计所采用的关键假设和不确定因素。

(5) 会计政策和会计估计变更以及差错更正的说明。

(6) 报表重要项目的说明。企业应当按照资产负债表、利润表、现金流量表、所有者权益变动表及其项目列示的顺序，对报表重要项目的说明采用文字和数字描述相结合的方式进行披露。报表重要项目的明细金额合计，应当与报表项目金额相衔接。企业应当在附注中披露费用按照性质分类的利润表补充资料，可将费用分为耗用的原材料、职工薪酬费用、折旧费用、摊销费用等。

(7) 或有和承诺事项、资产负债表日后非调整事项、关联方关系及其交易等需要说明的事项。

(8) 有助于财务报表使用者评价企业管理资本的目标、政策及程序的信息。

【思政要点】

引导学生在财务报表分析中将系统阐释资产负债表和利润表中每一项目的含义、数字来源，四张主要财务报表的一般分析方法为财务报表的比率分析法、趋势分析法、综合分析法以及资产质量、利润质量、未来前景等相关专题分析财务报告分析中的典型案例与会计职业道德观相融合，培养学生对财务案例全方位多角度的辨析能力，加强学生对财务分析结果的拓展辩证思维，引导学生对职业道德与伦理道德、品德与自律、诚信与德行的深入思考，进而激发学生自觉锤炼道德品质、恪守德行规范。

本章小结

本章主要介绍了财务会计报告的含义、构成、分类等内容，介绍了资产负债表、利润表的概念、格式及其填列方法以及现金流量表、所有者权益变动表的内容及格式和财务报表附注等。

财务会计报告包括财务报表及其附注和其他应当在财务会计报告中披露的相关信息和资料。财务报表由报表本身及其附注两部分构成。附注是财务报表的有机组成部分，而报表则至少应当包括资产负债表、利润表、现金流量表、所有者权益变动表。

财务会计报告的核心是财务报表。财务报表依据不同的分类标准可以有不同的分类。财务报表按照编报期间的不同分类，可以分为中期财务报表和年度财务报表。财务报表按编报的会计主体不同分类，可以分为个别财务报表和合并财务报表。财务报表按反映的经济内容的不同分类，可以分为静态报表和动态报表。静态报表是指综合反映企业某一特定日期资产、负债和所有者权益状况的报表，如资产负债表。动态报表是指综合反映企业一定期间的经营成果或现金流量情况的报表，如利润表、现金流量表。

资产负债表是反映企业某一特定日期财务状况的报表，其编制基础是"资产=负债+所有的权益"这一基本的会计等式。利润表是指反映企业在一定会计期间内的经营成果的报表，其编制基础是"利润=收入-费用"这一会计恒等式。

 练习与思考

一、单选题

1. 下列会计报表中，属于不需要对外报送的报表是(　　)。
   A. 利润表　　　　　　　　　　　B. 企业成本报表
   C. 所有者权益变动表　　　　　　D. 资产负债表

2. 在资产负债表中，资产方下列各项目的排列顺序正确的是(　　)。
   A. 货币资金、应收账款、长期待摊费用、存货
   B. 货币资金、长期待摊费用、应收账款、存货
   C. 货币资金、应收账款、存货、长期待摊费用
   D. 长期待摊费用、货币资金、应收账款、存货

3. 关于资产负债表，下列说法错误的是(　　)。
   A. 根据"资产=负债+所有者权益"的会计平衡等式设计的
   B. 其正表格式分为单步式和多步式两种
   C. 其"期末数"一栏是依据有关账户的期末余额填列的
   D. 反映企业某一特定日期全部资产、负债和所有者权益的情况

4. 会计报表是根据(　　)资料编制的。
   A. 日记账与总账　　　　　　　　B. 日记账与明细账
   C. 总账与明细账　　　　　　　　D. 总账和备查账

5. 下列关于财务会计报告编制的表述中，不正确的是(　　)。
   A. 财务会计报告应当根据经过审核的会计账簿记录和有关资料编制
   B. 编制的财务会计报告应具备真实性和完整性
   C. 向不同会计资料使用者提供的财务会计报告，其编制依据应当一致
   D. 对外提供的财务会计报告经主管会计工作的负责人签名并盖章后可以报出

6. 下列关于财务会计报告的表述中，正确的是(　　)。
   A. 资产负债表中确认的资产均为企业所拥有的资产
   B. 资产负债表中的各报表项目均按有关账户期末余额直接填列
   C. 利润表是指反映企业在某一特定日期经营成果的会计报表
   D. 并非所有的企业每月均须编制现金流量表

7. 年度财务会计报告应当根据(　　)编制。
   A. 经过审核的会计凭证
   B. 各类会计报表
   C. 实际发生的经济业务事项
   D. 经过审核的会计账簿记录以及相关资料

8. 由母公司编制的综合反映企业集团财务状况、经营成果及现金流量的财务报表是（　　）。

    A. 个别财务报表　　　　　　　　B. 中期财务报表

    C. 合并财务报表　　　　　　　　D. 年度财务报表

二、多选题

1. 编制财务会计报告的目的是向（　　）等财务会计报告的使用者提供全面、系统的财务会计信息。

    A. 投资者　　　　　　　　　　　B. 债权人

    C. 政府及相关机构　　　　　　　D. 社会公众

2. 利润表反映的会计要素的内容有（　　）。

    A. 资产　　　　B. 负债　　　　C. 收入　　　　D. 费用

3. 财务会计报告具体包括（　　）。

    A. 月度财务会计报告　　　　　　B. 季度财务会计报告

    C. 半年度财务会计报告　　　　　D. 年度财务会计报告

4. 根据企业财务会计报告的目标，企业提供的会计信息应该满足（　　）的需求。

    A. 向财务报告使用者提供与企业财务状况有关的会计信息

    B. 向财务报告使用者提供与企业经营成果有关的会计信息

    C. 反映企业管理层受托责任履行情况

    D. 向财务报告使用者提供与企业现金流量有关的会计信息

三、判断题

1. 资产负债表是总括反映企业某一特定日期资产、负债和所有者权益的动态报表。

                                 （　　）

2. "收入-费用=利润"这一会计等式可以表示一个企业的财务状况。　　（　　）

3. 利润表反映的是企业一段时间的经营成果，是时期表。　　　　　　（　　）

4. "资产=负债+所有者权益"这一会计等式是资产负债表编制的基础依据。（　　）

5. 现金流量表根据权责发生制能够反映企业现金的流入和流出。　　　（　　）

6. 我国资产负债表中资产项目是按流动性排列的。　　　　　　　　　（　　）

四、思考题

1. 财务会计报告体系包含哪些内容？

2. 什么是资产负债表？它的编制基础是什么？

3. 什么是利润表？它的编制基础是什么？

4. 简述资产负债表与利润表的区别和联系。

5. 现金流量表中的现金流量分为哪几类？试举例说明。

微课视频

扫一扫，获取本章相关微课视频。

10 财务会计报告概述.mp4

第十一章　账务处理程序

本章主要介绍账务处理程序的概念、类型、各类会计账务处理程序的特点以及具体步骤，并举例说明其中几种程序的运用。

学习目标

1. 理解账务处理程序的概念。
2. 理解常见的几种账务处理程序各自的特点及适用范围。
3. 掌握记账凭证账务处理程序、汇总记账凭证账务处理程序以及科目汇总表账务处理程序的具体步骤。

【课前思考】

1. 完成会计凭证的填制工作后，是否代表着会计工作已经结束？
2. 计算机替代了手工繁杂的会计账务处理工作，作为未来的财务人员应当如何应对？

第一节　账务处理程序概述

一、账务处理程序的概念

日常核算资料是运用会计的一系列核算方法提供的反映日常经济活动的各种核算指标。经济业务发生以后，通过设置会计科目、复式记账、填制会计凭证、登记会计账簿等一系列会计核算的专门方法取得日常核算资料。

在实际工作中，因为各单位的业务性质不同，经营规模大小不同，经济业务繁简程度不同，导致会计账务处理的程序和形式也会有所不同。因此，为了使会计工作能顺利进行，使企业从经济业务发生到最终形成报表的账务处理过程更合理、顺畅、高效，不同的企业应在遵守国家统一会计制度的前提下，根据其经济业务的具体内容、登记账簿的需要，设计会计凭证的种类、样式，设置账簿的种类及格式，进而明确各种凭证之间、账簿之间和各种凭证与账簿之间，各种报表之间，各种账簿与报表之间的相互联系及编制的流程。这里所说的流程指账务处理程序，又称为会计核算组织程序、会计核算形式。

账务处理程序就是指从取得原始凭证到产生会计信息的会计工作的步骤和方法。其主要内容包括整理、汇总原始凭证及填制记账凭证、登记各种账簿、编制会计报表整个过程的步骤和方法。不同的账簿组织、记账程序和记账方法的有机结合，就构成了不同的账务处理程序。

在我国，常用的账务处理程序主要有：记账凭证账务处理程序、汇总记账凭证账务处理程序和科目汇总表账务处理程序。它们之间的主要区别是登记总分类账的依据和方法不同。

二、账务处理程序的要求

科学、合理地组织账务处理程序是做好会计工作的重要前提之一。确定账务处理程序一般应符合以下三点要求。

(1) 要与本单位的经济性质、经营特点、规模大小、经营管理的要求及业务的繁简程度相适应，有利于加强会计核算工作的分工协作，有利于实现会计控制和监督目标。

(2) 要能够及时、准确、全面、系统地提供会计信息，满足各会计信息使用者对会计信息的需要。

(3) 要在保证核算资料及时、准确、完整的前提下，减少不必要的会计核算环节，通过井然有序的账务处理程序，尽可能地提高会计工作的效率，降低会计信息的成本。

【思政要点】

通过账务处理程序的学习，使学生了解良好的程序是完成任务的根本保障，要树立程序即秩序的理念。理解分工合作、协调配合是提高工作效率的内在机制。同时建立殊途同归的思维方式，不同的账务处理程序，其目的都是编制财务报表。

第二节　记账凭证账务处理程序

一、记账凭证账务处理程序的特点

在记账凭证账务处理程序下，会计人员对发生的经济业务，都要根据原始凭证或原始凭证汇总表(也称为汇总原始凭证)编制记账凭证，并根据记账凭证逐笔登记总分类账。记账凭证账务处理程序最主要的特点就是直接根据记账凭证逐笔登记总分类账。记账凭证账务处理程序是最基本的一种账务处理程序，其他各类账务处理程序基本是以此为基础发展演变而来。

二、记账凭证账务处理程序的设计要求

在记账凭证账务处理程序下，记账凭证可以采用通用格式，也可以采用收款凭证、付款凭证和转账凭证三种格式。账簿的设置一般包括库存现金日记账、银行存款日记账、总分类账和明细分类账。总分类账应按总账科目设置，总分类账和日记账的格式一般采用三栏式。

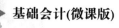

明细分类账根据管理的实际需要进行设置,根据核算项目的不同特点,可选择三栏式、数量金额式或多栏式的账页。

三、记账凭证账务处理程序的步骤

记账凭证账务处理程序的基本内容如图 11-1 所示。

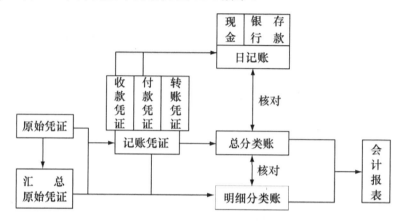

图 11-1　记账凭证账务处理程序图

(1) 根据原始凭证填制汇总原始凭证。

(2) 根据原始凭证或汇总原始凭证填制收款凭证、付款凭证和转账凭证,也可以填制通用记账凭证。

(3) 根据收款凭证和付款凭证(采用专用记账凭证格式时)逐笔登记库存现金日记账和银行存款日记账。

(4) 根据原始凭证、汇总原始凭证和记账凭证,登记各种明细分类账。

(5) 根据记账凭证逐笔登记总分类账。

(6) 期末将库存现金日记账、银行存款日记账和明细分类账的余额与有关总分类账的余额核对看是否相符。

(7) 期末根据总分类账和明细分类账的记录,编制财务报表。

四、记账凭证账务处理程序的优缺点及适用范围

记账凭证账务处理程序的优点主要是简单易学,总分类账能详细反映经济业务状况,方便会计核对与查账,但通常登记总分类账的工作量较大,也不利于协作分工。因此,记账凭证财务处理程序一般适用于规模较小、经济业务较简单的企业。此外,为了减少记账凭证的数量,进而减轻登记总分类账的工作量,简化核算手续,可以尽量将业务内容相同的原始凭证先编制原始凭证汇总表,然后根据原始凭证汇总表编制记账凭证,进而登记总分类账簿。

记账凭证账务处理程序的举例可见本教材第七章例 7-1。

第三节　汇总记账凭证账务处理程序

一、汇总记账凭证账务处理程序的特点

汇总记账凭证账务处理程序是记账凭证账务处理程序的发展，是根据原始凭证或汇总原始凭证编制记账凭证，定期根据记账凭证分类编制汇总收款凭证、汇总付款凭证和汇总转账凭证，再根据汇总记账凭证登记总分类账。它的特点是需要定期根据记账凭证分类编制汇总收款凭证、汇总付款凭证和汇总转账凭证，再根据汇总记账凭证登记总分类账。

二、汇总记账凭证账务处理程序的设计要求

汇总记账凭证账务处理程序下，由于需要分类编制汇总收款凭证、汇总付款凭证和汇总转账凭证，因此记账凭证最好采用专用记账凭证格式。在账簿设置上，库存现金日记账、银行存款日记账以及各种明细分类账的设置与记账凭证账务处理程序要求基本相同。总分类账应采用在借、贷两栏内设有"对方科目"专栏的三栏式，以利于清晰地反映各科目之间的对应关系。

下面首先对汇总记账凭证的编制方法及格式予以介绍。

汇总记账凭证是按每个科目设置，并按科目一方(借方或贷方)的对应科目进行汇总。

1. 汇总收款凭证

汇总收款凭证是根据一定时期的全部收款凭证，按月汇总编制而成，如表 11-1 所示。汇总收款凭证借方科目分别按库存现金和银行存款设置，将其对应的贷方科目加以归类，定期(如 5 天或 10 天)汇总填列一次，每月编制一张，月末结算出汇总收款凭证的合计数，据以登记总分类账。登记时，根据合计数，分别记入库存现金和银行存款总分类账的借方，根据汇总收款凭证上汇总的各个贷方科目的合计数分别记入相应的总分类账的贷方。

表 11-1　汇总收款凭证

借方科目：　　　　　　　　　　　年　　月　　　　　　　　　　编号：

贷方科目	金额			
	1~10 日收款凭证 ×号至×号×张	11~20 日收款凭证 ×号至×号×张	21~31 日收款凭证 ×号至×号×张	合计
合计				

2. 汇总付款凭证

汇总付款凭证是根据一定时期的全部付款凭证，按月汇总编制而成。汇总付款凭证贷方科目按库存现金和银行存款设置，将其对应的借方科目加以归类，定期(如 5 天或 10 天)汇总填列一次，每月编制一张，月末结算出汇总付款凭证的合计数，据以登记总分类账。登记时，

根据合计数，分别记入库存现金和银行存款总分类账的贷方，根据汇总付款凭证上汇总的各个借方科目的合计数分别记入有关总分类账的借方。汇总付款凭证的格式如表 11-2 所示。

表 11-2　汇总付款凭证

贷方科目：　　　　　　　　　　　　　　　年　　月　　　　　　　　　编号：

借方科目	金额			
	1～10 日收款凭证 ×号至×号×张	11～20 日收款凭证 ×号至×号×张	21～31 日收款凭证 ×号至×号×张	合计
合计				

3. 汇总转账凭证

汇总转账凭证应当按照每一个账户的贷方分别设置，并根据转账凭证按对应的借方账户归类，定期汇总填列一次，每月填制一张。为了便于填制汇总转账凭证，平时填制转账凭证时，应使账户的对应关系保持一个贷方账户同一个或几个借方账户相对应，而一个借方账户不要同几个贷方账户相对应。月终，根据汇总转账凭证的合计数，分别记入总分类账中各个应借账户的借方以及该汇总转账凭证所列的应贷账户的贷方。如果在汇总期内某一个贷方账户的转账凭证为数不多时，也可不填制汇总转账凭证，直接根据转账凭证记入总分类账。汇总转账凭证的格式如表 11-3 所示。

表 11-3　汇总转账凭证

贷方科目：　　　　　　　　　　　　　　　年　　月　　　　　　　　　编号：

借方科目	金额			
	1～10 日转账凭证 ×号至×号×张	11～20 日转账凭证 ×号至×号×张	21～31 日转账凭证 ×号至×号×张	合计
合计				

三、汇总记账凭证账务处理程序的步骤

汇总记账凭证账务处理程序的基本内容如下，汇总记账凭证账务处理程序如图 11-2 所示。

(1) 根据原始凭证填制汇总原始凭证。

(2) 根据原始凭证或汇总原始凭证填制收款凭证、付款凭证和转账凭证。

(3) 根据收款凭证和付款凭证逐笔登记库存现金日记账和银行存款日记账。

(4) 根据原始凭证、汇总原始凭证和记账凭证，登记各种明细分类账。

(5) 根据收款凭证、付款凭证和转账凭证，定期填制汇总收款凭证、汇总付款凭证和汇总转账凭证。

(6) 根据汇总收款凭证、汇总付款凭证和汇总转账凭证登记总分类账。

(7) 期末，将库存现金日记账、银行存款日记账和明细分类账的余额与有关总分类账的余额核对相符。

(8) 期末，根据总分类账和明细分类账的记录编制财务报表。

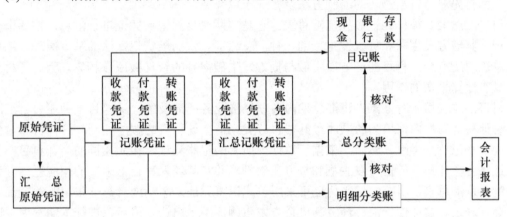

图 11-2 汇总记账凭证账务处理程序图

四、汇总记账凭证账务处理程序的优缺点及适用范围

汇总记账凭证账务处理程序的优点是：在这种账务处理程序下，利用汇总记账凭证，可以把多个记账凭证上的数据汇总起来，月终一次记入总分类账，简化了总分类账的登记工作；同时，收款凭证以借方账户为主，按照对应的贷方账户进行汇总，付款凭证和转账凭证以贷方账户为主，按照对应的借方账户进行汇总，这样就使凭证的整理归类工作比较简便，而且可以清晰地反映账户之间的对应关系，记账数字不容易出现错误。汇总记账凭证账务处理程序的缺点是：汇总转账凭证按每一贷方科目归类汇总，不利于日常核算工作的合理分工，此外当企业经营规模较小、经营业务比较零散时，在同一贷方科目的转账凭证为数不多的情况下，不仅没有减少登记总账的工作量，而且增加了凭证的汇总工作。因此，这种账务处理程序一般适用于规模较大，业务较多的企业的账务处理。

第四节　科目汇总表账务处理程序

一、科目汇总表账务处理程序的特点

科目汇总表账务处理程序是在填制记账凭证之后，将所有记账凭证定期汇总编制科目汇总表，根据科目汇总表登记总分类账的一种账务处理程序。该程序的主要特点就是：根据实际业务量的大小，每隔一定时期定期根据记账凭证汇总编制科目汇总表，然后根据科目汇总表登记总账。

二、科目汇总表账务处理程序的设计要求

采用科目汇总表账务处理程序时，一般采用收款凭证、付款凭证和转账凭证三种格式的凭证，除此之外，还需要设置科目汇总表。而库存现金日记账、银行存款日记账以及总分类账和各种明细分类账的设置与记账凭证账务处理程序要求相同。

下面首先对科目汇总表的编制方法及格式予以介绍。

科目汇总表又被称为记账凭证汇总表。它是定期对全部记账凭证进行汇总，按各个会计科目列示其借方发生额和贷方发生额的一种汇总凭证。依据借贷记账法的基本原理，汇总科目汇总表中所有会计科目的借方发生额与贷方发生额得到的合计数应该相等。因此，科目汇总表具有试算平衡的作用。

科目汇总表填制时，需先将汇总期内各项经济业务所涉及的会计科目填列在科目汇总表的"会计科目"栏内，填列的顺序最好与总分类账上会计科目的顺序相同。这样可以避免遗漏，便于登记总分类账。然后，依据汇总期内所有的记账凭证，按照相同的会计科目归类，分别计算各会计科目的借方发生额和贷方发生额，并将其填入科目汇总表的相应栏内。为便于编制科目汇总表，所有的记账凭证可采用单式记账凭证来填制或者每一张记账凭证都编制简单会计分录。这样便于汇总计算其借贷方发生额，不易出错。最后，进行本期发生额试算平衡。试算无误后，据以登记总分类账。

科目汇总表可以每月汇总一次编制一张，也可视业务量大小每 5 天或 10 天汇总一次，每月编制一张。常见的科目汇总表的格式如表 11-4 和表 11-5 所示。

表 11-4　科目汇总表(按月汇总)

年　月　日　　　　　　　　　　　　　　　　　　　字第　号

序号	会计科目	记账凭证起讫号数	借方发生额	贷方发生额	总账页码
1					
2					
3					
4					
5					
6					
7					
……					
	合计				

表 11-5　科目汇总表(按旬汇总)

年　月　日　　　　　　　　　　　　　　　　　　字第　号

会计科目	总账页数	1～10 日		11～20 日		21～31 日		本月合计	
		借方	贷方	借方	贷方	借方	贷方	借方	贷方
……									
合计									

三、科目汇总表账务处理程序的步骤

科目汇总表账务处理程序的基本内容如图 11-3 所示。

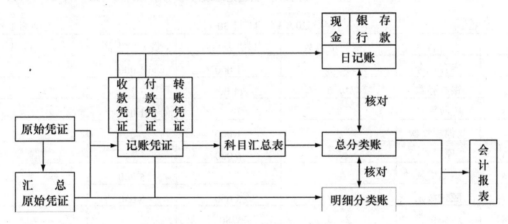

图 11-3　科目汇总表账务处理程序图

(1) 根据原始凭证填制汇总原始凭证。

(2) 根据原始凭证或汇总原始凭证填制记账凭证。为了便于编制科目汇总表,所有记账凭证中的科目对应关系,最好按一个借方科目和一个贷方科目相对应。转账凭证最好一式两份,以便分别归类汇总借方科目和贷方科目的本期发生额。

(3) 根据收款凭证、付款凭证逐笔登记库存现金日记账和银行存款日记账。库存现金日记账和银行存款日记账通常采用借、贷、余三栏式账簿。

(4) 根据原始凭证、汇总原始凭证和各种记账凭证登记各种明细账。明细账的格式根据各单位的实际情况及管理上的要求可分别采用三栏式、数量金额式和多栏式账簿。

(5) 根据各种记账凭证汇总编制科目汇总表。

(6) 根据科目汇总表登记总分类账。总账一般采用借、贷、余三栏式账簿。

(7) 将库存现金日记账、银行存款日记账和明细账的余额同有关总分类账的余额核对相符。

(8) 期末,根据总分类账和明细分类账的记录编制财务报表。

四、科目汇总表账务处理程序的优缺点及适用范围

科目汇总表账务处理程序的优点：依据科目汇总表登记总账，可以大大减少登记总账的工作量；科目汇总表本身能对所编制的记账凭证起到试算平衡作用。科目汇总表账务处理程序的缺点：由于科目汇总表本身只反映各科目的借、贷方发生额，根据其登记的总账，不能反映各账户之间的对应关系，不便于根据账簿记录进行检查和分析经济业务的来龙去脉，不便于查对账目。这种账务处理程序一般适用于经济业务量较多的单位。

五、科目汇总表账务处理程序举例

沿用例 7-1 的资料，这里主要说明根据记账凭证填制科目汇总表以及根据科目汇总表登记总账的过程。

(1) 根据贝壳公司 11 月份发生的经济业务编制科目汇总表，如表 11-6 所示。

表 11-6　科目汇总表

20×3 年 11 月 30 日　　　　　　　　　　　　　　　　　汇字第 1 号

序号	会计科目	记账凭证号数	借方发生额	贷方发生额	总账页码
1	库存现金	1、5	1 000	1 000	
2	银行存款	1、2、4、6、7、8	11 000	7 780	
3	应收账款	4		1 000	
4	其他应收款	5	1 000		
5	原材料	2、3	6 000		
6	短期借款	6		5 000	
7	应付账款	3、7	5 650	5 650	
8	应交税费	2、3	780		
9	实收资本	8		5 000	
	合计		25 430	25 430	

(2) 根据科目汇总表汇总的各账户的借贷方发生额合计数登记相应的总分类账，分别如表 11-7 至表 11-15 所示。

表 11-7　库存现金总账

会计科目：库存现金

20×3 年		凭证		摘要	借方	贷方	借或贷	余额
月	日	种类	号码					
11	01			期初余额			借	100.00
11	30	汇	1	1～30 日发生额及余额	1 000.00	1 000.00	借	100.00

表 11-8　银行存款总账

会计科目：银行存款

20×3 年		凭证		摘要	借方	贷方	借或贷	余额
月	日	种类	号码					
11	01			期初余额			借	250 000.00
11	30	汇	1	1～30 日发生额及余额	11 000.00	7 780.00	借	253 220.00

表 11-9　应收账款总账

会计科目：应收账款

20×3 年		凭证		摘要	借方	贷方	借或贷	余额
月	日	种类	号码					
11	01			期初余额			借	87 500.00
11	30	汇	1	1～30 日发生额及余额		1 000.00	借	86 500.00

表 11-10　其他应收款总账

会计科目：其他应收款

20×3 年		凭证		摘要	借方	贷方	借或贷	余额
月	日	种类	号码					
11	01			期初余额			平	0.00
11	30	汇	1	1～30 日发生额及余额	1 000.00		借	1 000.00

表 11-11　原材料总账

会计科目：原材料

20×3 年		凭证		摘要	借方	贷方	借或贷	余额
月	日	种类	号码					
11	01			期初余额			平	0.00
11	30	汇	1	1～30 日发生额及余额	6 000.00		借	6 000.00

表 11-12　短期借款总账

会计科目：短期借款

20×3 年		凭证		摘要	借方	贷方	借或贷	余额
月	日	种类	号码					
11	01			期初余额			贷	230 000.00
11	30	汇	1	1～30 日发生额及余额		5 000.00	贷	235 000.00

表 11-13　应付账款总账

会计科目：应付账款

20×3 年		凭证		摘要	借方	贷方	借或贷	余额
月	日	种类	号码					
11	01			期初余额			贷	126 000.00
11	30	汇	1	1～30 日发生额及余额	5 650.00	5 650.00	贷	126 000.00

表 11-14　应交税费总账

会计科目：应交税费

20×3 年		凭证		摘要	借方	贷方	借或贷	余额
月	日	种类	号码					
11	01			期初余额			贷	1 600.00
11	30	汇	1	1～30 日发生额及余额	780.00		贷	820.00

表 11-15　实收资本总账

会计科目：实收资本

20×3 年		凭证		摘要	借方	贷方	借或贷	余额
月	日	种类	号码					
11	01			期初余额			贷	700 000.00
11	30	汇	1	1～30 日发生额及余额		5 000.00	贷	705 000.00

本章小结

　　本章主要介绍了记账凭证账务处理程序、汇总记账凭证账务处理程序和科目汇总表账务处理程序的步骤、优缺点和适用范围等。不同账务处理程序的主要区别是用来登记总账的依据不同。记账凭证账务处理程序最主要的特点是直接根据记账凭证逐笔登记总分类账；汇总记账凭证账务处理程序的特点是需要定期根据记账凭证分类编制汇总收款凭证、汇总付款凭证和汇总转账凭证，再根据汇总记账凭证登记总分类账；科目汇总表账务处理程序的主要特点是根据实际业务量的大小，每隔一定时期定期根据记账凭证汇总编制科目汇总表，然后根据科目汇总表登记总账。

练习与思考

一、单选题

1. 科目汇总表账务处理程序的优点是(　　)。
　　A. 详细反映经济业务的发生情况　　B. 可以做到试算平衡
　　C. 便于了解账户之间的对应关系　　D. 便于查对账目

2. 汇总记账凭证账务处理程序的优点是(　　)。
　　A. 有利于会计核算的日常分工　　B. 便于了解账户之间的对应关系
　　C. 手续简便　　D. 便于试算平衡

3. 科目汇总表账务处理程序下，登记总账的依据是(　　)。
　　A. 记账凭证　　B. 汇总记账凭证　　C. 科目汇总表　　D. 明细账

4. 各种账务处理程序之间的主要区别在于(　　)。
　　A. 总账的格式不同　　B. 登记总账的程序和方法不同
　　C. 会计凭证的种类不同　　D. 编制会计报表的依据不同

5. 直接根据记账凭证逐笔登记总分类账的账务处理程序是(　　)。
　　A. 记账凭证账务处理程序　　B. 汇总记账凭证账务处理程序
　　C. 科目汇总表账务处理程序　　D. 日记总账账务处理程序

6. 科目汇总表是依据(　　)编制的。
　　A. 记账凭证　　B. 汇总记账凭证
　　C. 原始凭证　　D. 汇总原始凭证

7. 在不同账务处理程序下，下列说法错误的是(　　)。
　　A. 总账可以根据记账凭证直接登记　　B. 总账可以根据汇总记账凭证登记
　　C. 总账可以根据科目汇总表登记　　D. 总账可以根据明细账登记

二、多选题

1. 在记账凭证账务处理程序下，应设置(　　)。
　　A. 收款、付款、转账凭证或通用记账凭证

B. 科目汇总表或汇总记账凭证

    C. 库存现金和银行存款日记账

    D. 总分类账和若干明细分类账

2. 下列各项中, (　　)属于记账凭证账务处理程序的优点。

    A. 记账程序简单明了、易于理解

    B. 登记总分类账的工作量较小

    C. 总分类账可以较详细地反映经济业务的发生情况

    D. 具有试算平衡的作用, 有利于保证总账登记的正确性

3. 下列各项中, (　　)属于记账凭证账务处理程序的内容。

    A. 填制记账凭证　　　　　　　　B. 登记明细分类账

    C. 逐笔登记总账　　　　　　　　D. 编制科目汇总表

4. 下列关于记账凭证账务处理程序的表述中, 不正确的有(　　)。

    A. 适用于规模较大的单位　　　　B. 根据记账凭证逐笔登记总分类账

    C. 登记总分类账的工作量较大　　D. 适用于经济业务量较多的单位

5. 下列各项中, (　　)属于登记库存现金日记账和银行存款日记账的依据。

    A. 收款凭证　　　B. 付款凭证　　　C. 明细分类账　　　D. 总分类账

三、判断题

1. 汇总记账凭证账务处理程序, 能够反映账户之间的对应关系。　　　　　　　　(　　)

2. 不同企业采用的账务处理程序可以不同。　　　　　　　　　　　　　　　　(　　)

3. 汇总记账凭证账务处理程序一般适用于规模较大, 业务较多的企业。　　　　(　　)

4. 将科目汇总表中所有会计科目的借方发生额与贷方发生额分别汇总得到的合计数应该相等。　　　　　　　　　　　　　　　　　　　　　　　　　　　　　　　　(　　)

5. 科目汇总表不仅能起到试算平衡的作用, 而且能反映账户的对应关系。　　　(　　)

四、思考题

1. 记账凭证账务处理程序的基本步骤包括哪些?

2. 什么是科目汇总表? 如何编制科目汇总表?

3. 如何编制汇总收款凭证、汇总付款凭证和汇总转账凭证?

4. 各种账务处理程序的基本步骤有什么异同?

5. 各种账务处理程序的优缺点及适用范围是什么?

📹 微课视频

扫一扫, 获取本章相关微课视频。

11-1 账务处理程序概述.mp4　　11-2 汇总记账凭证账务处理程序.mp4　　11-3 科目汇总表账务处理程序.mp4

第十二章 智能会计

本章主要介绍智能会计的概述，智能会计的理论框架包括大数据理论、人工智能理论、云计算理论、财务共享理论、区块链理论等，以及智能会计的业务结构。新时代是一个信息化的时代，新型技术的应用已经彻底改变了人们的传统生活方式。在本章学习中应更加注重对会计信息化智能化发展下智能会计的理论理解以及业务结构的发展。

 学习目标

1. 了解智能会计的含义。
2. 理解大数据理论、人工智能理论、云计算理论、财务共享理论、区块链理论等前沿理论。
3. 理解智能会计的业务结构。

【课前思考】

1. 什么是智能会计？
2. 为什么传统会计要向智能会计方向发展？
3. 智能会计能够达到什么效果？

第一节 智能会计概述

一、智能会计产生的背景

时代的进步推动了各个行业的快速发展，科学技术的发展使如今的社会以信息化和数字化的崭新形式不断发展。新时代是一个信息化的时代，新型技术的应用已经彻底改变了人们的传统生活方式。会计行业作为企业财务的重要组成部分，负责着各种大量且复杂的财务工作。

智能时代的标志是信息化、数字化、产业化和智能化的整合，开发、生产、消费方式和管理模式发生了很大的变化且得到升级，这种全面、多维、立体的变化具有革命性和颠覆性，覆盖面包括工业、商业、农业、物流、运输、科技、经济等领域。在新产业、新行业、新经济、新技术和新管理模式下，会计将面临改革，加之信息技术和大众传媒的影响，使会计发展面临更多的挑战。会计是经济发展的产物，随着生产力的发展而发展。计算机和信息技术是会计改革的工具，促进了经济形式和经济环境的变化，其中生产方式、商业模式和管理模式的变化尤为显著，促进了数据管理的智能化发展。实时会计、会计智慧决策、会计信息数字化等现代信息技术的发展，促进了实时、高效和低成本迭代信息的实现，因此会计智能化开发势在必行。进入 21 世纪以来，我国积极推行改革开放，重视科技人才的培养，随着科技水平的提高和社会的发展，各行各业都正走向各自的兴盛之路。数字化和信息化的趋势是时代发展的必然进化方向。会计行业也根据自身的行业特色，有针对性地推广了会计信息化的新模式，结合了智能化与多元化的会计行业新模式，有助于提高会计工作的效率和质量。

智能会计是会计与计算机学科相互渗透下的交叉学科。智能会计不仅注重会计学专业理论知识的学习，更加注重财会人员对数据分析与技术创新应用的学习，基于大数据、云计算、移动互联网、人工智能、区块链等现代化信息技术，培养熟悉会计理论与方法，掌握数字技术与会计的交叉融合知识的复合式应用型人才。

二、智能会计的含义

会计是通过对经济活动中的数据和信息的获取、计量、记录和分析等处理，实现对经济活动的核心内容及结果的反映和精准管理，并追求经济活动收益最优化的一种工具、手段和操作过程等的综合。它既是一门学科，也是一个专业门类和职业领域，更是需要具有专业知识结构体系的从业人员操作实务的具体规范。传统会计是以货币为主要的计量单位，使用专门的方法和程序，对企事业单位以及其他组织的经营活动开展一系列针对性的核算和监督工作。而智能会计则是在智能信息技术迅猛发展的背景下，在会计领域中充分运用信息技术的新思想、新理论、新手段和新方法等产物，它促使了传统会计在经济活动中的数据采集、数据计量、数据处理分析等方面发生巨大变革，进而有力地提升会计核算的精准度、会计处理的便捷度、会计管理的宽广度、会计预测的正确率的同时，有效减轻了会计从业人员的劳动强度，切实提升会计实务的工作效率的同时，在更多的方面展现会计的功能和作用。因此，智能会计可描述为：随着信息处理技术智能化程度的不断提高和应用的日益推广，会计与人工智能、区块链、大数据、移动互联等现代智能信息技术的深度融合，实现对传统会计的工具、方法、效率、信用等的革命性变革，逐渐形成智能会计这个富有时代特色的新生事物，它将会计元素通过信息化等手段嵌入到经济业务之中，解决了以往会计分录、会计报表和会计数据分析不能与经济业务同步进行的问题，真正实现业财同步，融合会计的核算功能和管理功能的同时，内生出会计的战略分析功能。

作为新生事物的智能会计，它内涵明确，外延开放，是一个包含多层含义的集合名词，它不仅包含了会计实务操作意义下的所有内容，还包括会计教育、会计人才培养以及相关的经济法规等一系列的内容。近几年来，智能会计的创新性发展方兴未艾，财务共享中心、财务机器人、智能管理会计、综合性的智能财务处理平台等相继出现，以及它们在财务、管理会计、内部控制、财会教育等方面的具体应用，与它们相伴随的方法规范及理论创新为智能会计的发展注入不竭动力。

智能会计不是对传统会计的否定和颠覆，而是通过与智能信息技术的充分融合，实现对传统会计的提升，是会计发展的新阶段，它实现了从"量"的简单扩张到"质"的高速提升，更实现了由管理型向赋能型以及由业务与财务的分离模式向业务与财务的深度融合方向发展，从而实现了由传统型向智能型的转变，在具体的功能作用上，它更实现了会计由守护价值到创造价值的转变。

因此，智能会计是以传统人工会计为基础，利用人工智能技术实现会计工作自动化、财务流程智能化。它通过将借、贷会计语言和计算机编程语言相结合，实现了传统会计和人工智能的高度融合。智能会计代替了人工会计大量的基础性、重复性工作，在省时省力的同时大大提高了工作效率，成了企业强有力的支撑。它可以运用大数据技术和智能决策工具模仿会计人员的操作，及时处理现有的信息来实施数据的匹配，并高效生成企业的财务报告，辅助会计人员做出正确的财务判断以及合理的经营决策。由此可见，智能会计是一门交叉学科，是具备大数据处理和辅助决策作用的一项经济管理活动。

虽然我们采用了"智能会计"这一术语，但并没按照字面的意思将智能会计定义成"基于会计基本原理的人工智能学科"，这个说法至少看上去有点太过"高端"；若定义成"采用人工智能的会计"则又回到了"会计智能化"的老路。必须要回到企业的现实诉求，即数字化企业希望能找到一种几乎全能的工具，不但能处理普通的业务数据，也能像处理普通数据那样处理"财务数据"。也就是说，智能会计最终要解决的是一切与企业经营活动有关的"数据问题"，包括数据的生成、汇聚与处理等。在智能会计里，我们将不区分业务与财务数据，而是统称为"业财数据"(关于"业财数据"详见本教材相关章节)。

 【思政要点】

通过对智能会计背景和含义的学习，让学生理解在时代的发展下，事物快速更新，只有具备了创新意识，丰富的学识和时代责任感，才能追赶上社会发展的步伐，才能更好地为时代发展贡献自己的力量。

三、智能会计发展阶段与关键技术

1. 智能会计发展的主要阶段

智能会计是会计信息化的高级发展阶段，会计信息化发展到目前，经历了三个主要阶段。

第一个阶段是会计电算化，也就是纸质的手工会计在单机或者局域网的系统内实现了会计工作电脑化，这是纸质数据向电子数据转换的基础，是会计发展史中的一个里程碑，结束了长期以来手工纸质形式的传统会计记账模式，电子计算机在会计处理中的应用是会计信息化开始的标志性事件，也开启了近几十年会计信息化发展的序幕。但是这个阶段只是将人工纸质记账转换为人工电脑记账，大量人工的会计信息录入仍然无法避免。

第二个阶段是会计自动化，会计系统作为单独的系统或者作为整体信息系统中的一个模块，会计数据基本来自业务系统和其他辅助系统中的原始数据，会计信息系统从中采集并整合数据信息，自动转化为会计信息，同时完成会计处理，是会计摆脱大量人工干预的一个重要标志，是目前大多数会计信息化正在实践的阶段，也是许多单位会计信息化所处的一个阶段，基本上能够做到从其他的业务系统或统一数据库中提取和生成会计信息，包括自动生成会计凭证、报表，甚至固定格式的会计分析报告，起到了数据获取以及替代大量重复人工的作用。

第三个阶段是会计弱人工智能阶段。这一阶段在技术手段上取得了显著进步,如在语音识别、图像识别处理、业务分割、机器翻译等方面取得了重大突破,甚至可以接近或超越人类水平。弱人工智能是指不能真正实现推理和解决问题的智能机器,这些机器表面看着像是智能的,但是并不真正拥有智能,也不会有自主意识。相对于弱人工智能,强人工智能是指真正能有思维的智能机器,这样的机器是有知觉和自我意识的。但是强人工智能当前鲜有进展,不仅在哲学上存在巨大争论(涉及思维与意识等根本问题的讨论),在技术上也具有极大的挑战性。在经济性方面,一个强人工智能的开发和维护成本,则远远超出了一般意义上的组织所能够承受和负担的范畴,所以,目前就人工智能和会计相结合的研究,主要集中在第三阶段,即会计弱人工智能阶段。为方便理解,本文所说智能会计均指会计弱人工智能。

2. 实现智能会计的关键技术条件

(1) 机器学习。机器学习是一门涉及统计学、系统辨识、逼近理论、神经网络、脑科学等诸多领域的交叉学科,通过计算机模拟和仿真人类的学习行为,以获取新的知识或技能,重新组织已有的知识结构使之不断改善自身的性能,是人工智能技术的核心。通俗地说,机器学习是构建人工智能的核心,它能够在信息的不断获取中逐渐形成识别的规律和总结的技能。然而,对于会计智能化而言,如何选择一个适用的算法模型,以及是否需要深度学习来实现会计的高智能化,不仅需要一个漫长的过程,更需要衡量会计主体的需求及效益。

(2) 自然语言处理。自然语言处理是计算机科学领域与人工智能领域中的一个重要方向,主要是对实现人与计算机之间用自然语言进行有效通信的各种理论和方法开展研究,涉及诸多领域,如机器翻译、机器阅读理解和问答系统等。机器翻译是指利用计算机技术实现从一种自然语言到另外一种自然语言的翻译过程,突破了之前基于规则和实例翻译方法的局限性,大大提升了基于统计的机器翻译方法的翻译性能。语义理解是指利用计算机技术实现理解文本篇章并回答与篇章相关问题的过程。语义理解更注重于把控上下文的理解以及答案精准程度。语义理解近年来受到诸多关注,发展迅速,出现了大量相关数据集和对应的神经网络模型。语义理解技术大量运用于智能客服、产品自动问答等相关领域,问答与对话系统的精度得到进一步的提高。问答系统是指让计算机像人类一样用自然语言与人们交流的技术。人们可以用自然语言与问答系统进行问题交流,系统会给出关联性较高的反馈。这是人机交互技术的一种方式,即以一种人类语言来实现人与机器之间的交流,是语义理解技术的机器表现形式,也是人与机器接触的语言终端应用技术。

(3) 会计知识图谱。会计知识图谱本质上是一种会计语义数据库,是构成整个人工智能知识图谱的一部分,点和线组成的图、数据结构是人工智能知识图谱的主要特点,将物理世界中的概念及相互关系以符号的形式来描述。通俗地讲,知识图谱是通过一个关系网络把所有不同种类的信息连接在一起分析问题。会计知识图谱则是会计领域人工智能应用图谱,在保障数据安全的前提下,用异常分析、静态分析、动态分析等方法挖掘数据。知识图谱的优势体现在搜索引擎、可视化展示和精准分析等方面,是业界的热门工具之一,但还有诸如数据噪声、来源错误等一系列关键技术需要突破。

(4) 计算机视觉。计算机视觉是通过计算机模仿人类视觉系统,让计算机能够像人类一样提取、处理、理解和分析图像及图像序列,在自动驾驶、机器人、智能医疗等领域有非常广泛的应用。近年来,随着计算机视觉技术的迅猛发展,产业已初具规模。未来计算机视觉技术的发展主要集中在三个方面：一是如何在不同的应用领域更好地结合其他技术，广泛运用大数据来解决计算机视觉的某些问题，使其逐渐成熟并且超过人类，而在某些问题上需要继续提高精度；二是如何降低计算机视觉算法的开发时间和人力成本；三是如何加快设计开发新型算法，针对新的成像硬件与人工智能芯片设计和开发新的计算机视觉算法。

(5) 人机交互。人机交互主要研究人和计算机之间的信息交换，是人与计算机双向的信息交换，是人工智能领域重要的组成部分，是与多学科密切相关的综合学科。人机交互技术不仅包括传统的基本交互和图形交互，还包括语音交互、情感交互、体感交互及脑机交互等技术。而在会计领域目前运用最多的则是语音交互，通过语音交互可以利用电脑终端、移动终端等接受语音指令实现人机交互操作。语音交互既要对语音识别和语音合成进行研究，还要研究语音通道下的交互机理、行为方式等，是人类沟通和获取信息最自然便捷的手段，明显优于其他交互方式，也是人机交互的根本性变革，是大数据和认知计算时代发展的制高点，发展前景和应用前景非常广阔。

(6) 生物特征识别。生物特征识别技术涉及的内容十分广泛，包括指纹、掌纹、人脸、虹膜、指静脉、声纹、步态等多种生物特征的识别，其识别过程涉及图像处理、计算机视觉、语音识别、机器学习等多项技术。目前重要的智能化身份认证技术是生物特征识别的主要应用场景，广泛应用于金融、会计、公共安全、教育、交通等领域。

四、智能会计研究对象

1. 业财数据的定义

在前面给出的关于智能会计的定义中，我们将智能会计的研究对象定义为"业财数据"。那么，到底什么是业财数据？它有什么特征？我们给出如下定义。

如果企业的一切业务活动都需要投入经济资源，或者产出经济资源，那么这些推动企业业务活动的经济资源的数量化表达，称为业财数据。因此，本教材所说的业财数据，是指企业经营活动中生成的所有数据，以及与这些数据有关的企业行为、外部环境变化等。需要从以下几方面来理解业财数据。

业财数据既包括企业经营活动、因业务开展而生成的不按照借贷记账原则生成的数据，又包括根据借贷记账法对业务活动进行记录而生成的数据；会计基本原理中最基础的就是借贷记账法。我们可以将借贷记账法视作一个特殊的"算法"，通过这个特殊"算法"，我们可以得到成对出现的一组数据，这些成对的数据虽然来自业务，但这些数据有其独特性，需要与业务数据一起构成业财数据。

业财数据也包括形成这些数据的规则、企业行为和外部环境变化。企业业务规则、合规性、企业行为、外部政策与宏观环境变化也是一种"数据"。我们可以这样理解，企业之所以生成某一个业财数据，是一系列的流程和环境因素所致。我们研究业财数据，不但要研究已经生成的历史数据，也要研究生成这些数据的流程与环境因素。同时，这样的全包含的数据域非常有利于企业的数字化。

2. 业财数据的特征

接下来，分析业财数据的三大特征。我们假定，业财数据具有：①分类可加性；②业财数据与业务活动具有一一对应的关系；③业财数据可以进行广义上的货币计量三大基本特征。

所谓分类可加性，是指对业务按其特征或属性进行分类，相同属性的业务形成的业财数据可以叠加。例如生产某一型号的手机，今天 100 台，明天 200 台，两天的生产数量合计 300 台。分类可加性是我们进行业财数据分析的逻辑基础，业财数据首先是可以分类的，其次同一类数据是可加的。不仅同类型的物品具有可加性，而且同类型的行为也具有可加性。

业财数据与业务活动一一对应，是指没有一个业财数据不是由于业务引起，没有一个业务活动不产生业财数据。这一特征基于我们给业财数据下的定义就能直接推出。将业财数据与业务活动一一对应的目的在于，我们不但要研究企业行为的结果即各种数据，同时也要研究企业行为本身，包括它的动机、过程与外部环境等。当然，一一对应关系的发现，需要借助人工智能的相关理论和分析工具。业财数据可以进行广义上的货币计量是指以货币计量来一统业财数据的计量属性。由于业财数据就是与企业业务活动相关的经济资源的数量化表达，如果能够统一到一种数量化表达方式中，例如类似于传统财务数据的"货币计量"，那么对于生成相应的报告是非常有帮助的。

例如，与供应商的团队共建活动，每一次的共建活动都需要投入经济资源，企业已经作为当期费用处理了，但如果停止团队建设，随着时间的推移，供应商对企业的忠诚度可能会下降，供应商在同等条件下可能会转投其他竞争者。那么供应商的忠诚度维护作为一项业务活动，其自身价值的实现是通过后续的供应合同签约并达成供货来完成的。基于这一认知，我们不难推断，那些难以以货币计量的业务都可以在相关业务实现的时候实现其自身的价值变现。

因此，对那些无法用货币计量的业务活动，我们可以用机会成本来间接计量。例如，客户关系的计量，我们可以先计算没有一个成熟客户关系的情况下可能签约的概率和销售达成金额，然后与存在客户关系的实际情况进行比对，差额即机会成本；类似地，对供应商忠诚度(留在供应链的意愿)也可以先假定一个普通客户可能的签约概率和采购金额，然后与存在供应商忠诚度的实际情况进行比对，差额即供应商忠诚度的机会成本。我们将这种间接的、机会成本度量的经济资源的增加或减少称作广义上的货币计量。简而言之，直接的货币计量不行，就采用间接的货币计量，无论直接还是间接，都属于广义上的货币计量。

在智能会计的时代，我们可以通过人工智能的方法来估计这些机会成本，从而实现过去难以直接货币计量的某些业务活动的目的。对所有业财数据进行广义上的货币计量，有助于我们刻画企业所有业务活动的全息图。

3. 业财数据的类型

业财数据有一个基本特征是能够通过人工智能算法将业财数据与公司业务一一对应，这或许是业财数据最主要的特征了，同时也可以理解为业财数据最大的作用。智能会计研究业财数据的唯一目的，就是借此全面刻画和理解公司业务逻辑。对公司业务来说，一个业务的刻画需要有三大类数据：其一，是业务的时间、空间；其二，是业务的合规性与逻辑性；其三，是业务的事由经过。由此，按业财数据的作用，我们可以将业财数据分为三大类：元数据、耦合数据、组团数据。

(1) 元数据。所谓元数据，就是描述"数据的数据"，主要是描述诸如位置、历史数据、资源查找、文件记录等数据属性。元数据的重要性在于，元数据提供了除计价属性之外，其他更多的关于交易的信息，包括交易地点、交易人关系、时间等，从而能够更加精细地对业务进行刻画。

元数据是一种编码体系。元数据是用来描述数字化信息资源，特别是网络信息资源的编码体系，这导致了元数据和传统数据编码体系的根本区别；元数据最为重要的特征和功能是为数字化信息资源建立一种机器可以辨识的机制。

(2) 耦合数据。耦合数据类似于传统意义上的财务数据，通过借贷记账法生成。在传统财务会计领域，传统的五大类数据都是财务数据的基础。它们是成本数据、分录数据、账户数据、实物数据以及会计报表数据。这些数据都是关于资产、负债、所有者权益、收入、费用和利润的初始计价或持续计价。除实物数据外，基于复式记账的原理，所有的财务数据都是成双成对出现的，也就是说具有耦合特征，这是传统财务数据最主要的特征。

这里简单解释一下耦合概念。这一名词主要用于电路分析，耦合的作用就是把某一电路的能量传输或转换到其他的电路中去。从复式记账的角度来看，借贷代表了资金的不同运动方向，但借贷均不能单独存在，资金总会以某种方式从一个状态转换到另一个状态，当然转换过程中可能存在增值或者耗费，但借贷一定是总量平衡的。

财务数据的耦合性质有什么意义？例如，考虑以下分录所生成的耦合数据。

借：银行存款　　　　　　　　　　　　　　　　　　　　　10 000

　　贷：应收账款——A 公司　　　　　　　　　　　　　　　　　　　10 000

从借贷分录来看，这是一笔 A 公司的应收款收回来了。以什么方式收回来的？以货币资金的方式。因此，上述分录将两个资产分类"耦合"在企业的一个业务行为中，通俗点说，就是通过会计分录将企业的两个资产项目(同时也是会计科目)连接起来了，反映了企业收回应收款对这两个资产项目同时产生了影响。耦合数据是传统财务数据与业务数据最大的不同，它有助于我们沿着数据耦合的方向寻找公司各个不同业务的内在逻辑联系，这就是财务数据耦合性质的意义。

耦合数据建立在复式记账法与借贷记账法的基础之上，同时，监管部门对不同的业务有不同的耦合规则(即通常所指的会计准则)，这使得企业能够通过耦合数据的生成满足外部监管者与利益相关者的合规性要求。可见，耦合数据可用于刻画不同业务内在逻辑联系以及业务合规性检验。

(3) 组团数据。组团数据用一组某项业务活动直接相关的数据描述了一项业务的事由经过。传统财务数据虽然是通过复式记账方法生成，但成双成对出现，但业务并不一定是成双成对出现。需要有一种全新的业财数据结构，能够描述这样一种客观存在的现象，即组织中有一些资产的关联性比其他资产更为紧密，有一些人及其关联的资产所构成的"微结构"能为组织带来更高的价值。Python 有一种数据结构叫数组，我们可以借用一下 Python "数组"的构造逻辑。

因此，我们可以将一项业务中与流程紧密关联的资产以及与该业务相关的元数据、耦合数据等视作一个整体，通过这个组团性的整体来尽量完整地刻画一个业务。那么，这个数据整体就是"组团数据"。

组团数据是自我包含的，也就是说，无论一项业务多么复杂，只要我们能够将其按照业务逻辑分解成一个个较小的、便于刻画的子业务，对每一个子业务都能有一个对应的组团数据，那么，最终的、用于刻画初始复杂业务的组团数据就是各个子业务组团数据的集合。如果你愿意，可以将该复杂业务的组团数据称为"二阶组团数据"(即一个组团数据的组成部分

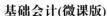

仍然是组团数据)，类似地，还可以有三阶或更高阶，取决于我们对复杂业务的细分程度。

组团数据非常有用，特别是在刻画复杂业务关系、分析业务逻辑时，经常需要采用组团数据，而且往往是唯一的用于刻画复杂业务的数据结构。

第二节　智能会计的理论框架

一、大数据理论

大数据(big data)也称巨量资料，是指数据集的大小超出典型数据库软件在合理时间内撷取、存储、管理和分析的能力，与传统的数据仓库相比，大数据具有数据量大、类型繁多、来源真实、处理速度快、价值高等特点。通过挖掘大数据价值能够提高决策水平，改善业务能力，创造巨大的经济价值。从技术上看，大数据与云计算的关系就像一枚硬币的正反面一样密不可分，大数据无法用单台计算机进行处理，而云计算利用其分布式处理、分布式数据库、云存储和虚拟化技术架构了一个基础平台，使大数据应用能够在这个平台上运行。大数据技术的战略意义不在于掌握庞大的数据信息，而在于对这些含有意义的数据进行专业化处理。换而言之，如果把大数据比作一种产业，那么这种产业实现盈利的关键，在于提高对数据的"加工能力"，通过"加工"实现数据的"增值"。

大数据与一般规模的数据最大的区别在于数据规模超出了常规的数据处理手段，数据所蕴含的价值也远非常规的数据价值所及。那么，反过来说，如果数据处理能力在未来有了大幅度提升，例如量子计算机的工业化应用，那么，单就数据处理能力而言，大数据的"大规模"就不再成为一个问题。当然，数据规模与数据处理能力是彼此消长的，即便有了量子计算机的处理能力，也一定会在将来遇到连量子计算机都处理不了的数据规模。因此，抛开数据规模大小不谈，真正意义上的大数据与一般数据的本质区别可能是大数据内在的数据价值，这是一般小规模数据所不能提供的。在后续的章节中，我们可以进一步认识到，数据就是一个个实例，众多的实例构成了一个宏大而清晰的价值图谱，这就是大数据内在数据价值的体现。

二、人工智能理论

如果只有数据，而不理解数据内在的价值是没有意义的。对于人类而言，大多数情况下，天然具备从数据中获得有价值信息的能力，这种能力来自数十万年人类自身适应大自然环境而不断进化的历史进程。随着技术的进步，人类也在思索，如何能够找到一种方法，让机器也具备类似的能力，即如何让机器能够像人类一样获得学习进化的能力。

人工智能是使用计算机来模拟人的某些思维过程和智能行为的学科，具有感知能力、记忆与思维能力、归纳与演绎能力、学习能力以及行为能力的特点，应用范围广泛。

作为一门学科，人工智能的定义是研究如何使计算机来模拟人的某些思维过程和智能行为(如学习、推理、思考、规划等)的学科。从这个定义出发，具体而言，人工智能主要研究类似于人的思维模式和行为的智能体(具备一定"智能"的各种计算设备都可以视作智能体)。

人工智能并不局限在计算机科学领域，同时也涉及众多其他学科，例如数学、心理学、哲学和语言学等学科，在未来，还可能包括生物学、未来学、宇宙学等前沿学科。从人工智能的发展潜力来看，人工智能的研究可以说几乎囊括自然科学和社会科学的所有学科，其范围已远远超出了计算机科学的范畴。

人工智能的基础是数学而不是计算机科学。当然，数学也常常被认为是多种学科(甚至可能是所有学科)的基础科学。可以预见，未来人工智能学科的发展不但要借助大量的实例(大数据)以便归纳分析，同时也必须借用数学工具，在更为抽象的符号运算、逻辑与模糊集等领域发力。也许有一天，人们将发现，数学最合适的应用场景可能就是人工智能，而人工智能最合理的内核可能就是基础数学。

人工智能与思维科学相比较，思维科学研究的是关于思维的理论，而人工智能则是思维科学的具体应用。因此，人工智能处于思维科学的技术应用层面，并作为它的一个应用分支。如果人工智能能够在形象思维方面有重大进展，那必然是突破性的。

回到思维这个问题，如果我们将人类思考方式以"复制粘贴"的方式转移给机器，也就是说部分或完全复制人类思考方式到机器，假定我们已经具备这样的技术，会产生什么样的后果呢？首先，从积极意义上来说，机器以人类的方式来思考问题，那么，可以大大促进人与机器的交流，由于图灵测试的存在，可能会进一步减小甚至消除在智能领域人与机器的界限；其次，从消极意义上来说，人类除了作为智能体之外，也是一个有机生物体，这一点与机器不同，机器的不知疲倦与人类的体能有限形成鲜明对比，在同样的思维模式下，24小时进化的机器有可能在知识获取和思考能力上全面超越人类，进而有可能变成人类生存的威胁。因此，在拥抱人工智能的同时，必须认真对待机器与人潜在的竞争关系，关于这方面的研究属于人工智能伦理范畴。

当然，现在的人工智能概念暗含了一个假定，即宇宙中的智能体思维方式，都是和人类一样的或者基本类似的。因此，人工智能，以人类方式思考的智能可能只是机器智能的第一步，机器智能在未来有可能沿着某种异于人类思维方式的路径发展。有一点可以肯定，如果真的存在异于人类方式的智能，那么就一定存在不同的数学规律与之对应。

就当前人工智能发展水平而言，在实践中，人工智能主要解决数据分析、模式识别与最优化问题。传统的财务管理与会计核算中存在大量数据需要智能化处理，而通过模式识别技术有助于识别特定交易与风险，在业务流程管理与设计中，人工智能也常常被用于寻找最优化方案。因此，本教材将重点集中在如何高质量、高效率地运用人工智能处理企业的各种数据，在某些场合，也会兼顾人工智能介入财务工作的伦理讨论。

就该技术目前的发展状况来说，其在财务管理领域的应用，完全可以取代一部分程序性、模式化的会计工作，自动识别成本费用的合理性、合规性，选择会计核算要素，整理分析数据，也就是取代目前财务共享中心的主要工作。人工智能作为虚拟的计算机系统，可以突破物理限制，直接部署在分支机构，辅助分支机构财务人员工作，对结构化、半结构化和非结构化数据进行准确识别和自动采集，满足企业对财务数据的实时抓取和共享需求的同时满足分支机构核算上的个性化需求，与财务共享模式对信息流的采集、整合与共享的属性完美融合，还可以克服信息沟通、企业文化、管理脱节、人才建设等风险。相信在人工智能技术的推动下，财务共享模式必将由简单的集中核算和数据保真，转为更加重视各种问题之间的相关性，实现对公司层面的战略规划设计和评估、资源配置、资本运营、风险管控体系、税务筹划的全面支持，最终做到价值发现乃至创造。

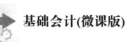

三、云计算理论

云计算是分布式计算的一种，指的是通过网络"云"将巨大的数据计算处理程序分解成无数个小程序，然后，通过多部服务器组成的系统进行处理和分析这些小程序得到结果并返回给用户。云计算早期，简单地说，就是简单的分布式计算，解决任务分发，并进行计算结果的合并。因而，云计算又称为网格计算。通过这项技术，可以在很短的时间内(几秒钟)完成对数以万计的数据的处理，从而达到强大的网络服务。现阶段所说的云服务已经不单单是一种分布式计算，而是分布式计算、效用计算、负载均衡、并行计算、网络存储、热备份冗余和虚拟化等计算机技术混合演进并跃升的结果。

从广义上说，云计算是与信息技术、软件、互联网相关的一种服务，这种计算资源共享池叫作"云"，云计算把许多计算资源集合起来，通过软件实现自动化管理，只需要很少的人参与，就能让资源被快速提供。也就是说，计算能力作为一种商品，可以在互联网上流通，就像水、电、煤气一样，可以方便地取用，且价格较为低廉。

总之，云计算不是一种全新的网络技术，而是一种全新的网络应用概念，云计算的核心概念就是以互联网为中心，在网站上提供快速且安全的云计算服务与数据存储，让每一个使用互联网的人都可以使用网络上的庞大计算资源与数据中心。

云计算是继互联网、计算机后在信息时代又一种新的革新，云计算是信息时代的一个大飞跃，未来的时代可能是云计算的时代，虽然目前有关云计算的定义有很多，但总体上来说，云计算的基本含义是一致的，即云计算具有很强的扩展性和需要性，可以为用户提供一种全新的体验，云计算的核心是可以将很多的计算机资源协调在一起，因此，使用户通过网络就可以获取到无限的资源，同时获取的资源不受时间和空间的限制。

大数据与云计算其实是一对矛和盾，数据规模越大，就越需要更强大的算力，而越是强大的算力，就越能从容应对大数据带来的挑战。总之，在现阶段，大数据与云计算基本解决了数据价值生成与算力分配问题。但在将来，数据规模与算力的矛盾依然存在，甚至更为突出，也许有的数据会连现有的云计算技术也难以处理，需要更加先进的算力来匹配。

会计从记账系统开始不断进化，各种传统意义上不属于财务会计数据的相关经营与行业数据也被逐步纳入会计信息的范畴，从而使得会计数据的规模越来越大，具有了某些大数据的特征，一些云计算针对会计行业推出了相应的服务，例如会计云(财务云)的形成。这种基于某个行业而生成的云也被称为行业云。

四、财务共享理论

财务共享是依托信息技术以财务业务流程处理为基础，以优化组织结构、规范流程、提升流程效率、降低运营成本或创造价值为目的，以市场视角为内外部客户提供专业化生产服务的分布式管理模式。财务共享服务是将公司(或集团)范围内的共用的职能集中起来，高质量、低成本地向各个业务单元提供标准化的服务。共享服务中心所集中的通常是诸如财务、信息系统、人力资源、法律、采购、研发等职能，通过这种方式，既可以发挥规模效应、节约成本，同时也有助于保证这些职能的质量和一致性。

财务共享模式作为一种新型管理模式，具有增强集团管控，降低运营成本，提高运营效率等优点，越来越多地被大型企业和跨国集团所认可和广泛运用。但受到经济发展程度、企业现有结构和企业文化等原因限制，我国多数企业，特别是行业分布广、分支机构多的大型企业在应用和发展财务共享模式上难度较大，而人工智能技术的发展，对现有财务共享模式存在的问题提供了新的思路，可以进一步扩大其应用和发展范围，最大程度地利用这种模式，获得增值。

财务云一词最早由中兴通讯于 2011 年正式提出。财务云是由财务共享模式结合云计算技术而形成的，同时，财务共享也是财务云最典型的应用场景，不但可以高效集中处理大量财务流程，也可以借助人工智能完成海量的财务处理任务，较好地实现了高效、多线程的任务管理模式。

财务共享服务中心(财务云)(Financial Shared Service Center，FSSC)连续多年都在上海国家会计学院举办的"影响中国会计从业人员的十大信息技术"评选活动中蝉联第一，这足以体现出财务共享服务中心的重要地位。作为一种新的财务管理模式，财务云可以说是对传统财务流程的颠覆。原来的财务流程是单线程的，A 公司的会计出纳只能处理 A 公司的账务，而没有权力处理 B 公司的账务，对很多大型集团来说所设立的子公司数量众多，每一个公司都必须配备若干会计岗，但由于各个子公司的会计工作量是不尽相同的，造成各个子公司会计工作"累的累死，闲的闲死"的局面，而各个子公司会计的业务能力参差不齐，对同一个业务的会计处理常常会出现差异。总之，这种传统的单线程财务核算流程是高成本的，且难以提高集团会计核算的总体质量，从而也就难以提高整个集团的财务管理水平。

将企业集中式管理模式移植到财务流程，旨在通过一种有效的运作模式来解决大型集团公司财务职能建设中重复投入和效率低下的弊端，财务共享模式便应运而生。这种多线程模式，具有通过一对多的方式集中处理集团各个二级公司的某些相似的事务性的功能(如会计账务处理、员工工资福利处理等)，从而达到规模效应，降低运作成本。"财务共享"作为一种集中式的财务管理模式，其最初的想法虽然简单，却起到了意想不到的效果，进而触发了对财务核算模式的持续改进并获得了较好的成果，财务共享服务中心由此在国内得以迅速普及。

从目前财务共享的实现路径来看，财务共享已经从单纯的"集中式"财务操作处理，升级为"财务云"模式。基于云计算的财务云可以像水、电一样，无时不在，唾手可得，对于那些有较强算力基础的公司来说，一个强大的财务云，不但可以为本国企业提供财务共享服务，也可以为全世界的企业提供财务共享服务。

五、区块链理论

区块链是互联网发展到一定阶段的必然产物。什么是区块链？简单来说，区块链是一个分布式的共享账本和数据库。区块链的概念并不复杂，但实现起来需要满足技术与应用场景等条件。从技术层面来看，区块链涉及数学、密码学、互联网和计算机编程等多种理论和技术，虽然现阶段这些技术的发展并不均衡，但已经具备区块链实施的技术性可能。从应用场景视角来看，区块链具有去中心化、不可篡改的重要特点，在技术上，可以达到全程留痕、全程追溯、全链维护、全链透明的要求。区块链所涉及的技术与应用特点确保了区块链的"诚实"与"透明"，从而为信任区块链打下坚实基础，并为多种需要透明、信任的场景应用提供了可能，有利于基于区块链实现多个主体之间的协作信任与一致行动。

区块链起源于比特币，2008年11月1日，一位自称中本聪(Satoshi Nakamoto)的人发表了《比特币：一种点对点的电子现金系统》一文，阐述了基于P2P网络技术、加密技术、时间戳技术、区块链技术等的电子现金系统的构架理念，这标志着比特币的诞生。两个月后理论步入实践，2009年1月3日第一个序号为0的创世区块诞生。几天后2009年1月9日出现序号为1的区块，并与序号为0的创世区块相连接形成了链，标志着区块链的诞生。

区块链，就是一个又一个区块组成的链条。每一个区块中保存了一定的信息，它们按照各自产生的时间顺序连接成链条。这个链条被保存在所有的服务器中，只要整个系统中有一台服务器可以工作，整条区块链就是安全的。这些服务器在区块链系统中被称为节点，它们为整个区块链系统提供存储空间和算力支持。如果要修改区块链中的信息，必须征得半数以上节点的同意并修改所有节点中的信息，而这些节点通常掌握在不同的主体手中，因此篡改区块链中的信息是一件极其困难的事。相比于传统的网络，区块链具有两大核心特点：一是数据难以篡改；二是去中心化。基于这两个特点，区块链所记录的信息更加真实可靠，可以帮助解决人们互不信任的问题。

区块链的另一个重量级应用是"智能合约"。这是因为，区块链自带"信任"属性，又具有不可擅改的特点。"智能合约"(smartcontract)这个术语虽然可以追溯到1995年，由法律学者尼克·萨博(Nick Szabo)提出，但真正的实际意义上的应用则是在区块链技术成熟之后。现行主流的智能合约定义如下："一个智能合约是一套以数字形式定义的承诺(commitment)，包括合约参与方可以在区块链上面执行这些承诺的协议"。因而，本质上，区块链智能合约解决合约与交易的可信程度问题，若可信程度问题由于技术层面原因(例如黑客攻击)而失效，那么，智能合约也将面临重大的信任危机。一个完整的智能合约包括：

(1) 达成协定。智能合约各参与方需要就合约的实施条款进行沟通并达成一致协定。这一步是最关键的，因为只要达成协定，后续合同的执行是智能的、自动化的。那么，智能合约的参与方什么时候达成协定呢？一般而言，当参与方通过在合约宿主平台上安装合约，致力于特定的智能合约的执行时，合约就达成了。因而，智能合约的所谓达成协定在技术上并不复杂，但需要各参与方一定要认真仔细理解合约的内容，因为后续的执行是自动的，签约人一般无法干预。

(2) 合约执行。"执行"的真正意思也依赖于实施。一般而言，执行意味着通过技术手段积极实施。在合约执行阶段，合约各参与方的权利义务就由区块链计算网络执行，所有合约都是由网络中所有节点遵循协议而自动执行的。主要优点是精确，难以篡改；缺点是不同的智能合约系统之间接口尚没有统一协议，从而增加了错误发生的机会。执行成功的合约会被移出区块链。

(3) 计算机可读的代码。合约需要的特定"数字形式"非常依赖参与方同意使用的协议。所谓计算机的可读性，就是合约平台能够理解参与方各自使用的协议及其代码，并搭建沟通桥梁，使得参与方能在区块链中向所有节点正确存储和传递合约信息，并不可变更。如果没有可读性，那么就是各参与方的接口可能存在错误。通俗点说，一个西班牙人和一个中国人，双方都不懂对方的母语，但都知道点英语，于是，英语就成为这两个人沟通的共同选择，即双方沟通的"接口"。如果这一接口不存在，那么双方就难以进行有效的沟通。

我们这里虽然是从会计智能化的角度来介绍相关的人工智能理论与技术，以及到目前为止这些理论与技术在会计行业的应用概况，但在随后的章节，我们也将这些理论与技术视同"智能会计"的一个关键的理论和技术支撑。

第三节　智能会计的业务结构

一、智能会计与财务管理

目前我国的会计行业之中，随着智能会计的发展，会计从原本的单纯账单计算，变成了更加倾向于控制和管理的变化。这种变化直接让整个会计行业的功能发生了变化，计算不再是其中的核心，计算只是辅助分析的手段，而报表也不再是全部，报表的分析才是辅助决策的主要手段。随着互联网和信息技术迅速发展，信息和数据成为企业决策管理的重要资产，智能会计的发展也引起了我国的企业财务管理模式的不断革新，大数据和通信技术已经广泛应用于企业财务管理中。财务人员准确地将企业每一年的基本财务数据输入系统中，就能够完成一系列的数据对比，借助有关程序快速分析出企业在某一特定时间段内的财务状况。智能会计信息平台让企业财务人员与业务人员的互动沟通更加顺畅，企业的财务管理效率更高。

对于企业的财务管理而言，一方面，大数据时代的会计信息化能够有效优化财务的管理范围。在财务共享的基础上，将会计信息系统与管理会计的预测、管理、控制等职能融合，实现企业信息系统建设与企业财务、业务融合；另一方面，会计信息化和智能化能够提升会计计算的准确程度。利用信息化对财务数据进行核算和处理之后，各项工作都由计算机负责完成，有效规避了人工计算引起的失误。为了更好地在大数据的时代背景下实现会计信息化、提升企业的财务管理效率，企业应紧跟科技变化和市场发展，强化风险意识。同时，还需要加强对企业内部的审计工作。在明确市场需要和面临风险的同时，及时制定相应的应对措施，逐步完善审计水平和财务管理水平，提升整个企业的工作效率。

二、智能会计与管理会计

随着我国信息技术的发展，会计行业开始进入智能会计时代，人工智能技术的接入大幅提升了会计管理工作的效率。在新时期，随着财务管理信息量的增加，财务会计已经无法满足物流企业以及市场发展的需求。管理会计能够对企业的过去进行分析，帮助物流企业进行自身调控，合理规划企业未来发展，是企业科学、合理制定决策的重要参考。因此广大企业要重视管理会计的作用，推动管理会计的应用，管理会计才能在智能会计时代下，得到进一步的发展。

在智能会计时代，会计管理理论与大数据理论将实现进一步的有机融合。这主要是因为大数据理论不仅能够帮助管理会计有效地处理日益增长的财务数据，还能够帮助管理会计对财务数据进行分析，为企业的发展提供参考。人工智能技术将越来越多地应用到管理会计的工作当中，人工智能技术能够帮助管理会计处理简单重复的工作，节约管理会计的劳动力消耗。随着管理会计呈现出多领域结合的发展趋势，管理会计不仅要掌握财务知识、管理知识，对于法律知识、信息技术知识等方面知识的需求量也变得越来越高。这与管理会计所处企业的行业背景有着一定的关系，例如电力企业的管理会计对于电度表计算方面的知识就要有一定程度的了解，医院的管理会计就要对医疗行业的医保制度有一定程度的了解，物流企业的

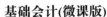
管理会计也应该对物流业务有一定程度的了解。同时，管理会计与物流企业内部的其他部门的联动性也会变得越来越强。财务部门在大多数企业中都是一个独立的部门，起到了一个辅助的作用，对物流企业业务的影响是比较小的；但在新时代，管理会计要想更好地参与到企业的管理当中，就必须加强与其他部门的联系，推动企业内部的一体化发展。

三、智能会计与税务管理

近年来，互联网、云计算、大数据等新兴技术为我国企业实现税务管理的智能化带来了新的活力。智能化税务管理的目标是实现企业税务管理全面信息化、智能化，将企业目前以手工管理为主的模式转变为自主化、智能化模式，从税务数据采集、纳税申报管理、税务风险管控等方面实现全过程信息化、系统化、智能化和共享化。在以互联网为前提的大趋势下，越来越多的企业选择以网络为基础的交易方式，企业税务智能化更好地推动了现代化企业交易的模式。企业税务智能化是为企业的日常管理决策服务的，是将自动化的算法和业务规则与企业现有的税务组织管理体系相结合，以电脑智能自动的方式为税务人员提供管理决策指导，同时也帮助税务财务人员方便灵活地获取所需要的数据进行税务分析，为应对企业管理环境的变化而做出相应的决策。

企业智能化税务管理系统能够快速对接业务系统，进行一体化管理，对数据收集标准化，采取一方输入多方利用的方式，实现对所有业务、财务、税务及发票的具体内容、流程、处理时间节点等信息的追踪提取。数据来源清晰，可追溯、联查。这样不仅提升了企业自身文档数据存量、流程管理水平，也为后续进行税务检查、分析、预警等风险管控功能打下了良好的基础，同时也可以支持企业更加高效、充分地面对税务机关及各种外部机构的税务稽查、检查。税务管理系统可梳理并获取相关基础数据，实现多板块、多主体、多层次的组织架构；实现用户分主体、分层级、分岗位集中管理；实现进销项数据自动采集、财务数据与申报表的计算数据对比分析，建立相关涉税档案库、法规库、经验库、培训资料库以及税务监控指标库、风控模型；实现监控指标的预警和分析，为企业税收筹划提供参考建议。因此，相较传统的企业税务管理而言，企业智能化税务管理更适合现代化企业的发展趋势。

【思政要点】

通过对智能会计业务结构的学习，充分了解智能会计对企业发展产生的影响，体会事物发展的客观规律，结合马克思主义的哲学观来理解世界的发展。

第四节　智能会计发展中的挑战和应遵循的基本原则

一、智能会计发展中的挑战和难点

与其他新生事物的发展一样，智能会计的发展面临着机遇的同时，也存在较多的挑战和难点，归纳分析这些挑战和难点，不仅在认知上有利于更深刻地理解和把握智能会计，在具体的实践应用过程中，也可以更好地依据基本规律来切实推进智能会计的健康发展。智能会计发展的挑战主要集中在以下四个方面。

一是会计作为经济活动中的一个相对独立和自成体系的门类，它不是孤立的，而是与其他领域，尤其与经济相关的其他领域中的理论和技术有着很多内在的联系，所以它的发展也需要与其他相关门类的发展相适配。因此，在推进智能会计的过程中，要"既见树木，又见森林"，也就是既能有针对性地重点突破，又要有协同发展和整体性发展的态势，所以在智能会计的具体发展过程中，正确把握协同发展的节奏，进而较好地实现智能会计整体性的发展是一个需要克服的难点。

二是要注意把握好会计发展过程中不同阶段的区分和衔接，避免机械地割裂会计发展的内在纽带，以致出现会计体系的碎片化的时候，对会计发展中的基本规律的把握出现偏差，比如把智能会计与会计电算化等混为一谈，认为智能会计是会计电算化的另一种描述形态，以会计电算化的思维来理解智能会计，从而影响智能会计的发展。

三是人才的培养。在智能会计领域，需要大量既精通会计业务又精通智能信息技术的复合型人才，尤其在智能会计平台等产品的设计生产过程中，既要对会计原理及准则有深刻的理解，又要熟悉会计实务操作的流程，更要在这些基础上针对信息技术应用的业务流程梳理和再造。在这个过程中，没有复合型人才创造性地发挥，要形成深具智能会计特色的产品几乎是不可能的。此外，对于会计从业人员，不仅要具有会计专业的知识和会计实务操作的基本技能，还需要具有信息技术，尤其是智能信息技术的相关知识和技能，这样在推广智能会计的应用等过程中可发挥积极的作用。与之相对应的，在相关的复合型会计人才培养过程中，需要因时度势，有针对性地开设相关专业课程。这不仅需要在会计学院增设智能信息技术的课程，着手进行智能会计的专业建设，还需在计算机技术学院等相关学院增设有关会计的专业课程。此外，对会计人员进行继续教育等多种形式的培训，也不失为一种行之有效的办法。

四是相关政策及措施的引领。智能会计的发展离不开相关政策和举措的引领。智能会计的发展其实是万众创新的重要体现。由此，它同样需要诸如《国务院关于积极推进"互联网+"行动的指导意见(国发〔2015〕40号)》、国家财政部等部门的相关文件及其他对应性举措的引领和支撑，从而为智能会计的发展营造良好的环境的同时，提供更有力的支持等。

二、智能会计发展过程中应遵循的基本原则

在智能会计的发展过程中，还需遵循相关的基本原则，概括起来，它们至少包括以下四点。

首先，智能会计的发展必须遵循财务和会计为主体的原则。智能会计不是对传统财务会计的否定，也不是智能信息技术代替会计，而是传统的财务会计借助先进的智能信息技术的思想、工具、手段和方法等所发展而来的，它是财务会计在新的科技背景下的最新发展，不是对传统的财务会计的扬弃，它的本质还是会计和财务。所以，在智能会计的发展中，智能信息技术的应用和推广作为会计的相关工具、方法和手段等的更新，它必须遵循会计的理论体系，具体准则和架构。由此，在智能机器人和智能会计管理平台等系统开发中，不能为了更好地体现智能信息技术的优越性而罔顾会计的理论体系和基本准则。所以，当智能信息技术的应用和功能实现的条件与会计准则相冲突时，智能信息技术的相关要求必须服从于、服务于会计基本准则。

其次，智能会计的发展中，务必注重以会计专业为主的复合型人才的培养。该人才是推

进智能会计发展的最重要的支撑因素，这一点是不言而喻的，因为唯有以会计专业为主的人才，在研究智能会计的相关理论及开发智能会计的具体产品的过程中，能从会计的实际出发来思考和解析具体难题，从而能更好地体现会计的主体地位。而在现实中，由于开发智能会计相关产品的人员大多缺乏会计的专门知识，所研发出来的相关产品在具体的应用推广过程中遇到很多问题，产品的优越性难以充分发挥。究其原因，很多技术开发人员因为缺乏财务的背景知识，不能站在财务的视角来思考和构思具体问题的解决。因此，强调以会计专业为主的人才培养的方式，在现阶段是非常有必要的。

其三，在智能会计的发展中，必须遵循循序渐进和协同发展的原则。作为新生事物的智能会计，它不仅引领了会计工具、手段和方法等的更新，还拓展了会计的功能实现，在智能会计的具体推进过程中，在稳健的前提下要循序渐进，协同发展，切忌条件尚未成熟就仓促冒进。有关智能会计的新产品，要通过充分的试验和不断修正优化，然后由点到面逐步推广，以减少可能出现的风险。

其四，会计实务的操作性很强，有关智能会计的产品需要重视产品的具体可操作性、可兼容性、稳健性等原则。一个具有卓越性能的产品，如果具体操作过程相当复杂，且难以与其他相关的产品进行对接兼容，那么在短时间内，它是很难实现广泛的应用的。此外，产品的可靠性和稳健性等也是一样，一个产品若故障不断，可靠性很低，无论它如何先进，但实际上就是一个不合格产品。因此以智能会计为核心的产品的研发推广，需要注重产品的可操作性、兼容性和鲁棒性等。

本章小结

传统会计是以货币为主要的计量单位，使用专门的方法和程序，对企事业单位以及其他组织的经营活动开展一系列针对性的核算和监督工作。而智能会计是以传统人工会计为基础，利用人工智能技术覆盖会计工作自动化、财务流程智能化。本章主要介绍智能会计的概述，智能会计的理论框架包括大数据理论、人工智能理论、云计算理论、财务共享理论、区块链理论等，以及智能会计的业务结构。

在智能会计的理论方面，本章分别就大数据理论、人工智能理论、云计算理论、财务共享理论、区块链理论进行阐述。大数据也称巨量资料，是指数据集的大小超出典型数据库软件在合理时间内撷取、存储、管理和分析的能力，与传统的数据仓库相比，大数据具有数据量大、类型繁多、来源真实、处理速度快、价值高等特点。通过挖掘大数据价值能够提高决策水平，改善业务能力，创造巨大的经济价值。人工智能是使用计算机来模拟人的某些思维过程和智能行为的学科，具有感知能力、记忆与思维能力、归纳与演绎能力、学习能力以及行为能力等特点，应用范围广泛。云计算是分布式计算的一种，指的是通过网络"云"将巨大的数据计算处理程序分解成无数个小程序，然后，通过多部服务器组成的系统进行处理和分析这些小程序得到结果并返回给用户。财务共享，是依托信息技术以财务业务流程处理为基础，以优化组织结构、规范流程、提升流程效率、降低运营成本或创造价值为目的，以市场视角为内外部客户提供专业化生产服务的分布式管理模式。财务共享服务是将公司(或集团)范围内的共用的职能集中起来，高质量、低成本地向各个业务单元提供标准化的服务。区块链，就是一个又一个区块组成的链条。每一个区块中保存了一定的信息，它们按照各自产生的时间顺序连接成链条。这个链条被保存在所有的服务器中,只要整个系统中有一台服务器可以工作,整条区块链就是安全的。

在智能会计的业务结构方面,随着智能会计的发展,会计从原本的单纯账单计算,变成了更加倾向于控制和管理的变化。因此,智能会计为财务管理领域、管理会计领域和税务管理领域的发展带来了新的活力,为其实现自动化、信息化和智能化发展奠定了基础。

智能会计不仅拓展了信息技术的应用领域,同时也引领了会计理论的创新和会计实务的革新,更实现了会计的功能提升。深入分析智能会计的本质含义,归纳智能会计的相关理论和业务结构,总结发展过程中的挑战,提出应需遵循的基本原则,不仅有利于全面地认知智能会计,还可对智能会计的发展提供具体的帮助。

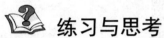 练习与思考

一、单选题

1. 大数据与云计算的关系是(　　　)。

　　A. 没有关系　　　　B. 密不可分　　　　C. 排斥关系　　　　D. 以上都不对

2. (　　　)是分布式计算、效用计算、负载均衡、并行计算、网络存储、热备份冗余和虚拟化等计算机技术混合演进并跃升的结果。

　　A. 云计算　　　　　B. 大数据　　　　　C. 财务共享　　　　D. 人工智能

3. (　　　)服务是将公司(或集团)范围内的共用的职能集中起来,高质量、低成本地向各个业务单元提供标准化的服务。

　　A. 财务共享　　　　B. 人工智能　　　　C. 税务管理　　　　D. 云计算

4. (　　　)是一个又一个区块组成的链条。

　　A. 人工智能　　　　B. 区块链　　　　　C. 云计算　　　　　D. 大数据

二、多选题

1. 与传统的数据仓库相比,大数据具有(　　　)特征。

　　A. 数据量大　　　　B. 来源真实　　　　C. 处理速度快　　　D. 价值高

2. 以下哪些属于人工智能领域的研究(　　　)。

　　A. 机器人　　　　　B. 语言识别　　　　C. 图像识别　　　　D. 专家系统

3. 区块链具有的两大核心特点为(　　　)。

　　A. 数据难以篡改　　B. 去中心化　　　　C. 数据量大　　　　D. 处理速度快

三、判断题

1. 智能会计能够代替人工会计大量的基础性、重复性工作,在省时省力的同时大大提高工作效率。　　　　　　　　　　　　　　　　　　　　　　　　　　　　　　　　(　　　)

2. 云计算不属于分布式计算。　　　　　　　　　　　　　　　　　　　　　　(　　　)

3. 如果要修改区块链中的信息,必须征得三分之一以上节点的同意并修改所有节点中的信息。　　　　　　　　　　　　　　　　　　　　　　　　　　　　　　　　　　(　　　)

四、思考题

1. 智能会计的含义是什么？
2. 智能会计的理论框架有哪些？
3. 智能化下税务管理的优势有哪些？

 微课视频

扫一扫，获取本章相关微课视频。

12-1 智能会计理论框架.mp4　　　　12-2 智能会计的业务结构.mp4

第十三章　会计管理相关工作规范

本章主要介绍了我国的会计法规体系包括会计法律、会计行政法规和会计规章制度三个层次，介绍了会计基础工作规范以及会计档案管理办法等内容。

学习目标

1. 掌握我国会计法律法规体系及适用范围。
2. 了解会计机构的设置、会计人员配备及其工作职责。
3. 理解会计人员职业道德和法律责任。
4. 掌握会计工作交接的相关规定。
5. 熟悉会计档案的管理，了解会计档案的移交及销毁规定。

【课前思考】

1. 会计法规体系包含哪些？
2. 会计机构和会计人员设置时应注意哪些规定？

第一节　我国的会计法规体系

为了保证会计工作能够顺利进行，贯彻财政方针和政策，执行财经纪律，充分发挥会计工作人员的作用，实现预期的会计目标，会计工作必须要做到有法可依，有章可循。制订并执行会计法规是我们国家的必然选择。目前，我国已经构建了一套比较完整的会计法规体系。按照各法规之间的相互关系，可以分为三个层次：第一层次，会计法律；第二层次，会计行政法规；第三层次，会计规章制度。

一、会计法律

我国会计的基本法律《中华人民共和国会计法》(简称《会计法》)是 1985 年由全国人民代表大会常务委员会第九次会议通过后颁布的。现行的《会计法》是经过 1993 年 12 月 29

日第八届全国人民代表大会常务委员会第五次会议《关于修改〈中华人民共和国会计法〉的决定》第一次修正，1999 年 10 月 31 日第九届全国人民代表大会常务委员会第十二次会议修订，2017 年 11 月 4 日第十二届全国人民代表大会常务委员会第三十次会议《关于修改〈中华人民共和国会计法〉等十一部法律的决定》第二次修正，于 2017 年 11 月 5 日起施行的。《会计法》由七章共五十二条构成，内容包括总则、会计核算、企业会计核算的特别规定、会计监督、会计机构和会计人员、法律责任以及附则。

二、会计行政法规

会计行政法规是调整经济生活中某些方面会计关系的法律规范。会计行政法规由国务院制定发布或者国务院有关部门拟定经国务院批准发布，其制定依据是《会计法》。如 1990 年 12 月 31 日国务院发布的《总会计师条例》，1992 年 11 月 16 日国务院批准、当月 30 日财政部发布的《企业会计准则》等。会计准则是我国会计核算工作的基本规范，是会计人员进行会计处理、提供财务报告所应遵循的原则。目前，我国企业适用的会计准则有《企业会计准则》和《小企业会计准则》两大类。

1. 《企业会计准则》

《企业会计准则》由财政部制定，于 2006 年 2 月 15 日发布，自 2007 年 1 月 1 日起最先在上市公司范围内施行，之后逐步扩大到几乎所有大中型企业。《企业会计准则》包括基本会计准则和具体会计准则。我国最早的《企业会计准则》(称为基本会计准则)是 1992 年 11 月经国务院批准、财政部以部长令的形式发布的，自 1993 年 7 月 1 日起正式施行。现行的《企业会计准则——基本准则》经过了 2006 年的第一次修订和 2014 年的第二次修订，于 2014 年 7 月 23 日发布并开始施行。《企业会计准则》在上市公司范围内施行，同时也鼓励其他企业执行。

《企业会计准则——基本准则》包括十一章五十条，主要规范了财务报告目标、会计基本假设、会计信息质量要求、会计要素的分类及其确认、计量原则、财务报告等基本问题。基本准则是具体准则及应用指南和解释等的制定依据和基础。为了适应我国会计实务工作的需求，自 1997 年起我国颁布具体会计准则，截至 2015 年 4 月，经过修订和新增的正式施行的具体会计准则共有 41 项，分别对存货、长期股权投资、投资性房地产、固定资产、生物资产、无形资产、非货币性资产交换、资产减值、职工薪酬、企业年金基金、股份支付、债务重组、或有事项、收入、建造合同、政府补助、借款费用、所得税、外币折算、企业合并、租赁、金融工具确认、金融资产转移、套期保值、原保险合同、再保险合同、石油天然气开采、会计政策、会计估计变更和差错更正、资产负债表日后事项、财务报表列报、现金流量表、中期财务报告、合并财务报表、每股收益、分部报告、关联方披露、金融工具列报、首次执行企业会计准则、公允价值计量、合营安排和在其他主体中权益的披露等具体交易和事项的会计处理予以规范。

《企业会计准则——应用指南》是由财政部根据企业会计准则基本准则及具体准则制定的，自 2007 年 1 月 1 日起在上市公司范围内施行，并鼓励其他企业执行。应用指南是对具体准则相关条款的细化和有关重点难点问题提供的操作性指南，以利于会计准则的贯彻和指导实务操作。

2.《小企业会计准则》

为了规范小企业会计确认、计量和报告行为，促进小企业可持续发展，发挥小企业在国民经济和社会发展中的重要作用，财政部根据《中华人民共和国会计法》及其他有关法律法规，制定了《小企业会计准则》，自 2013 年 1 月 1 日起在小企业范围内施行，鼓励小企业提前执行。财政部于 2004 年 4 月 27 日发布的《小企业会计制度》同时废止。《小企业会计准则》适用于在中华人民共和国境内依法设立的、符合《中小企业划型标准规定》中规定的小型企业标准的企业、微型企业参照其执行。

《小企业会计准则》共十章九十条，包括总则、资产、负债、所有者权益、收入、费用、利润、外币业务、财务报表和附则。

三、会计规章制度

通常所说的会计规章制度是指由主管全国会计工作的行政部门——财政部就会计工作中某些方面内容所制定的规范性文件。国务院有关部门根据其职责制定的会计方面的规范性文件，如实施国家统一的会计制度的具体办法等，也属于会计规章，但必须报财政部审核批准。会计规章制度依据会计法律和会计行政法规制定，如《企业会计制度》和《金融企业会计制度》。

《企业会计制度》适用于没有实施现行会计准则体系的非金融保险行业的大中型企业，主要对资产、负债、所有者权益、收入、成本和费用、利润及利润分配、非货币性交易、外币业务、会计调整、或有事项、关联方关系及其交易以及财务会计报告等事项予以规范。

《金融企业会计制度》适用于我国境内依法成立的各类金融企业，具体有银行、保险公司、证券公司、信托投资公司、期货公司、基金管理公司、租赁公司、财务公司等。

在国际上，一些实施会计准则的国家，通常并不会再制定和颁布企业会计制度，而在我国企业会计准则替代企业会计制度，是一个渐进的过程。

【思政要点】

树立学生"没有规矩，不成方圆"的信念，培养学生成为懂法、守法的合格会计人才。传承会计人初心使命，勇于创新，做好会计行业的守信人。

第二节 会计基础工作规范

为了加强会计基础工作，建立规范的会计工作秩序，提高会计工作水平，财政部根据《中华人民共和国会计法》的有关规定，制定《会计基础工作规范》。

一、会计机构和会计人员

企业合理设置会计机构，明确工作任务，是保证会计工作顺利进行的重要条件。会计机构必须配备适当的会计人员，明确会计人员的职责和权限，充分发挥会计人员积极性。

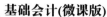

1. 会计机构设置和会计人员配备

会计机构是贯彻执行党和国家方针政策，制定和执行会计制度，组织领导和处理会计工作的职能机构。根据《中华人民共和国会计法》(以下简称《会计法》)的规定，各单位应当根据会计业务的需要，设置会计机构，或者在有关机构中设置会计人员并指定会计主管人员；不具备设置条件的，应当委托经批准设立的从事会计代理记账业务的中介机构代理记账。

设置会计机构，应当配备会计机构负责人；在有关机构中配备专职会计人员，应当在专职会计人员中指定会计主管人员。

会计机构负责人、会计主管人员的任免，应当符合《中华人民共和国会计法》和有关法律的规定。

会计机构负责人、会计主管人员应当具备下列基本条件。

(1) 坚持原则，廉洁奉公。

(2) 具备会计师以上专业技术职务资格或者从事会计工作不少于三年。

(3) 熟悉国家财经法律、法规、规章和方针、政策，掌握本行业业务管理的有关知识。

(4) 有较强的组织能力。

(5) 身体状况能够适应本职工作的要求。

没有设置会计机构或者配备会计人员的单位，应当根据《代理记账管理办法》的规定，委托会计师事务所或者持有代理记账许可证书的代理记账机构进行代理记账。

大、中型企业、事业单位、业务主管部门应当根据法律和国家有关规定设置总会计师。总会计师由具有会计师以上专业技术资格的人员担任。总会计师行使《总会计师条例》规定的职责、权限。总会计师的任命(聘任)、免职(解聘)依照《总会计师条例》和有关法律的规定办理。

各单位应当根据会计业务需要配备会计人员，督促其遵守职业道德和国家统一的会计制度。会计人员应当具备必要的专业知识和专业技能，熟悉国家有关法律、法规、规章和国家统一的会计制度，遵守职业道德。

会计人员应当按照国家有关规定参加会计业务的培训。各单位应当合理安排会计人员的培训，保证会计人员每年都会有一定时间用于学习和参加培训。

各单位领导人应当支持会计机构、会计人员依法行使职权；对忠于职守，坚持原则，做出显著成绩的会计机构、会计人员，应当给予精神和物质的奖励。

2. 会计工作岗位

各单位应当根据会计业务需要设置会计工作岗位。会计工作岗位一般可分为：会计机构负责人或者会计主管人员、出纳、财产物资核算、工资核算、成本费用核算、财务成果核算、资金核算、往来结算、总账报表、稽核、档案管理等。开展会计电算化和管理会计的单位，可以根据需要设置相应工作岗位，也可以与其他工作岗位相结合。

会计工作岗位，可以一人一岗、一人多岗或者一岗多人。但出纳人员不得兼管稽核、会计档案保管和收入、费用、债权债务账目的登记工作。会计人员的工作岗位应当有计划地进行轮换。

国家机关、国有企业、事业单位任用会计人员应当实行回避制度。单位领导人的直系亲属不得担任本单位的会计机构负责人、会计主管人员。会计机构负责人、会计主管人员的直系亲属不得在本单位会计机构中担任出纳工作。

需要回避的直系亲属包括夫妻关系、直系血亲关系、三代以内旁系血亲以及配偶亲属关系。

3. 会计人员的法律责任

单位负责人对本单位的会计工作和会计资料的真实性、完整性负责。会计机构、会计人员依照《会计法》进行会计核算，实行会计监督。任何单位或者个人都不得以任何方式授意、指使、强令会计机构、会计人员伪造、变造会计凭证，会计账簿和其他会计资料，提供虚假财务会计报告。任何单位或者个人不得对依法履行职责、抵制违反《会计法》规定行为的会计人员实行打击报复。单位负责人和其他人员对依法履行职责的会计人员进行打击报复的，给予行政处分；构成犯罪的，依法追究刑事责任。

单位负责人、会计人员和其他人员伪造、编造、故意毁灭会计凭证、会计账簿、财务会计报告和其他会计资料的，或者利用虚假的会计凭证、会计账簿、财务会计报告和其他会计资料偷税漏税或损害国家利益和社会公众利益的，由县级以上财政、审计、税务机关或者其他有关主管部门根据法律、行政法规规定的职责负责处理并追究责任，具体包括：责令限期改正、通报、罚款；属于国家工作人员的，还可以由其所在单位或者有关单位依法给予行政处分；其中的会计人员，五年内不得从事会计工作；构成犯罪的，依法追究刑事责任。

会计机构、会计人员必须按照国家统一的会计制度的规定对原始凭证进行审核，对不真实、不合法的原始凭证有权不予接受，并向单位负责人报告；对记载不准确、不完整的原始的凭证予以退回，并要求按照国家统一的会计制度的规定更正、补充。各单位应当建立健全的本单位内部会计监督制度。会计机构、会计人员对违反《会计法》和国家统一的会计制度规定的会计事项，有权拒绝办理或者按照职权予以纠正。任何单位和个人对违反《会计法》和国家统一的会计制度规定的行为，有权检举。收到检举的部门有权处理的，应当依法按照职责分工及时处理；无权处理的，应当及时移送有权处理的部门处理。收到检举的部门以及负责处理的部门应当为检举人保密、不得将检举人姓名和检举材料泄漏被检举单位和被检举人个人。

国有企业、事业单位的会计机构负责人、会计主管人员的任免应当经过主管单位同意，不得任意调动和撤换；会计人员忠于职守，坚持原则，受到错误处理的，主管单位应当责令所在单位予以纠正。

二、会计人员职业道德

会计人员在会计工作中应当遵守职业道德，树立良好的职业品质、严谨的工作作风，严守工作纪律，努力提高工作效率和工作质量。

会计人员应当热爱本职工作，努力钻研业务，使自己的知识和技能可以适应所从事工作的要求。

会计人员应当熟悉财经法律、法规、规章和国家统一的会计制度，并结合会计工作进行广泛宣传。

会计人员应当按照会计法律、法规和国家统一会计制度规定的程序和要求进行会计工作，保证所提供的会计信息是合法、真实、准确、及时、完整的。

会计人员办理会计事务应当实事求是、客观公正。

会计人员应当熟悉本单位的生产经营和业务管理情况，运用掌握的会计信息和会计方法，为改善单位内部管理、提高经济效益服务。

会计人员应当保守本单位的商业秘密。除法律规定和单位领导人同意外，不能私自向外界提供或者泄露所在单位的会计信息。

财政部门，业务主管部门和各单位应当定期检查会计人员遵守职业道德的情况，并作为会计人员晋升、晋级、聘任专业职务、表彰奖励的重要考核依据。

会计人员违反会计职业道德的，由所在单位进行处理。

 【思政要点】

树立学生"爱岗敬业、廉洁自律、诚实守信"的信念，培养学生成为有社会责任感的合格会计人才。坚定会计从业信念，牢记职业操守，坚持精诚协作，弘扬诚信文化。

三、会计工作交接

会计人员工作调动或者因故离职，必须将本人所经管的会计工作全部移交给接替人员。没有办清交接手续的，不得调动或者离职。接替人员应当认真接管移交工作，并继续办理移交的未了事项。

会计人员办理移交手续前，必须及时做好以下工作。

(1) 已经受理的经济业务尚未填制会计凭证的，应当填制完毕。

(2) 尚未登记的账目，应当登记完毕，并在最后一笔余额后加盖经办人员印章。

(3) 整理应该移交的各项资料，对未了事项写出书面材料。

(4) 编制移交清册，列明应该移交的会计凭证、会计账簿、会计报表、印章、现金、有价证券、支票簿、发票、文件、其他会计资料和物品等内容。实行会计电算化的单位，从事该项工作的移交人员还应当在移交清册中列明会计软件及密码、会计软件数据磁盘(磁带等)及有关资料、实物等内容。

会计人员办理交接手续，必须有监交人负责监交。一般会计人员交接，由单位会计机构负责人、会计主管人员负责监交；会计机构负责人、会计主管人员交接，由单位领导人负责监交，必要时可由上级主管部门派人会同监交。

移交人员在办理移交时，要按移交清册逐项移交；接替人员要逐项核对点收。

(1) 现金、有价证券要根据会计账簿有关记录进行点交，库存现金、有价证券必须与会计账簿记录保持一致。不一致时，移交人员必须限期查清。

(2) 会计凭证、会计账簿、会计报表和其他会计资料必须完整无缺。如有短缺，必须查清原因，并在移交清册中注明，由移交人员负责。

(3) 银行存款账户余额要与银行对账单核对，如不一致，应当编制银行存款余额调节表调节相符，各种财产物资和债权债务的明细账户余额要与总账有关账户余额核对相符；必要时，要抽查个别账户的余额，做到与实物核对相符，或者与往来单位、个人核对清楚。

(4) 移交人员经管的票据、印章和其他实物等，必须交接清楚。移交人员从事会计电算化工作的，要对有关电子数据在实际操作状态下进行交接。

会计机构负责人、会计主管人员移交时，还必须将全部财务会计工作、重大财务收支和会计人员的情况等，向接管人员详细介绍，对需要移交的遗留问题，应写出书面材料说明清楚。

交接完毕后，交接双方和监交人要在移交清册签章，移交清册应具备：单位名称、交接日期、交接双方和监交人的姓名、职务、清册页数及需要说明的问题和意见等。移交清册一般应填制一式三份，交接双方各持一份，存档一份。为保证会计记录的连续完整，接管人员应继续使用移交前的账簿，不得自行另立新账。

移交人员对所移交的会计凭证、会计账簿、会计报表和其他有关资料的合法性，真实性承担法律责任。

会计人员临时离职或者因病不能工作且需要接替或者代理的，会计机构负责人，会计主管人员或者单位领导人必须指定有关人员接替或者代理，并办理交接手续。

临时离职或者因病不能工作的会计人员恢复工作的，应当与接替或者代理人员办理交接手续。

移交人员因病或者其他特殊原因不能亲自办理移交的，经单位领导人批准，可由移交人员委托他人代办移交，但委托人应当对所移交的会计凭证、会计账簿、会计报表和其他有关资料的合法性，真实性承担法律责任。

单位撤销时，必须留有必要的会计人员，会同有关人员办理清理工作，编制会计决算。未移交前，不得离职。接收单位和移交日期由主管部门确定。单位合并、分立的，其会计工作交接手续比照上述有关规定办理。

四、会计监督

各单位的会计机构、会计人员应当对本单位的经济活动进行会计监督。

1. 进行会计监督的依据

(1) 财经法律、法规、规章。

(2) 会计法律法规和国家统一会计制度。

(3) 各省、自治区、直辖市财政厅(局)和国务院业务主管部门根据《中华人民共和国会计法》和国家统一会计制度制定的具体实施办法或者补充规定。

(4) 各单位根据《中华人民共和国会计法》和国家统一会计制度制定的单位内部会计管理制度。

(5) 各单位内部的预算、财务计划、经济计划、业务计划等。

2. 进行会计监督的内容

(1) 原始凭证。对不真实、不合法的原始凭证，不予受理。对弄虚作假、严重违法的原始凭证，在不予受理的同时，应当予以扣留，并及时向单位领导人报告，请求查明原因，追究当事人的责任。对记载不准确、不完整的原始凭证，予以退回，要求经办人员更正、补充。

(2) 会计账簿。会计机构、会计人员对伪造、变造、故意毁灭会计账簿或者账外设账的行为，应当制止和纠正；制止和纠正无效的，应当向上级主管单位报告，请求作出处理。

(3) 实物、款项。会计机构、会计人员应当对实物、款项进行监督，督促建立并严格执行财产清查制度。发现账簿记录与实物、款项不符时，应当按照国家有关规定进行处理。超出会计机构、会计人员职权范围的,应当立即向本单位领导报告,请求查明原因,作出处理。

(4) 财务报告。会计机构、会计人员对指使、强令编造、篡改财务报告的行为,应当制止和纠正;制止和纠正无效的,应当向上级主管单位报告,请求处理。

(5) 财务收支情况。会计机构、会计人员应当对以下财务收支情况进行监督。①对审批手续不全的财务收支,应当予以退回,要求补充、更正。②对违反规定不纳入单位统一会计核算的财务收支,应当制止和纠正。③对违反国家统一的财政、财务会计制度规定的财务收支,不予办理。④对认为是违反国家统一的财政、财务会计制度规定的财务收支,应当制止和纠正。制止和纠正无效的,应当向单位领导人提出书面意见请求处理。单位领导人应当在接到书面意见起十日内作出书面决定,并对决定承担责任。⑤对违反国家统一的财政、财务会计制度规定的财务收支,不予制止和纠正,又不向单位领导人提出书面意见的,也应当承担责任。⑥对严重违反国家利益和社会公众利益的财务收支,应当向主管单位或者财政、审计、税务机关报告。

会计机构、会计人员应当对单位制定的预算、财务计划、经济计划、业务计划的执行情况进行监督。对违反单位内部会计管理制度的经济活动,应当制止和纠正;制止和纠正无效的,向单位领导人报告,请求处理。

各单位必须依照法律和国家有关规定接受财政、审计、税务等机关的监督,如实提供会计凭证、会计账簿、会计报表和其他会计资料以及有关情况,不得拒绝、隐匿、谎报。按照法律规定应当委托注册会计师进行审计的单位,应当委托注册会计师进行审计,并配合注册会计师的工作,如实提供会计凭证、会计账簿、会计报表和其他会计资料以及有关情况,不得拒绝、隐匿、谎报,不得示意注册会计师出具不当的审计报告。

五、内部会计管理制度

各单位应当根据《中华人民共和国会计法》和国家统一会计制度的规定,结合单位类型和内部管理的需要,建立健全相应的内部会计管理制度。

1. 制定内部会计管理制度应当遵循原则

(1) 应当执行法律、法规和国家统一的财务会计制度。
(2) 应当体现本单位的生产经营、业务管理的特点和要求。
(3) 应当全面规范本单位的各项会计工作,建立健全会计基础,保证会计工作的有序进行。
(4) 应当科学、合理,便于操作和执行。
(5) 应当定期检查执行情况。
(6) 应当根据管理需要和执行中的问题不断完善。

2. 内部会计管理体系

各单位应当建立内部会计管理体系。主要内容包括:单位领导人、总会计师对会计工作的领导职责;会计部门及其会计机构负责人、会计主管人员的职责、权限;会计部门与其他职能部门的关系;会计核算的组织形式等。

各单位应当建立会计人员岗位责任制度。主要内容包括:会计人员工作岗位设置;各会计工作岗位的职责和标准;各会计工作岗位的人员和具体分工;会计工作岗位轮换办法;对各会计工作岗位的考核办法。

各单位应当建立账务处理程序制度。主要内容包括：会计科目及其明细科目的设置和使用；会计凭证的格式、审核要求和传递程序；会计核算方法；会计账簿的设置；编制会计报表的种类和要求；单位会计指标体系。

各单位应当建立内部牵制制度。主要内容包括：内部牵制制度的原则；组织分工；出纳岗位的职责和限制条件；其他有关岗位的职责和权限。

各单位应当建立稽核制度。主要内容包括：稽核工作的组织形式和具体分工；稽核工作的职责、权限；审核会计凭证和复核会计账簿、会计报表的方法。

各单位应当建立原始记录管理制度。主要内容包括：原始记录的内容和填制方法；原始记录的格式；原始记录的审核；原始记录填制人的责任；原始记录签署、传递、汇集的要求。

各单位应当建立定额管理制度。主要内容包括：定额管理的范围；制定以及修订定额的依据、程序和方法；定额的执行；定额考核和奖惩办法等。

各单位应当建立计量验收制度。主要内容包括：计量检测手段和方法；计量验收管理的要求；计量验收人员的责任和奖惩办法。

各单位应当建立财产清查制度。主要内容包括：财产清查的范围；财产清查的组织；财产清查的期限和方法；对财产清查中发现问题的处理办法；对财产管理人员的奖惩办法。

各单位应当建立财务收支审批制度。主要内容包括：财务收支审批人员和审批权限；财务收支审批程序；财务收支审批人员的责任。

实行成本核算的单位还应当建立成本核算制度。主要内容包括：成本核算的对象；成本核算的方法和程序；成本分析等。

各单位应当建立财务会计分析制度。主要内容包括：财务会计分析的主要内容；财务会计分析的基本要求和组织程序；财务会计分析的具体方法；财务会计分析报告的编写要求等。

第三节　会计档案管理办法

为了加强会计档案管理，有效保护和利用会计档案，财政部、国家档案局修订通过了新的《会计档案管理办法》，自 2016 年 1 月 1 日起施行。根据规定，各企业单位应当加强会计档案管理工作，建立和完善会计档案的收集、整理、保管、利用和鉴定销毁等管理制度，采取可靠的安全防护技术和措施，保证会计档案的真实、完整、可用、安全。

【小提示】

为适应经济社会发展和会计信息化建设需要，规范会计档案，特别是电子会计档案，企业必须提升会计档案管理工作水平。针对目前我国会计档案工作的技术手段、管理方法、管理流程等的新变化，财政部对《会计档案管理办法》进行了修订，2015 年 12 月 11 日中华人民共和国财政部、国家档案局令第 79 号发布了新的《会计档案管理办法》，自 2016 年 1 月 1 日起施行。

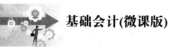

一、会计档案的内容

会计档案是指单位在进行会计核算等过程中接收或形成的，记录和反映单位经济业务事项的，具有保存价值的文字、图表等各种形式的会计资料，包括通过计算机等电子设备形成、传输和存储的电子会计档案。

下列会计资料应当进行归档。

(1) 会计凭证，包括原始凭证、记账凭证。

(2) 会计账簿，包括总账、明细账、日记账、固定资产卡片及其他辅助性账簿。

(3) 财务会计报告，包括月度、季度、半年度、年度财务会计报告。

(4) 其他会计资料，包括银行存款余额调节表、银行对账单、纳税申报表、会计档案移交清册、会计档案保管清册、会计档案销毁清册、会计档案鉴定意见书及其他具有保存价值的会计资料。

单位可以利用计算机、网络通信等信息技术手段来管理会计档案。

【小提示】

同时满足下列条件的，单位内部形成的属于归档范围的电子会计资料可仅以电子形式保存，形成电子会计档案。

(1) 形成的电子会计资料来源真实有效，由计算机等电子设备形成和传输。

(2) 使用的会计核算系统能够准确、完整、有效接收和读取电子会计资料，能够输出符合国家标准归档格式的会计凭证、会计账簿、财务会计报表等会计资料，设定了经办、审核、审批等必要的审签程序。

(3) 使用的电子档案管理系统能够有效接收、管理、利用电子会计档案，符合电子档案的长期保管要求，并建立了电子会计档案与之相关联的其他纸质会计档案的检索关系。

(4) 采取有效措施，防止电子会计档案被篡改。

(5) 建立电子会计档案备份制度，能够有效防范自然灾害、意外事故和人为破坏的影响。

(6) 形成的电子会计资料不属于具有永久保存价值或者其他重要保存价值的会计档案。

满足上述规定条件的，并且单位从外部接收的电子会计资料附有符合《中华人民共和国电子签名法》规定的电子签名的，可仅以电子形式归档保存，形成电子会计档案。

二、会计档案的保管

单位会计机构按照归档范围和归档要求，负责定期将应当归档的会计资料整理立卷，编制会计档案保管清册。当年形成的会计档案，在会计年度终了后，可由单位会计管理机构临时保管一年，再移交单位档案管理机构保管。因工作需要确实需要推迟移交的，应当经单位档案管理机构同意。单位会计管理机构临时保管会计档案期限最长不超过三年。临时保管期间，会计档案的保管应当符合国家档案管理的有关规定，且出纳人员不得兼管会计档案。

单位应当严格按照相关制度利用会计档案，在进行会计档案查阅、复制、借出时履行登记手续，严禁篡改和损坏。单位保存的会计档案一般不得对外出借。确实因为工作需要且根据国家有关规定必须出借的，应当严格按照规定办理相关手续。会计档案借用单位应当妥善保管和利用借入的会计档案，确保借入的会计档案安全且完整，并在规定时间内归还。

会计档案的保管期限分为永久、定期两类。定期保管期限一般分为 10 年和 30 年。会计档案的保管期限，从会计年度终了后的第一天算起。企事业单位和其他组织会计档案保管期限如表 13-1 和表 13-2 所示。

表 13-1　企业和其他组织会计档案保管期限表

序　号	档案名称	保管期限	备　注
一	会计凭证		
1	原始凭证	30 年	
2	记账凭证	30 年	
二	会计账簿		
3	总账	30 年	
4	明细账	30 年	
5	日记账	30 年	
6	固定资产卡片		固定资产报废清理后保管 5 年
7	其他辅助性账簿	30 年	
三	财务会计报告		
8	月度、季度、半年度财务会计报告	10 年	
9	年度财务会计报告	永久	
四	其他会计资料		
10	银行存款余额调节表	10 年	
11	银行对账单	10 年	
12	纳税申报表	10 年	
13	会计档案移交清册	30 年	
14	会计档案保管清册	永久	
15	会计档案销毁清册	永久	
16	会计档案鉴定意见书	永久	

表 13-2 财政总预算、行政单位、事业单位和税收会计档案保管期限表

序号	档案名称	保管期限			备注
		财政总预算	行政、事业单位	税收会计	
一	会计凭证				
1	国家金库编送的各种报表及缴库退库凭证	10 年		10 年	
2	各收入机关编送的报表	10 年			
3	行政单位和事业单位的各种会计凭证		30 年		包括：原始凭证、记账凭证和传票汇总表
4	财政总预算拨款凭证和其他会计凭证	30 年			包括：拨款凭证和其他会计凭证
二	会计账簿				
5	日记账		30 年	30 年	
6	总账	30 年	30 年	30 年	
7	税收日记账(总账)			30 年	
8	明细分类、分户账或登记簿	30 年	30 年	30 年	
9	行政单位和事业单位固定资产卡片				固定资产报废清理后保管 5 年
三	财务会计报告				
10	政府综合财务报告	永久			下级财政、本级部门和单位报送的保管 2 年
11	部门财务报告		永久		所属单位报送的保管 2 年
12	财政总决算	永久			下级财政、本级部门和单位报送的保管 2 年
13	部门决算		永久		所属单位报送的保管 2 年
14	税收年报(决算)			永久	
15	国家金库年报(决算)	10 年			
16	基本建设拨、贷款年报(决算)	10 年			
17	行政单位和事业单位会计月、季度报表		10 年		所属单位报送的保管 2 年
18	税收会计报表			10 年	所属税务机关报送的保管 2 年
四	其他会计资料				
19	银行存款余额调节表	10 年			
20	银行对账单	10 年			
21	会计档案移交清册	30 年			
22	会计档案保管清册	永久			
23	会计档案销毁清册	永久			
24	会计档案鉴定意见书	永久			

注：税务机关的税务经费会计档案期限，按行政单位会计档案保管期限规定办理。

三、会计档案的移交及销毁

移交会计档案的单位，应当编制会计档案移交清册，列明应当移交的会计档案名称、卷号、册数、起止年度、档案编号、应保管期限和已保管期限等内容。

交接会计档案时，交接双方应当按照会计档案移交清册所列内容逐项交接，并由交接双方的单位有关负责人负责监督。交接完毕后，交接双方经办人和监督人应当在会计档案移交清册上签名或盖章。

电子会计档案应当与其元数据一并移交，特殊格式的电子会计档案应当与其读取平台一并移交。档案接收单位应当对保存电子会计档案的载体及其技术环境进行检验，确保所接收电子会计档案的准确、完整、可用和安全。

单位应当定期对已到保管期限的会计档案进行鉴定，并形成会计档案鉴定意见书。经鉴定，仍需继续保存的会计档案，应当重新划定保管期限；对保管期满，确实没有保存价值的会计档案，可以销毁。会计档案鉴定工作应当由单位档案管理机构牵头，组织单位会计、审计、纪检监察等机构或人员共同进行。

经鉴定可以销毁的会计档案，应当按照以下程序销毁。

(1) 单位档案管理机构编制会计档案销毁清册，列明拟销毁会计档案的名称、卷号、册数、起止年度、档案编号、应保管期限、已保管期限和销毁时间等内容。

(2) 单位负责人、档案管理机构负责人、会计管理机构负责人、档案管理机构经办人、会计管理机构经办人在会计档案销毁清册上签署意见。

(3) 单位档案管理机构负责组织会计档案销毁工作，并与会计管理机构共同委派人员监销。监销人在会计档案销毁前，应当按照会计档案销毁清册所列内容进行清点核对；在会计档案销毁后，应当在会计档案销毁清册上签名或盖章。

(4) 电子会计档案的销毁还应当符合国家有关电子档案的规定，并由单位档案管理机构、会计管理机构和信息系统管理机构共同委派人员监销。

保管期满但未结清的债权债务会计凭证和涉及其他未了事项的会计凭证不得销毁，纸质会计档案应当单独抽出立卷，电子会计档案单独转存，保管到未了事项完结时为止。单独抽出立卷或转存的会计档案，应当在会计档案鉴定意见书、会计档案销毁清册和会计档案保管清册中列明。

本章小结

本章主要介绍我国的会计法规体系、会计基础工作规范以及会计档案管理办法等内容。

我国已经建设成了一套比较完整的会计法规体系。按照各法规之间的相互关系，可以分为三个层次：第一层次，会计法律；第二层次，会计行政法规；第三层次，会计规章制度。

根据《会计法》的规定，各单位应当根据会计业务的需要，设置会计机构，或者在有关机构中设置会计人员并指定会计主管人员；不具备设置条件的，应当委托经批准设立从事会计代理记账业务的中介机构代理记账。会计人员应当具备从事会计工作所需要的专业能力。

会计人员应当遵守会计职业道德，提高业务素质。因有提供虚假财务会计报告，做假账，隐匿或者故意销毁会计凭证、会计账簿、财务会计报告，贪污，挪用公款，职务侵占等与会计职务有关的违法行为被依法追究刑事责任的人员，不得再从事会计工作。

 ## 练习与思考

一、单选题

1. 会计档案中需要保管 30 年的是(　　)。
    A. 银行对账单
    B. 月度财务会计报告
    C. 会计档案保管清册
    D. 银行存款日记账

2. 会计档案中需要永久保管的是(　　)。
    A. 银行对账单
    B. 月度财务会计报告
    C. 会计档案保管清册
    D. 银行存款日记账

3. 在我国会计法规体系中居于最高层次地位的是(　　)。
    A. 会计法
    B. 会计准则
    C. 国家制定的各行业会计制度
    D. 行政、事业单位会计制度

4. 以下哪项不属于会计基础工作规范的内容?(　　)
    A. 会计工作交接
    B. 会计人员配备
    C. 会计机构设置
    D. 会计档案的管理

5. 当年形成的会计档案，在会计年度终了后，可由单位会计管理机构临时保管(　　)年，再移交单位档案管理机构保管。
    A. 1
    B. 2
    C. 3
    D. 4

二、多选题

1. 会计档案包括(　　)。
    A. 银行对账单
    B. 原始凭证
    C. 明细账
    D. 记账凭证

2. 会计监督的内容包括(　　)。
    A. 原始凭证
    B. 会计账簿
    C. 实物、款项
    D. 财务报告

3. 下列属于会计人员违法行为的有(　　)。
    A. 伪造、变造、编制虚假会计资料
    B. 隐匿或故意销毁依法应当保存的会计资料
    C. 不依法进行会计管理、核算和监督
    D. 按规定发布企业会计信息

4. 目前，我国的会计法规体系包括(　　)。
    A. 会计法律
    B. 会计行政法规
    C. 会计规章制度
    D. 企业内部会计制度

5. 出纳人员不得兼管(　　)工作。
    A. 稽核
    B. 会计档案保管
    C. 收入、费用账目的登记
    D. 债权债务账目的登记

三、判断题

1. 移交人员因病或其他原因不能亲自办理移交手续的，经单位负责人批准可以不办理移交手续。　　　　　　　　　　　　　　　　　　　　　　（　　）

2. 需要回避的直系亲属不包括配偶亲属关系。　　　　　　　　　　（　　）

3. 各单位应当根据会计业务需要自主决定是否单独设置会计机构。（　　）

4. 单位会计管理机构临时保管会计档案最长不超过三年。　　　　　（　　）

5. 接替人员对所移交的会计凭证、会计账簿、会计报表和其他有关资料的合法性，真实性承担法律责任。　　　　　　　　　　　　　　　　　　　　　　　　　（　　）

四、思考题

1. 会计档案包括哪些？各类档案的保管期限是怎样的？

2. 会计档案在移交时应注意哪些问题？

3. 会计档案销毁时应注意哪些问题？

 微课视频

扫一扫，获取本章相关微课视频。

13 会计管理相关工作规范.mp4

附录 A　中华人民共和国会计法

(1985 年 1 月 21 日第六届全国人民代表大会常务委员会第九次会议通过　根据 1993 年 12 月 29 日第八届全国人民代表大会常务委员会第五次会议《关于修改〈中华人民共和国会计法〉的决定》第一次修正　1999 年 10 月 31 日第九届全国人民代表大会常务委员会第十二次会议修订　根据 2017 年 11 月 4 日第十二届全国人民代表大会常务委员会第三十次会议《关于修改〈中华人民共和国会计法〉等十一部法律的决定》第二次修正)

第一章　总　则

第一条　为了规范会计行为，保证会计资料真实、完整，加强经济管理和财务管理，提高经济效益，维护社会主义市场经济秩序，制定本法。

第二条　国家机关、社会团体、公司、企业、事业单位和其他组织(以下统称单位)必须依照本法办理会计事务。

第三条　各单位必须依法设置会计账簿，并保证其真实、完整。

第四条　单位负责人对本单位的会计工作和会计资料的真实性、完整性负责。

第五条　会计机构、会计人员依照本法规定进行会计核算，实行会计监督。

任何单位或者个人不得以任何方式授意、指使、强令会计机构、会计人员伪造、变造会计凭证、会计账簿和其他会计资料，提供虚假财务会计报告。

任何单位或者个人不得对依法履行职责、抵制违反本法规定行为的会计人员实行打击报复。

第六条　对认真执行本法，忠于职守，坚持原则，做出显著成绩的会计人员，给予精神的或者物质的奖励。

第七条　国务院财政部门主管全国的会计工作。

县级以上地方各级人民政府财政部门管理本行政区域内的会计工作。

第八条　国家实行统一的会计制度。国家统一的会计制度由国务院财政部门根据本法制定并公布。

国务院有关部门可以依照本法和国家统一的会计制度制定对会计核算和会计监督有特殊要求的行业实施国家统一的会计制度的具体办法或者补充规定，报国务院财政部门审核批准。

中国人民解放军总后勤部可以依照本法和国家统一的会计制度制定军队实施国家统一的会计制度的具体办法，报国务院财政部门备案。

第二章　会计核算

第九条　各单位必须根据实际发生的经济业务事项进行会计核算，填制会计凭证，登记会计账簿，编制财务会计报告。

任何单位不得以虚假的经济业务事项或者资料进行会计核算。

第十条　下列经济业务事项，应当办理会计手续，进行会计核算：

(一)款项和有价证券的收付；

(二)财物的收发、增减和使用；

(三)债权债务的发生和结算；

(四)资本、基金的增减；

(五)收入、支出、费用、成本的计算；

(六)财务成果的计算和处理；

(七)需要办理会计手续、进行会计核算的其他事项。

第十一条　会计年度自公历 1 月 1 日起至 12 月 31 日止。

第十二条　会计核算以人民币为记账本位币。

业务收支以人民币以外的货币为主的单位，可以选定其中一种货币作为记账本位币，但是编报的财务会计报告应当折算为人民币。

第十三条　会计凭证、会计账簿、财务会计报告和其他会计资料，必须符合国家统一的会计制度的规定。

使用电子计算机进行会计核算的，其软件及其生成的会计凭证、会计账簿、财务会计报告和其他会计资料，也必须符合国家统一的会计制度的规定。

任何单位和个人不得伪造、变造会计凭证、会计账簿及其他会计资料，不得提供虚假的财务会计报告。

第十四条　会计凭证包括原始凭证和记账凭证。

办理本法第十条所列的经济业务事项，必须填制或者取得原始凭证并及时送交会计机构。

会计机构、会计人员必须按照国家统一的会计制度的规定对原始凭证进行审核，对不真实、不合法的原始凭证有权不予接受，并向单位负责人报告；对记载不准确、不完整的原始凭证予以退回，并要求按照国家统一的会计制度的规定更正、补充。

原始凭证记载的各项内容均不得涂改；原始凭证有错误的，应当由出具单位重开或者更正，更正处应当加盖出具单位印章。原始凭证金额有错误的，应当由出具单位重开，不得在原始凭证上更正。

记账凭证应当根据经过审核的原始凭证及有关资料编制。

第十五条　会计账簿登记，必须以经过审核的会计凭证为依据，并符合有关法律、行政法规和国家统一的会计制度的规定。会计账簿包括总账、明细账、日记账和其他辅助性账簿。

会计账簿应当按照连续编号的页码顺序登记。会计账簿记录发生错误或者隔页、缺号、

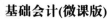

跳行的,应当按照国家统一的会计制度规定的方法更正,并由会计人员和会计机构负责人(会计主管人员)在更正处盖章。

使用电子计算机进行会计核算的,其会计账簿的登记、更正,应当符合国家统一的会计制度的规定。

第十六条　各单位发生的各项经济业务事项应当在依法设置的会计账簿上统一登记、核算,不得违反本法和国家统一的会计制度的规定私设会计账簿登记、核算。

第十七条　各单位应当定期将会计账簿记录与实物、款项及有关资料相互核对,保证会计账簿记录与实物及款项的实有数额相符、会计账簿记录与会计凭证的有关内容相符、会计账簿之间相对应的记录相符、会计账簿记录与会计报表的有关内容相符。

第十八条　各单位采用的会计处理方法,前后各期应当一致,不得随意变更;确有必要变更的,应当按照国家统一的会计制度的规定变更,并将变更的原因、情况及影响在财务会计报告中说明。

第十九条　单位提供的担保、未决诉讼等或有事项,应当按照国家统一的会计制度的规定,在财务会计报告中予以说明。

第二十条　财务会计报告应当根据经过审核的会计账簿记录和有关资料编制,并符合本法和国家统一的会计制度关于财务会计报告的编制要求、提供对象和提供期限的规定;其他法律、行政法规另有规定的,从其规定。

财务会计报告由会计报表、会计报表附注和财务情况说明书组成。向不同的会计资料使用者提供的财务会计报告,其编制依据应当一致。有关法律、行政法规规定会计报表、会计报表附注和财务情况说明书须经注册会计师审计的,注册会计师及其所在的会计师事务所出具的审计报告应当随同财务会计报告一并提供。

第二十一条　财务会计报告应当由单位负责人和主管会计工作的负责人、会计机构负责人(会计主管人员)签名并盖章;设置总会计师的单位,还须由总会计师签名并盖章。

单位负责人应当保证财务会计报告真实、完整。

第二十二条　会计记录的文字应当使用中文。在民族自治地方,会计记录可以同时使用当地通用的一种民族文字。在中华人民共和国境内的外商投资企业、外国企业和其他外国组织的会计记录可以同时使用一种外国文字。

第二十三条　各单位对会计凭证、会计账簿、财务会计报告和其他会计资料应当建立档案,妥善保管。会计档案的保管期限和销毁办法,由国务院财政部会同有关部门制定。

第三章　公司、企业会计核算的特别规定

第二十四条　公司、企业进行会计核算,除应当遵守本法第二章的规定外,还应当遵守本章规定。

第二十五条　公司、企业必须根据实际发生的经济业务事项,按照国家统一的会计制度的规定确认、计量和记录资产、负债、所有者权益、收入、费用、成本和利润。

第二十六条　公司、企业进行会计核算不得有下列行为:

(一)随意改变资产、负债、所有者权益的确认标准或者计量方法,虚列、多列、不列或者少列资产、负债、所有者权益;

(二)虚列或者隐瞒收入,推迟或者提前确认收入;

(三)随意改变费用、成本的确认标准或者计量方法,虚列、多列、不列或者少列费用、成本;

(四)随意调整利润的计算、分配方法,编造虚假利润或者隐瞒利润;

(五)违反国家统一的会计制度规定的其他行为。

第四章 会计监督

第二十七条 各单位应当建立、健全本单位内部会计监督制度。单位内部会计监督制度应当符合下列要求:

(一)记账人员与经济业务事项和会计事项的审批人员、经办人员、财物保管人员的职责权限应当明确,并相互分离、相互制约;

(二)重大对外投资、资产处置、资金调度和其他重要经济业务事项的决策和执行的相互监督、相互制约程序应当明确;

(三)财产清查的范围、期限和组织程序应当明确;

(四)对会计资料定期进行内部审计的办法和程序应当明确。

第二十八条 单位负责人应当保证会计机构、会计人员依法履行职责,不得授意、指使、强令会计机构、会计人员违法办理会计事项。

会计机构、会计人员对违反本法和国家统一的会计制度规定的会计事项,有权拒绝办理或者按照职权予以纠正。

第二十九条 会计机构、会计人员发现会计账簿记录与实物、款项及有关资料不相符的,按照国家统一的会计制度的规定有权自行处理的,应当及时处理;无权处理的,应当立即向单位负责人报告,请求查明原因,做出处理。

第三十条 任何单位和个人对违反本法和国家统一的会计制度规定的行为,有权检举。收到检举的部门有权处理的,应当依法按照职责分工及时处理;无权处理的,应当及时移送有权处理的部门处理。收到检举的部门、负责处理的部门应当为检举人保密,不得将检举人姓名和检举材料转给被检举单位和被检举人个人。

第三十一条 有关法律、行政法规规定,须经注册会计师进行审计的单位,应当向受委托的会计师事务所如实提供会计凭证、会计账簿、财务会计报告和其他会计资料以及有关情况。

任何单位或者个人不得以任何方式要求或者示意注册会计师及其所在的会计师事务所出具不实或者不当的审计报告。

财政部门有权对会计师事务所出具审计报告的程序和内容进行监督。

第三十二条 财政部门对各单位的下列情况实施监督:

(一)是否依法设置会计账簿;

(二)会计凭证、会计账簿、财务会计报告和其他会计资料是否真实、完整;

(三)会计核算是否符合本法和国家统一的会计制度的规定;

(四)从事会计工作的人员是否具备专业能力、遵守职业道德。

在对前款第(二)项所列事项实施监督,发现重大违法嫌疑时,国务院财政部门及其派出机构可以向与被监督单位有经济业务往来的单位和被监督单位开立账户的金融机构查询有关情况,有关单位和金融机构应当给予支持。

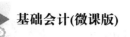

第三十三条　财政、审计、税务、人民银行、证券监管、保险监管等部门应当依照有关法律、行政法规规定的职责，对有关单位的会计资料实施监督检查。

前款所列监督检查部门对有关单位的会计资料依法实施监督检查后，应当出具检查结论。有关监督检查部门已经做出的检查结论能够满足其他监督检查部门履行本部门职责需要的，其他监督检查部门应当加以利用，避免重复查账。

第三十四条　依法对有关单位的会计资料实施监督检查的部门及其工作人员对在监督检查中知悉的国家秘密和商业秘密负有保密义务。

第三十五条　各单位必须依照有关法律、行政法规的规定，接受有关监督检查部门依法实施的监督检查，如实提供会计凭证、会计账簿、财务会计报告和他会计资料以及有关情况，不得拒绝、隐匿、谎报。

第五章　会计机构和会计人员

第三十六条　各单位应当根据会计业务的需要，设置会计机构，或者在有关机构中设置会计人员并指定会计主管人员；不具备设置条件的，应当委托经批准设立从事会计代理记账业务的中介机构代理记账。

国有的和国有资产占控股地位或者主导地位的大、中型企业必须设置总会计师。总会计师的任职资格、任免程序、职责权限由国务院规定。

第三十七条　会计机构内部应当建立稽核制度。

出纳人员不得兼任稽核、会计档案保管和收入、支出、费用、债权债务账目的登记工作。

第三十八条　会计人员应当具备从事会计工作所需要的专业能力。

担任单位会计机构负责人(会计主管人员)的，应当具备会计师以上专业技术职务资格或者从事会计工作三年以上经历。

本法所称会计人员的范围由国务院财政部门规定。

第三十九条　会计人员应当遵守职业道德，提高业务素质。对会计人员的教育和培训工作应当加强。

第四十条　因有提供虚假财务会计报告，做假账，隐匿或者故意销毁会计凭证、会计账簿、财务会计报告，贪污，挪用公款，职务侵占等与会计职务的有关违法行为被依法追究刑事责任的人员，不得再从事会计工作。

第四十一条　会计人员调动工作或者离职，必须与接管人员办清交接手续。

一般会计人员办理交接手续，由会计机构负责人(会计主管人员)监交；会计机构负责人(会计主管人员)办理交接手续，由单位负责人监交，必要时主管单位可以派人会同监交。

第六章　法律责任

第四十二条　违反本法规定，有下列行为之一的，由县级以上人民政府财政部门责令限期改正，可以对单位并处三千元以上五万元以下的罚款；对其直接负责的主管人员和其他直接责任人员，可以处二千元以上二万元以下的罚款；属于国家工作人员的，还应当由其所在单位或者有关单位依法给予行政处分：

(一)不依法设置会计账簿的；

(二)私设会计账簿的；

(三)未按照规定填制、取得原始凭证或者填制、取得的原始凭证不符合规定的;

(四)以未经审核的会计凭证为依据登记会计账簿或者登记会计账簿不符合规定的;

(五)随意变更会计处理方法的;

(六)向不同的会计资料使用者提供的财务会计报告编制依据不一致的;

(七)未按照规定使用会计记录文字或者记账本位币的;

(八)未按照规定保管会计资料,致使会计资料毁损、灭失的;

(九)未按照规定建立并实施单位内部会计监督制度或者拒绝依法实施的监督或者不如实提供有关会计资料及有关情况的;

(十)任用会计人员不符合本法规定的。

有前款所列行为之一,构成犯罪的,依法追究刑事责任。

会计人员有第一款所列行为之一,情节严重的,五年内不得从事会计工作。

有关法律对第一款所列行为的处罚另有规定的,依照有关法律的规定办理。

第四十三条 伪造、变造会计凭证、会计账簿,编制虚假财务会计报告,构成犯罪的,依法追究刑事责任。

有前款行为,尚不构成犯罪的,由县级以上人民政府财政部门予以通报,可以对单位并处五千元以上十万元以下的罚款;对其直接负责的主管人员和其他直接责任人员,可以处三千元以上五万元以下的罚款;属于国家工作人员的,还应当由其所在单位或者有关单位依法给予撤职直至开除的行政处分;其中的会计人员,五年内不得从事会计工作。

第四十四条 隐匿或者故意销毁依法应当保存的会计凭证、会计账簿、财务会计报告,构成犯罪的,依法追究刑事责任。

有前款行为,尚不构成犯罪的,由县级以上人民政府财政部门予以通报,可以对单位并处五千元以上十万元以下的罚款;对其直接负责的主管人员和其他直接责任人员,可以处三千元以上五万元以下的罚款;属于国家工作人员的,还应当由其所在单位或者有关单位依法给予撤职直至开除的行政处分;其中的会计人员,五年内不得从事会计工作。

第四十五条 授意、指使、强令会计机构、会计人员及其他人员伪造、变造会计凭证、会计账簿,编制虚假财务会计报告或者隐匿、故意销毁依法应当保存的会计凭证、会计账簿、财务会计报告,构成犯罪的,依法追究刑事责任;尚不构成犯罪的,可以处五千元以上五万元以下的罚款;属于国家工作人员的,还应当由其所在单位或者有关单位依法给予降级、撤职、开除的行政处分。

第四十六条 单位负责人对依法履行职责、抵制违反本法规定行为的会计人员以降级、撤职、调离工作岗位、解聘或者开除等方式实行打击报复,构成犯罪的,依法追究刑事责任;尚不构成犯罪的,由其所在单位或者有关单位依法给予行政处分。对受打击报复的会计人员,应当恢复其名誉和原有职务、级别。

第四十七条 财政部门及有关行政部门的工作人员在实施监督管理中滥用职权、玩忽职守、徇私舞弊或者泄露国家秘密、商业秘密,构成犯罪的,依法追究刑事责任;尚不构成犯罪的,依法给予行政处分。

第四十八条 违反本法第三十条规定,将检举人姓名和检举材料转给被检举单位和被检举人个人的,由所在单位或者有关单位依法给予行政处分。

第四十九条 违反本法规定,同时违反其他法律规定的,由有关部门在各自职权范围内

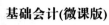

依法进行处罚。

第七章 附 则

第五十条 本法下列用语的含义：

单位负责人，是指单位法定代表人或者法律、行政法规规定代表单位行使职权的主要负责人。

国家统一的会计制度，是指国务院财政部门根据本法制定的关于会计核算、会计监督、会计机构和会计人员以及会计工作管理的制度。

第五十一条 个体工商户会计管理的具体办法，由国务院财政部门根据本法的原则另行规定。

第五十二条 本法自 2000 年 7 月 1 日起施行。

附录 B　企业会计准则——基本准则(修订后)

财政部关于修改《企业会计准则——基本准则》的决定

为了适应我国企业和资本市场发展的实际需要，实现我国企业会计准则与国际财务报告准则的持续趋同，经财政部部务会议决定，将《企业会计准则——基本准则》第四十二条第五项修改为："(五)公允价值。在公允价值计量下，资产和负债按照市场参与者在计量日发生的有序交易中，出售资产所能收到或者转移负债所需支付的价格计量。"

本决定自发布之日起施行。

《企业会计准则——基本准则》根据本决定作相应修改，重新公布。

企业会计准则——基本准则

(2006 年 2 月 15 日财政部令第 33 号公布，自 2007 年 1 月 1 日起施行。2014 年 7 月 23 日根据《财政部关于修改<企业会计准则——基本准则>的决定》修改)

第一章　总则

第一条　为了规范企业会计确认、计量和报告行为，保证会计信息质量，根据《中华人民共和国会计法》和其他有关法律、行政法规，制定本准则。

第二条　本准则适用于在中华人民共和国境内设立的企业(包括公司，下同)。

第三条　企业会计准则包括基本准则和具体准则，具体准则的制定应当遵循本准则。

第四条　企业应当编制财务会计报告(又称财务报告，下同)。财务会计报告的目标是向财务会计报告使用者提供与企业财务状况、经营成果和现金流量等有关的会计信息，反映企业管理层受托责任履行情况，有助于财务会计报告使用者做出经济决策。

财务会计报告使用者包括投资者、债权人、政府及其有关部门和社会公众等。

第五条　企业应当对其本身发生的交易或者事项进行会计确认、计量和报告。

第六条　企业会计确认、计量和报告应当以持续经营为前提。

第七条　企业应当划分会计期间，分期结算账目和编制财务会计报告。

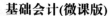
会计期间分为年度和中期。中期是指短于一个完整的会计年度的报告期间。

第八条　企业会计应当以货币计量。

第九条　企业应当以权责发生制为基础进行会计确认、计量和报告。

第十条　企业应当按照交易或者事项的经济特征确定会计要素。会计要素包括资产、负债、所有者权益、收入、费用和利润。

第十一条　企业应当采用复式记账法记账。

第二章　会计信息质量要求

第十二条　企业应当以实际发生的交易或者事项为依据进行会计确认、计量和报告，如实反映符合确认和计量要求的各项会计要素及其他相关信息，保证会计信息真实可靠、内容完整。

第十三条　企业提供的会计信息应当与财务会计报告使用者的经济决策需要相关，有助于财务会计报告使用者对企业过去、现在或者未来的情况做出评价或者预测。

第十四条　企业提供的会计信息应当清晰明了，便于财务会计报告使用者理解和使用。

第十五条　企业提供的会计信息应当具有可比性。

同一企业不同时期发生的相同或者相似的交易或者事项，应当采用一致的会计政策，不得随意变更。确需变更的，应当在附注中说明。

不同企业发生的相同或者相似的交易或者事项，应当采用规定的会计政策，确保会计信息口径一致、相互可比。

第十六条　企业应当按照交易或者事项的经济实质进行会计确认、计量和报告，不应仅以交易或者事项的法律形式为依据。

第十七条　企业提供的会计信息应当反映与企业财务状况、经营成果和现金流量等有关的所有重要交易或者事项。

第十八条　企业对交易或者事项进行会计确认、计量和报告应当保持应有的谨慎，不应高估资产或者收益、低估负债或者费用。

第十九条　企业对于已经发生的交易或者事项，应当及时进行会计确认、计量和报告，不得提前或者延后。

第三章　资产

第二十条　资产是指企业过去的交易或者事项形成的、由企业拥有或者控制的、预期会给企业带来经济利益的资源。

前款所指的企业过去的交易或者事项包括购买、生产、建造行为或其他交易或者事项。预期在未来发生的交易或者事项不形成资产。

由企业拥有或者控制，是指企业享有某项资源的所有权，或者虽然不享有某项资源的所有权，但该资源能被企业所控制。

预期会给企业带来经济利益，是指直接或者间接导致现金和现金等价物流入企业的潜力。

第二十一条　符合本准则第二十条规定的资产定义的资源，在同时满足以下条件时，确认为资产：

(一)与该资源有关的经济利益很可能流入企业；

(二)该资源的成本或者价值能够可靠地计量。

第二十二条　符合资产定义和资产确认条件的项目，应当列入资产负债表；符合资产定义、但不符合资产确认条件的项目，不应当列入资产负债表。

第四章　负债

第二十三条　负债是指企业过去的交易或者事项形成的、预期会导致经济利益流出企业的现时义务。

现时义务是指企业在现行条件下已承担的义务。未来发生的交易或者事项形成的义务，不属于现时义务，不应当确认为负债。

第二十四条　符合本准则第二十三条规定的负债定义的义务，在同时满足以下条件时，确认为负债：

(一)与该义务有关的经济利益很可能流出企业；

(二)未来流出的经济利益的金额能够可靠地计量。

第二十五条　符合负债定义和负债确认条件的项目，应当列入资产负债表；符合负债定义、但不符合负债确认条件的项目，不应当列入资产负债表。

第五章　所有者权益

第二十六条　所有者权益是指企业资产扣除负债后由所有者享有的剩余权益。

公司的所有者权益又称为股东权益。

第二十七条　所有者权益的来源包括所有者投入的资本、直接计入所有者权益的利得和损失、留存收益等。

直接计入所有者权益的利得和损失，是指不应计入当期损益、会导致所有者权益发生增减变动的、与所有者投入资本或者向所有者分配利润无关的利得或者损失。

利得是指由企业非日常活动所形成的、会导致所有者权益增加的、与所有者投入资本无关的经济利益的流入。

损失是指由企业非日常活动所发生的、会导致所有者权益减少的、与向所有者分配利润无关的经济利益的流出。

第二十八条　所有者权益金额取决于资产和负债的计量。

第二十九条　所有者权益项目应当列入资产负债表。

第六章　收入

第三十条　收入是指企业在日常活动中形成的、会导致所有者权益增加的、与所有者投入资本无关的经济利益的总流入。

第三十一条　收入只有在经济利益很可能流入从而导致企业资产增加或者负债减少且经济利益的流入额能够可靠计量时才能予以确认。

第三十二条　符合收入定义和收入确认条件的项目，应当列入利润表。

第七章　费用

第三十三条　费用是指企业在日常活动中发生的、会导致所有者权益减少的、与向所有者分配利润无关的经济利益的总流出。

第三十四条　费用只有在经济利益很可能流出从而导致企业资产减少或者负债增加且经济利益的流出额能够可靠计量时才能予以确认。

第三十五条　企业为生产产品、提供劳务等发生的可归属于产品成本、劳务成本等的费用，应当在确认产品销售收入、劳务收入等时，将已销售产品、已提供劳务的成本等计入当期损益。

企业发生的支出不产生经济利益的，或者即使能够产生经济利益但不符合或者不再符合资产确认条件的，应当在发生时确认为费用，计入当期损益。

企业发生的交易或者事项导致其承担了一项负债而又不确认为一项资产的，应当在发生时确认为费用，计入当期损益。

第三十六条　符合费用定义和费用确认条件的项目，应当列入利润表。

第八章　利润

第三十七条　利润是指企业在一定会计期间的经营成果。利润包括收入减去费用后的净额、直接计入当期利润的利得和损失等。

第三十八条　直接计入当期利润的利得和损失，是指应当计入当期损益、会导致所有者权益发生增减变动的、与所有者投入资本或者向所有者分配利润无关的利得或者损失。

第三十九条　利润金额取决于收入和费用、直接计入当期利润的利得和损失金额的计量。

第四十条　利润项目应当列入利润表。

第九章　会计计量

第四十一条　企业在将符合确认条件的会计要素登记入账并列报于会计报表及其附注(又称财务报表，下同)时，应当按照规定的会计计量属性进行计量，确定其金额。

第四十二条　会计计量属性主要包括：

(一)历史成本。在历史成本计量下，资产按照购置时支付的现金或者现金等价物的金额，或者按照购置资产时所付出的对价的公允价值计量。负债按照因承担现时义务而实际收到的款项或者资产的金额，或者承担现时义务的合同金额，或者按照日常活动中为偿还负债预期需要支付的现金或者现金等价物的金额计量。

(二)重置成本。在重置成本计量下，资产按照现在购买相同或者相似资产所需支付的现金或者现金等价物的金额计量。负债按照现在偿付该项债务所需支付的现金或者现金等价物的金额计量。

(三)可变现净值。在可变现净值计量下，资产按照其正常对外销售所能收到现金或者现金等价物的金额扣减该资产至完工时估计将要发生的成本、估计的销售费用以及相关税费后的金额计量。

(四)现值。在现值计量下，资产按照预计从其持续使用和最终处置中所产生的未来净现金流入量的折现金额计量。负债按照预计期限内需要偿还的未来净现金流出量的折现金额计量。

(五)公允价值。在公允价值计量下，资产和负债按照市场参与者在计量日发生的有序交易中，出售资产所能收到或者转移负债所需支付的价格计量。

第四十三条　企业在对会计要素进行计量时，一般应当采用历史成本，采用重置成本、可变现净值、现值、公允价值计量的，应当保证所确定的会计要素金额能够取得并可靠计量。

第十章　财务会计报告

第四十四条　财务会计报告是指企业对外提供的反映企业某一特定日期的财务状况和某一会计期间的经营成果、现金流量等会计信息的文件。

财务会计报告包括会计报表及其附注和其他应当在财务会计报告中披露的相关信息和资料。会计报表至少应当包括资产负债表、利润表、现金流量表等报表。

小企业编制的会计报表可以不包括现金流量表。

第四十五条　资产负债表是指反映企业在某一特定日期的财务状况的会计报表。

第四十六条　利润表是指反映企业在一定会计期间的经营成果的会计报表。

第四十七条　现金流量表是指反映企业在一定会计期间的现金和现金等价物流入和流出的会计报表。

第四十八条　附注是指对在会计报表中列示项目所做的进一步说明，以及对未能在这些报表中列示项目的说明等。

第十一章　附则

第四十九条　本准则由财政部负责解释。

第五十条　本准则自 2007 年 1 月 1 日起施行。

参 考 文 献

[1] 企业会计准则编审编委会. 企业会计准则实务应用精解[M]. 北京：人民邮电出版社，2021.

[2] 朱小平，秦玉熙，袁蓉丽. 基础会计(原初级会计学)[M]. 北京：中国人民大学出版社，2021.

[3] 韩俊静，廖雅光. 会计学原理：微课版[M]. 北京：人民邮电出版社，2020.

[4] 张捷，刘英明. 基础会计[M]. 6 版. 北京：中国人民大学出版社，2019.

[5] 王蕾，赵若辰. 基础会计[M]. 2 版. 上海：立信会计出版社，2023.

[6] 《中华人民共和国会计法》编写组. 中华人民共和国会计法[M]. 北京：经济科学出版社，1999.

[7] 企业会计准则编审委员会. 企业会计准则——应用指南[M]. 上海：立信会计出版社，2015.

[8] 财政部会计资格评价中心. 初级会计实务[M]. 北京：经济科学出版社，2021.

[9] 企业会计准则编审委员会. 企业会计准则 2015 年版[M]. 上海：立信会计出版社，2015.

[10] 中国注册会计师协会. 会计[M]. 北京：中国财政经济出版社，2022.

[11] 王建忠. 会计发展史[M]. 大连：东北财经大学出版社，2007.

[12] 财政部. 会计基础工作规范.

[13] 财政部. 会计档案管理办法.